ちくま学芸文庫

装飾と犯罪

建築・文化論集

アドルフ・ロース
伊藤哲夫 訳

筑摩書房

ORNAMENT UND VERBRECHEN

——Ins Leere gesprochen, Die Potemkin'sche Stadt, Trotzdem——

by

ADOLF LOOS

Japanese Translation by Tetsuo Ito

1　アドルフ・ロース照影　　撮影 W. Weis

2　ミヒャエル広場に面して立つ建物（1911年，ウィーン）

広場に面するファサード
右側の建物はミヒャエル教会

店舗部分の内部空間

3　ケルントナー・バー（1908年，ウィーン）

正面ファサード

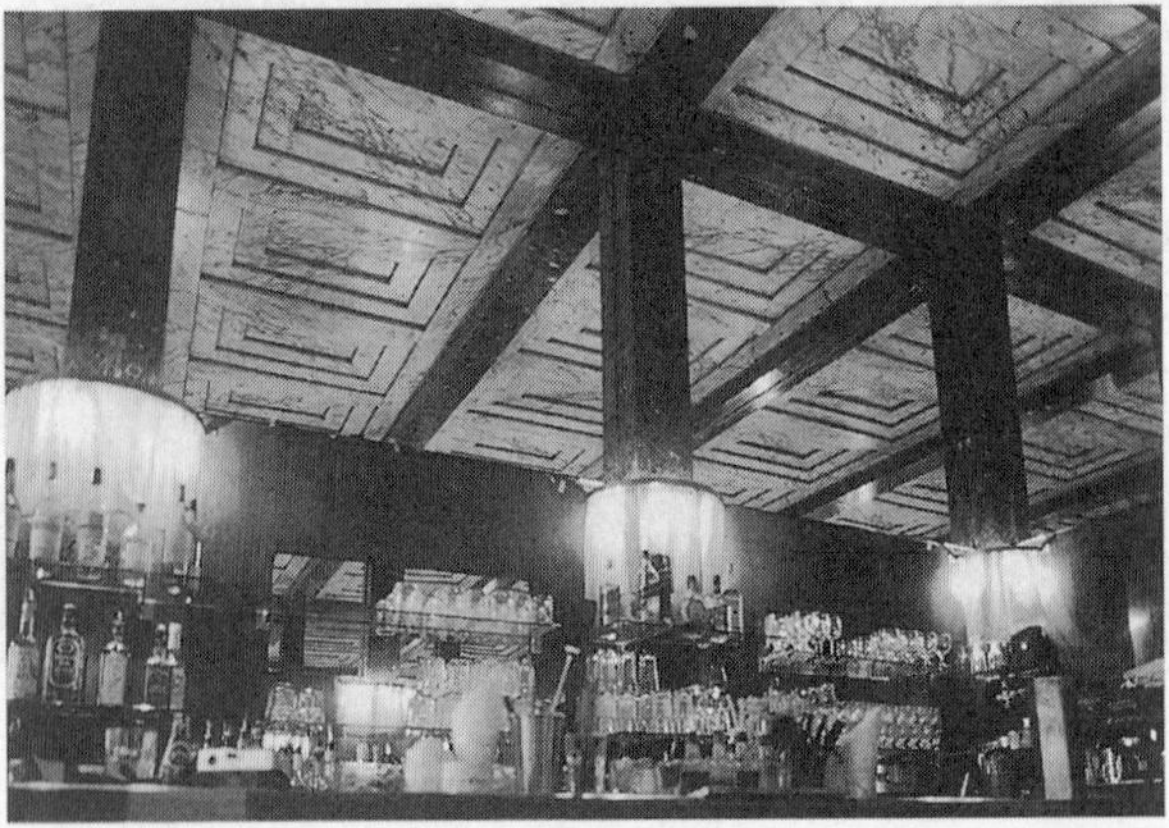

〔上２点および右下〕室内空間

4　**ミュラー邸**（1930年，プラハ）

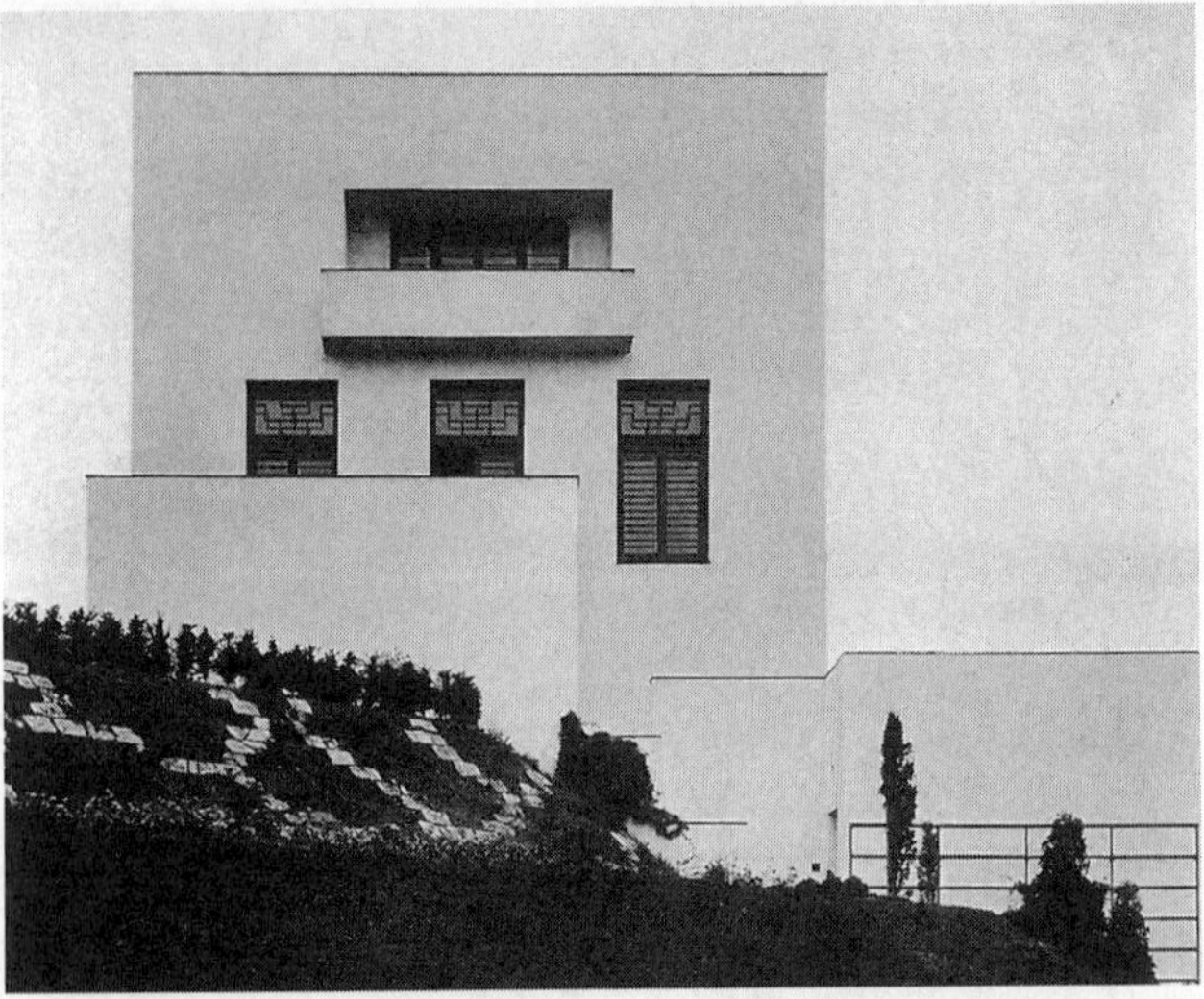

正面ファサード

居間と食堂の空間

内部空間を示す
アイソメトリック・パース

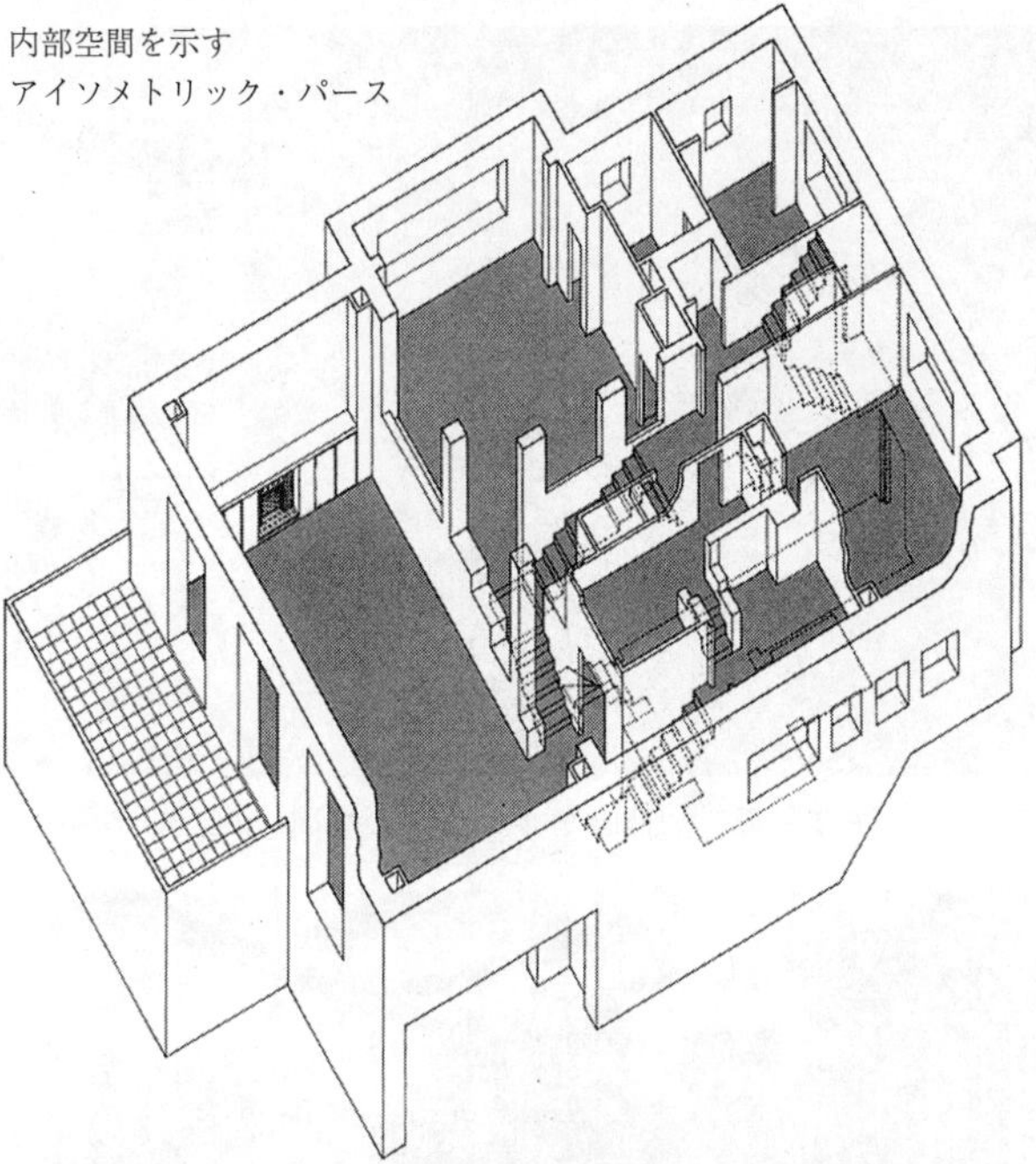

〔左〕居間に臨んだ小さな婦人室／〔右〕食堂の空間

5　モラー邸。居間とアルコーブの空間（1928年，ウィーン）

6　マンドゥル邸。居間と中２階にある書斎の空間（1915年，ウィーン）

〔左〕暖炉を囲んだアルコーブ

〔下〕居間から暖炉のあるアルコーブを見る

7　アドルフ・ロース自身の住居（1903年，ウィーン）

8　カフェ・カプア（1913年，ウィーン）

9　パイヤーバッハの山荘。居間ホール，右は食堂（1930年）

【目次】装飾と犯罪

装飾と犯罪——建築・文化論集

ウィーン・プラターの旧万国博覧会、ロトンダ展示会場において展示された室内空間について

前回のレポートにおいて、私は一見、奇異とも受けとれる主張をした。すなわち、我々の住居の室内空間をつくるのは考古学者でもなく、室内装飾家でも、建築家でもない。また画家でも、彫刻家でもない、と。ではいったい、誰がやるというのだろうか？　答は極く簡単だ。住まい手自身がそれぞれ自分で、思い通りにやればよいのである。

無論、そうなると我々の住居は、素晴しい住居として我々がしばしば口にする「いろいろな様式で満たされた趣味性豊かな」ものとはならないだろう。この「様式」、この「」でくくられた様式というものは、我々にはまったく必要がない代物なのである。ではいったい、この様式とは何か？　いずれにせよ、これを定義するのは容易なことではない。が、私の考えでは、こうした様式的な、趣味性豊かな住居とは何かといった問いに対し、最良の答えは、一人の正直者の主婦による答えがそれだろう。「寝室に置かれたナイト・テーブルはライオンの頭像で飾られ、それにこのライオンの頭像がソファにも、棚に

も、ベッドにも、また椅子にも飾られている。すなわち言ってみれば、寝室中のありとあらゆるものがこのようにライオンの頭像で飾られている場合、こうした部屋を様式的な、趣味性豊かな部屋といえると思う」。商工業者諸君、手を胸にあてて考えてみるといい。このようなとてつもない考えを人々が抱くようになったのも、その責任の一端は自分達にあるのではないのか、と。それにここではライオンの頭像の話が出たが、必ずしもそれとは限らない。古典オーダーの柱とか教会の塔の頂部を飾る宝珠、あるいはテラスを飾る欄干の造形等といったものが、あらゆる家具に彫り刻まれているのである。

そしてそのような部屋を一度持ったら最後、住まい手は哀れにも、そうした部屋から暴力を振われる破目になるのである。例えば、なにか新しく買い求めてきた時などの悲惨なこと、実に不運な男といっていい。というのは、そうした様式的家具の傍には、どんなものを置いても様《さま》にならないからである。だから他人から贈り物をもらってそれをどこに置いても様にならないし、置く場所もないから始末が悪い。また引越しをすることになり、新しい住居の部屋の大きさが前の住居のものと異なる場合などは、それなりに統一がとれ、愛着を抱いていた「様式的な、趣味性豊かな」以前の住居を再現することはまず不可能で、これと永久におさらばする他はないのである。そして多分、古い昔のドイツの安楽椅子を青色のロココ風サロンに、あるいはバロック風の戸棚をアンピール様式の部屋に置くことになりかねない。なんとぶざまなことだろう。

ところで、これにひきかえ愚かな農民や、貧しい労働者、あるいは老いた独身女といった人達はなんと幸せであったことか。彼らは、そうした悩みと無縁だったのである。彼らの住居には、様式的な、趣味性豊かな家具などなにひとつないからである。あるものはあちらから、もうひとつはこちらから、というように手に入れたところもマチマチである。すべてごちゃ混ぜでおよそ統一性があるとはいえない。だがよく見ると壁や天井には素晴しい絵が描かれている。画家というものは、いろいろ批判はあるにせよ、趣味がよいということになっているが、こうした画家達が金持の住居には顔をそむけて、関わりを避け、農民や労働者や老いた独身女達の住居の壁や天井に画を描いたからである。ところで、問題は、こうした室内を人は美しいと感ずることができるのだろうか、ということである。こう問うのも、様式的な、趣味性豊かな家具で満たされた住居のみが美しいと、昔から教え込まれてきたからである。

だが画家達がしたことは、至極、正しい面をもっている。長年、修練を積んで確かな眼をもっている画家というものは、生活の皮相な面に関しては他の誰よりも鋭い洞察力をもっている。それで我々の様式的な、いろいろな様式で満たされた趣味性豊かな住居については、そのなんともいえない空々しさ、こけ威し的な面や親しみにくさ、それになんら調和がとれていないといった点を、普段に感じとっていたのである。一般の人々はそうした住居・部屋にうまく適合《フィット》しないし、またこの逆についても同じことが言える。ではいったい、住居・部屋はどうあるべきなのか？　住居・部屋を設計する建築家ないし室内装飾家はその住まい手の名前さえ、ろくに知らないことが多い。それにその住まい手が頻繁に変ったとしたら、それは決して自分の住居・部屋とはいえまい。また住居・部屋というものはいつまでたっても常に、それをはじめに設計した者の精神的所有物という面をもっている（だから画家達にはどうにもできない面もあったというべきである）。というわけで、そのような住居・部屋には住まい手との精神的結びつきは存在しなかったし、また画家が農民や労働者や、それに老いた独身女の住居・部屋において見出したもの、すなわち親密性といったものもそこに欠けていたのである。

私自身は、ありがたいことに、そうした様式的な、趣味性豊かな住居に生まれ育ったわけではない。当時は、そうした住居はまだ存在しなかったということもある。だが今日では、残念なことに私の住居でも、様相が変わってきてしまったと言わざるを得まい。それにしても住居というものが、なんと居心地よい時代であったことだろう。そこには昔から愛用している机がある。あまり出来のよくない錠前がついた抽出《ひきだし》のあるひどい代物だ。だがこれは私達の机だ。私達の机！　このことがどのような意味をもつか、諸君は知っているのだろうか？　私達がこの机と一緒に、なんと素晴しい時間を過ごしたことか、諸君は理解し得るだろうか？　そう、夜暗くなってランプが点る頃だった。小さな子供の頃、そうした夕方になっても、その机からなかなか離れたがらない私に、父が、夜警が鳴らす笛を真似て笛を吹く。それに驚いた私は、自分の部屋に逃げ込んだものだ！　するとそこには、これもまた昔から愛用している勉強机がある。机の上にはインクのしみがあるが、これは妹のヘルミーネがまだ幼い子供の頃、インクをこぼした時のものだ。またそこには両親の写真がある。その写真を入れた写真入れの額はなんとひどいものだろう。これは父の下で働いていた労働者達による父達への結婚祝いの品である。またそこには流行おくれのソファがあった。祖母が使った家財道具の残りのひとつだ。それに毛糸で編んだスリッパもあった。妹のイルマが幼稚園に通っている頃、このスリッパにそこで作った紙の時計を貼って、壁に掛けたものだ。

このように住居の中にある家具それぞれが、また家具にかぎらずどんなものでも、ひとつの歴史を、家族の歴史を物語っているのだ。そして住居というものは、これで完成だ、何も付け加えるものはない、ということはあり得ない。住居は我々と共に発展していくものであり、我々もまたその中で成長していくのである。無論、そこには様式《スタイル》などというものは存在しない。正確にいうと、親しみがもてない異質の様式や、古い、時代がかった様式などというものは存在しない。だが住居には必ずひとつの様式があるといえる。それは住まい手の様式《スタイル》、家族の様式《スタイル》である。

だが様式的な、趣味性豊かな住居を好み、人々がこれを半ば強制されるかのようにこぞって欲しがるような時代——あらゆる知名人の住居は古いドイツ様式の家具、調度品で埋もれていたし、この時代の波に乗り遅れることは許されなかった――になると、それまで使われていた「古いガラクタ」は、すべて捨てられてしまった。他人にとってはガラクタであっても、これを愛用してきた家族にとっては神聖なものである。だがこれを捨ててしまったのである。その住居で残ったものはというと――経師屋がした仕事だけであった。

さて、我々はこうしたことに、もう飽き飽きした。我々は、再び自分の住居・部屋を自分の思い通りにしたいと思う。たとえ我々の趣味が悪いとしても、それはそれでいいだろう。我々の住居を悪趣味につくろう。そして趣味がよかったとしたら、それはそれでなお結構なことだ。住居・部屋から暴力を振われるのは、もうごめんこうむりたい。そして必要なもの、いつまでも使えるもの、そして気に入ったものはなんでも買おう。その間の釣り合いなど気にしないで、なんでもどんどん買おう。

自分に気に入ったものを買う、自身に気に入るように行動する！　そう、そうすること自体がもう既に、我々の様式を表現しているといえるのだ。我々が長い間、待望してきた様式である。ライオンの頭像ではなく、たとえ悪趣味だとしても一人の人間の、そして家族の趣味がつくりだしたひとつの様式である。部屋の中にある家具・調度品すべてにあてはまる共通項は、持主が自分で選択して決め、手に入れたということである。またたとえこの持主が選択にあたって、これは特に色の選択の場合が多いのだが、他の家具となんの関連性もない、突飛な色を選んだとしても、それはたいして不幸なことでもない。このように家族が一体となって、家族が作りあげた住居にあっては、そこに多少不都合なことがあったとしても、たいしたことではない。多少のことは許容し得るのである。これとは対照的に、例の「様式的な、趣味性豊かな部屋」では、まわりの家具・調度品と多少とも異質な装飾品を置いただけで、部屋全体がまったく「駄目なもの」となってしまう場合もあり得る。部屋の中では、そうした異質なものはすぐに目につく存在だからである。かくして、部屋とは楽器のヴァイオリンのようなものだともいえよう。それを自分の分身のごとく弾きこなすこともできるというが、住居も同じように住みこなすことができるのである。

ところで、これまで言及してこなかったが、住居を構成するものとして、これは一日中過ごす居室のほかに、当然まだ部屋がある。まず浴室、便所がある。これをどう作るかについては設備屋さんに任せる。次に厨房だが、これもしかるべき専門家に任せる。それに、客をもてなす部屋、あるいはお祝いごととか、なにか家族の特別の催しものを開く部屋がある。こうした部屋の内部空間の設計には、建築家や画家、彫刻家それに室内装飾家に頼んだらよい。特に前者の浴室・便所・厨房については、うまくやってくれる人が、誰にでも見つかるものである。というのは生産者と消費者の間には（居間や寝室をつくるにはそんなものでは不十分だとしても）、なんとか精神的な絆が生まれるものだからだ。

昔はいつもこうであったのである。王様もまた、例外ではなかった。時間をかけて自分の思い通りに作りあげ、使いこなすようになった部屋に住んでいたのである。ただ、客を接見するのはそうした部屋ではなく、宮廷建築家が設計した広間においてした。そして正直者の家臣達が黄金の間に通されると、「やっぱり、王様は羨ましいものだ。俺達だってこんな素晴しい住まい方がいつかできたなら！」と、決まって深い溜息をつくのだった。それは、王様とは常に王権の象徴である、緋衣のマントに身を包み、手にはこれも王権の象徴である王笏を持ち、頭には王冠を被って散歩するものだと、正直者の家臣達は思い込んでいたからである。そしてこの正直者の家臣は、たまたま金が手に入るとすぐ、王様が通常住んでおられる居間だと思い違いしたものを、自分にも、と作らせたのも不思議なことではない。こんなことがあるものだから、誰か一般の市民が王様の象徴である緋衣を身にまとって街を歩き回るようなことがありそうなのに、そうした姿を未だかつて見たことがない、ということをいつも不思議に思っている。

ところが時が経つとともに、王様もまた非常に質素な住まい方をしていることを知り、たいへん驚き、これをきっかけに突然、様式的な、趣味性豊かな住居への志向から後戻りを始めたのである。以来、簡素さが、たとえ祝宴を催す広間であっても支配的となった。他の国々では、再び様式的な、趣味性豊かな住居への志向に向けて歩み始めたといってもいいが、我々の国ではそこから後戻りをし始めたのである。我々の国の商工業者達が望んでいる——それも心底から熱望するに反して、このような後戻りはもう誰にも止められない。趣味、趣向といったものは常に変わり、それも繰り返されるものであるからだ。今日、裾の狭いズボンをはいているものが、明日は、裾の広いズボンをはくようになり、そして明後日になると、再び裾の狭いズボンをはくようになるといった具合である。このことはどんな洋服屋でもよく知っていることである。そこで、では裾の広いズボンが流行する時代を省き、これが無くて済ますことができるのではないか、と言う人もあるかもしれない。それはとんでもないことだ！　裾の狭いズボンが再び気に入りだし、流行するためにはそれが必要なのだ、裾の広いズボンが流行する時代が。これと同じことで、祝宴を催す広間もまた簡素にしつらえられる時代が我々には必要である。そうしてはじめて、そうした広間が再び装飾豊かに飾られるような来たるべき時代の到来を期待できるというものだ。だから商工業者達が、簡素さが支配する時代がなるべく早く過ぎ去って欲しいと望むのなら、それにはたったひとつの方法しかない。今日の傾向を受け容れることである。

ところでそうした簡素さを志向するといった傾向は、今日我々の国ではようやく始まったばかりである。こうした傾向をもっともよく物語るのは、現在、ウィーン・プラター公園内で開催されている旧万国博のロトンダ展示会場に出展されている室内空間の中で、一番に人気を博しているものが、もっとも簡素なつくりの室内空間であるという事実である。それは浴室が付属した寝室であり、設計者自身のためにつくられたものである。そしてこの室内空間が、多分、立ち止まって見ている見物客達にとってもっとも魅力あるものだと、私は思う。それにしてもこの室内空間は、非常に個性的な魅力をもっているものだ。この部屋には他の誰も住むことはできないだろうし、また住みこなすこともできないだろう。設計者であり、所有者でもあるオットー・ワーグナー[1]の他には。

枢密顧問官であるエクナーは、早速この室内空間をパリ万国博への出展の目的で買い入れさせたが、そこには、この室内空間の出展をとおして、ウィーンの市民は皆、このような寝室と浴室をもっているかのごとくパリ市民を欺こうとの魂胆がありありと読みとれる。これについては我々内輪の間では、我々は実際にはまだまだそこまではいっていない、ということを告白してもいいだろう。だがこの室内空間は、我々の住空間の世界における、大きな変革への契機を孕んでいるといってよいと思う。何故ならば、この点について私は以前にも触れたことがあるが、なんといってもこの室内空間が人々に気に入られているからである。こうしたきっかけをつくる点において、オーストリア博物館は今回のクリスマスの展示会を催すことによって、少なからぬ役割を果したといってよいだろう。

考えてもみるがいい。ウィーン市民達は今や、真鍮で出来たベッドさえも美しいと思いはじめたのである。その真鍮製のベッドは装飾豊かな豪華なものではなく、もうこれ以上考えられないような簡素なものである。そしてこの場合、家具職人は従来やったような真鍮の寝台の足を布で巻いて、とりつくろうことなどしていない、むき出しのままである。従来は、真鍮製の寝台はあったとしても、常になにかで「被覆」しておかねば済まなかったのである。またこの部屋の腰壁部分の仕上げは、平滑な、緑色に塗装された、つやがあ

2

1

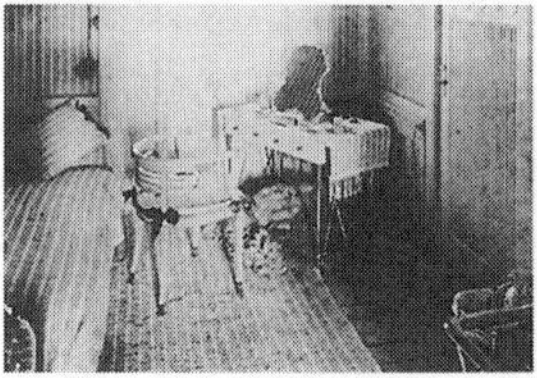

4

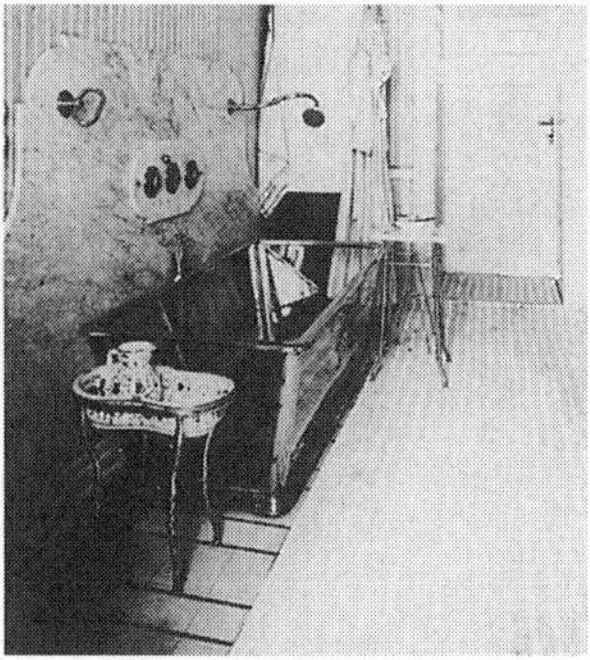

3

展示されたオットー・ワーグナーの設計による室内空間。これは同時に1899年に完成した賃貸住宅（ワーグナー設計。ウィーン，ケストラーガッセ）内のワーグナー自身の住居の室内空間でもあった。(1)賃貸住宅外観　(2)寝室　(3)(4)浴室

る木製パネルとなっている。そしてこの木製パネルには、ところどころに彫刻細工が施されている。またこの寝室には、白熊の毛皮を敷いた長椅子がひとつ、それに真鍮製のナイト・テーブル、衣裳ダンスと飾り棚がそれぞれ二つずつ、また机がひとつと肘掛け椅子が二つ、それにいくつかの椅子が置かれている。また腰壁より上部の壁は絹の布貼りとなっているが、この布には桜の枝が具象画的に刺繡されている。寝台の上を覆う絹の天蓋にもこれと同じ模様の刺繡がされている。またプラスター仕上げの天井からは、絹製の紐によって照明器具が吊されている。

腰壁の緑色に塗装された木のパネルと、黄色の真鍮、白熊の毛皮、それに赤い桜の花、これらの色彩効果は素晴しい。ところでこの部屋に置かれている椅子について語るのは、今のところ止めておこう。だが今ここで言えることは、床の絨毯については疑問があるということである。従来、絨毯に描かれていたバラの花園――その中を我々はウロウロ歩き回らねばならなかったのだが――は、もう我々には無縁なものとなったといっていい。また、床の絨毯に描かれた桜の木の根につまずいて倒れてしまうのではないか、といった錯覚を絨毯から覚えるのは、あまり気持ちがよいものとは私には思えない。壁に描かれた桜の木の根が床一面を覆っているからである。

珠玉のように素晴しいのは浴室である。この浴室の四周の壁は布貼となっているが、その布、また床の絨毯状の敷布、それにこの浴室内に置かれた長椅子のカバーとそのクッシヨン等はすべて、我々が通常、浴衣に用いるコットンの布地に統一されている。この布地は、控え目な白と紫色のストライプ模様となっており、この白、紫、それにニッケル鍍金された家具や浴室の小物や浴槽のフレームの銀色、この三つの色の構成となっている。また浴槽は、ニッケル鍍金《メッキ》されたスチールのフレームと、透明ガラスとで出来ている。それに洗面台のガラス——宝石のように多面体状に研磨してある——さえも、ワーグナーの図面通りに作られている。無論、素晴しい洗面・化粧道具一式もまた同様に、ワーグナーのデザインによるものである。

ところで、建物全体から暖房ストーブに石炭をくべるシャベルに至るまで、何もかも一人の建築家の手によってデザインされていることを、なにか素晴しいことと思う人達がいるが、私はそうした考え方には反対だ。そうなると、その建物は退屈極まりないものになってしまうと思うからである。それぞれのもののもつ個性が失われてしまうのである。

それにしても、オットー・ワーグナーの天与の才能ぶりには脱帽せざるを得ない。オットー・ワーグナーには、私がこれまで極く数人のイギリスやアメリカの建築家にしか見出し得なかった固有な資質が備わっている。すなわちワーグナーは、建築家としての衣を脱ぎ去って、どんな職種においてもその職人の衣を着ることができるのである。ワーグナーがガラスの浴槽をデザインする時は、ガラス吹き職人、ガラス研磨職人の身になって考えるのである。真鍮のベッドをデザインする時は、真鍮作りの職人の身になって考え、感じることができるのである。その場合にはほかのすべてのこと、ワーグナーの建築に関する偉大な知識と技術等は、一時、すべて忘れ去るのである。たったひとつ、常に忘れないものがある、それはワーグナーの芸術家気質である。

デラックスな馬車について

「ノイシュタット！　終着駅ですから、皆さん降りて下さい！」と駅員の声がする。乗客は皆降りる。乗客の中から、「私達はこの先のシュテッフェルスドルフまで行きたいのだが」と叫ぶ声がある。すると「それなら、ここから二時間程、郵便馬車に乗って行って下さい」と駅員が答える。――「今なんと言った？　これから二時間も呑気にブラブラと馬車に揺られて行けとでもいうのか。なんてことだ」と乗客は嘆く。これはオーストリアでの出来事である。

「キングストン！　終着駅ですから、皆さん降りて下さい！」と駅員の声。ここでも乗客は皆降りる。だが、その先のロングスデイルに行きたい乗客もある。それを乗客が尋ねると、「それなら、ここから二時間程、郵便馬車に乗って行って下さい」と駅員が答える。――「今なんと言った？　あと二時間も郵便馬車に乗って行けと？　それは素晴しい！」と乗客は喜ぶ。これはイギリスでの出来事である。

我々オーストリア人はこう考えるのが普通である。十九世紀も終りになろうという今頃、快適な鉄道に乗るより、狭苦しい郵便馬車に揺られていく方がいいなんて、なんと変わった人だろう、と。だが、ここで少しの間、我々自身のことを振り返って考えてみよう。我々自身もまた、汽車や電車に乗るよりも、街の辻馬車に乗る方が好きなのではないか？と。無論、それも街の人達が見ているところに限っての話なのだが。何故なら、街の人達が見ていないところでは、たとえどんな速い乗り物に乗っても、我々は愉快な気分になれないからである。そう、本当の気持に素直になろう。堂々とそれを白状しようではないか！

イギリス人にとっては、乗り物に乗ること自体が愉しみなのである。そのうえ、田舎道の叙情を理解する心をまだ失っていないのである。そして街中で高い料金を払ってキャブやハンサムに乗るのは、どうしても必要な場合だけである。どんな高貴な婦人でさえもバスに乗るか、市電に乗るし、夏なぞ日当りもよく眺めのよい側の席に座れようものなら大喜びである。ところがオーストリアではどうだ。そんな乗り物に乗ろうものなら、他人に見られるのが恥ずかしくて、乗り物の中、奥の方にまぎれ込もうとする、そしてたまたま知り合いでも同乗しているのが見えたら、気がつかれまいとビクビクするのである。だから、知り合いが下車した後でも、外から見られまいと、乗り物の奥の方で他の乗客達に隠れてジッと息をひそめているのだ。

イギリスに行ったら、一度郊外に出かけて郵便馬車に乗ってみたらいい。狭い二人乗りの箱馬車ではなく、四人乗りの馬車でもない。なんと馬車の屋根の上に男も女も、そして子供達も皆一緒になって座るのである。この馬車をひくのは四頭の馬、そして馭者はトランペットを高らかに吹き鳴らしながら馬車は愉快に走るのだ。我々の国のように馬車の屋根で退屈して、だらしなく肘をついて座っているのでもなく、傍らを歩いている歩行者に向って「私をよく見ろ」と声を投げかけるでもない。そこには笑いと喜びが満ち溢れている。乗客達は皆、まるで大家族のようでもある。

イギリスでは、誰でもこうした愉快な乗り物に乗れ、愉しむことができる。利用者が多いから、料金も安い。大きければどんなホテルからでも、ある決められた時間にこうした馬車が出る。そして遠く郊外に、見物人など見当らない郊外に遠出する。これなどウィーンの市民の眼にとっては、まったく無駄な愉しみとしか映るまい。だがイギリスの金持で、馬を所有している人達なら、自分でそうした馬車を持っている。昔ながらの本物の郵便馬車ではないが、個人的《プライベート》な郵便馬車ともいうべきもので、人々はこれをドラッグと呼んでいる。友人達をこのような馬車で遠乗りするパーティーに招待することも多い。そうした場合は、馬丁の一人が高らかにトランペットを鳴り響かせながら走るのだが、郊外の町に住んでいる人達は、(原註1)それが聞えてくると窓を開け放ち、郵便馬車の馭者が唄う歌を一緒になって口ずさむのである。

こうしたことはイギリスの国民性、すなわち自然を深く愛する心にぴったり合ったものだといっていい。だから、イギリスほど機械という存在が嫌われた国はあるまい。イギリスでは、必ずしも機械が必要でないところでは、機械の恩恵にあずかろうとしない。機械は商売に属するものだとし、私生活においては、極力これを遠ざけようとするのである。田舎の生活の叙情性を最もよく理解している国民、それがイギリス人なのではないかと思う。次の文章は私がある新聞のコラムで見つけたものだが、これを本当に理解するには、一度でも実際にイギリスで生活してみなければ無理というものだ。「今日でもなおイギリスの貴族は、下僕達を列車で行かせ、自身は郵便馬車に乗って行きたがる」。

多分、我々もそうなる日が来るかとも思う。ところが、我々国民が昔からやってきたことをやめ、その代わりにイギリスのものを導入しようとするなど、不幸なことだと多くの人達が思うだろう。が、私はそうは思わない。我々は昔、山々を前にして、子供のようにわけもなく恐れを抱いていた——前世紀までは、平野だけが美しい、逆に山を醜いものと我々は思っていた——。これを思い直して、イギリス人にならって、高峰の山々に愛着を抱き始めるようになったのだが、これによって、我々に何か害をもたらすようなことがあったとでも言うのだろうか？　だがイギリス人は、ただプラトニックに山を愛しただけではない。下の谷間にいて、山頂を見上げて歓声をあげていたのではない、自身で山登りを敢行したのである。それを見て、「イギリス人は気でも狂った」のかと、ドイツ人は呆気にとられたものだ。それが今日ではどうだろう？　我々は皆、イギリス人になったのではあるまいか？

山々の叙情に心を開くようになったなら、我々もまた、田舎道の美しさを愉しむことができるようになるだろう。そうした田舎の道に遠出する馬車をつくる準備はできている。そしてそれをつくる技術の水準は、もうとうの昔からイギリスの水準に達していると言っていいだろう。馬車をつくる工場主は、なにも遜《へりくだ》る必要はない、自信を持てばいい。自分達が美しいと思うものは、イギリスの馬車職人達もまた美しいと思うであろうし、イギリスとウィーンの馬車を比べて見ても、たいした相違はないのだ。馬車をつくる職人達の生き甲斐は唯ひとつ、イギリスでも、ウィーンでも同じだ。それは風格ある馬車をつくることだ。そうしてつくりあげたものは同じものだ。

純粋なドイツの工芸家なら、こうしたことを苦々しく思うのは決りきっている。「イギリス人があまりよい趣味をもっていないことが再び分かったし、ウィーンの人達も同様だ」と、その工芸家は主張する。そして思いに沈みながら、十七世紀や十八世紀にあった素晴しい馬車を思い起こす。当時の豪華な馬車を、それを飾り立てていた装飾と輝く金鍍金《メッキ》に思いを馳せるのである。そして「馬車をつくる工場主が、自分のところに仕事を頼みに来さえすれば、素晴しいものをつくってやるのだが」、と思うのである。「だが待てよ、ああいった工場主達やその顧客達には、趣味が悪いものほど気に入るものだ。下らないことだ――」と年老いた工芸家なら考える。ところが、型紙の装飾が頭にいっぱい詰った――その型紙にはイギリスの美術雑誌『ザ・スタジオ』誌のスタンプが貼られている――若い工芸家は、馬車に「近代的な」装飾を施そうとする。

だが馬車をつくる人達は、これら老若工芸家に言う。「お前さん達は、いったい何をしようと思っているのだ。馬車はこのままで文句なくよいというのに」――「だがしかし装飾が施されていないのではないか」と、二人の工芸家は反論する。そして二人は自分達のデザインを見せる。これを見て、馬車をつくる職人達は笑って、「そんなものより、私がつくった馬車の方がよほどよい」と言う。――「何故そんなことが言えるのだ？」――「だって装飾なんか付いてないからだ」。

装飾が施されていないからよいのだ、と言う！　馬車大工の方が工芸家なんかよりも、そしてこれと同じ穴の貉《むじな》といってよい建築家や画家や室内装飾師なんかよりもずっと程度が高い人種なのである。ここで少しく芸術の歴史を思い起こしてみよう。民族の進歩の程度が低ければ低い程、それだけやたらと装飾を使いたがるということが分かる。アメリカ・インディアンはあらゆる物、ボートにも、櫂にも、そしてどのような矢にも装飾を施そうとする。装飾を施すことにおいて、人より優位に立とうとすることは、インディアンと同じ発想である。だがこうした我々の中にあるインディアンは克服しなければならない。インディアンはこう言う。「この女は、鼻と耳に金のリングをつけているから美しい」と。

だが、美を形態においてのみ見出すこと、装飾とは無関係とすること、これこそ全人類が目指す目標である（原註2）。

革を使った装身具業や鞄製造業界と同様に、我々の馬車をつくる業界の水準が未だもって高い秘密は、そのための専門学校が設立されなかったという幸福ともいうべき事情による。というのは専門学校ができてしまうと、そこでの教育をとおしてすべて、あのインディアン的発想を押しつけられてしまうからである。

ところがそうした馬車をつくる職業の中でも、ある一部門に限っては専門学校を切実に必要としてきたし、今日でもなおそれは変わらないと言える。建築家がそこで口出ししようにも、まったく役立たずだから、口出しできず、したがって堕落させることもできない分野である。それは実用のための馬車、荷馬車づくりである。

この荷馬車づくりは、他の国々ではとうの昔に、高い水準に達しているのだが、我が国のものは到底それらに及ばない。我が国の企業家達は、不幸にもその改良を考える必要がなかったのである。そうした改良ないし変更はすべて、荷の積み上げ、荷下ろしの際の労働力を節約する、という至上命令から考えられ、工夫されてきたものである。だがオーストリアでは人間の労賃が安いものだから、そんなことを考える必要がなかったのである。この国では、四立方メートルの石材を荷上げする場合、少なくとも二十人の人夫がそれに従事する。積み下ろしの場合は、どんなにか沢山の人夫が蟻の子のように寄ってたかって仕事をするか、見物《みもの》でもある。人夫に支払う費用は全額でも「取るに足らない」額なのである。

ところがアメリカでは事情が違う。アメリカでは、荷馬車の馭者が石材に向って馬車を走らせ、簡単な操作をする、それは時間にして三分とかからない。そして荷馬車をバックさせる。そして、例の石材は？　というと、もう荷馬車に荷上げされているのである。積み下ろしも同様である。ところでこうした操作の秘密は、荷馬車の技術的構造にある。例の石材は荷馬車の上に荷上げされるのではなく、荷馬車の下、地上約三十センチのところに吊り下げられた状態で運搬されるのである。つまり荷馬車の馭者は、荷上げする石材の上をまたがるように馬車を操り、石材をほんの少しばかり持ち上げ、鎖をその下にとおし、クランクによってその石材を持ち上げるのである。このようにして、石炭にしてもガラスにしてもすべて荷上げ、積み下ろしにはそれぞれの目的に応じた荷馬車がつくられるのである。

こうみてきても、我が国の悪しき情況を立て直すのに手を貸すことができるのが学校である。我々にはパンと同様に、そうした学校が必要なのである——だがそれが実現されるには、長い歳月がかかるだろうと思う。

ところでこの数年の間に革命ともいうべき大きな変化を遂げたのは、デラックスな馬車である。またここにおいてもウィーンは遅れをとりつつあるようだが、それはC型バネの普及によるものである。読者の中には、通常の馬車には、その二隅に二つのリング状の部分からなるバネが付いていることを思い起こす人もあろうかと思う。このバネはスプリング・バネと呼んでいる。だが豪華につくられた馬車には、そうしたスプリングの他に、C字型に曲げられたスプリングが付けられている。馬車の箱の部分自体は、そのスプリングとスプリングの間に、ベルトで吊り下げられた状態に取り付けられているのである。この種の馬車が、すなわち八つのスプリングの上に乗った馬車が（専門用語ではこれと同じ意味をフランス語で表現した言葉を用いるが）この頃では、世界の大都市において街中を走る高級馬車としては不動の地位を占めるようになっている。ただウィーンだけがそうでないようだ。ウィーンの馬車づくりの職人達がそうした馬車をつくれないからではない。そうした馬車をつくって欲しいといった注文がないのである。こうした奇妙な事実が何故あるのかといった理由には、宮内庁がこのタイプの馬車をまだ導入していないという事情が考えられる。我が馬車づくり業界はこれを心待ちにしているのだ。まったく、今日ではこの八つのスプリングの上に乗った馬車を使っていないのは、我々の宮廷だけである。それにウィーンではどんなに身分が高い人達でも、ただペンキを塗り替え、内装を変えさえすれば、街中の辻馬車乗り場に待っているような普通の馬車となんら変りがないものに乗らなければならないのだ。

ところでプラター公園内にある旧万国博覧会、ロトンダ展示会場では、現在我が国の馬車が展示されている。それらには見劣りするものはない、どれも立派なものばかりである。こう胸を張って言えるのは唯一、この業界だけであろう。A社——この社は伝統的な保守主義を堅持しているが、これがこの社の格を保っている理由である——は、一八五〇年代と一八六〇年代に使われた二つの興味深いタイプの馬車を出展している。ドラッグも出展されているが、これはどの部分をとっても隅々まで、とてもしっかりとしたものである。またL社は郵便馬車を出展している。ロンドンの馬車クラブは基準を設定し、この基準に照らし合わせつつ、我々の馬車についてもこれが正しくつくられたものかどうか審査すると言われるが、これなど面白いことだと思う。このロンドンの馬車クラブは毎年二回、馬車を集めて会合を催しているが、これなど今日ではロンドンでは市民のお祭りになっている。そしてこの会に参加が許されるのは、基準に合格したドラッグやコーチだけである。そして我々の馬車にその基準に合致しないものもあるが、これなど馬車をつくる人達にその責があるのではなく、注文主のためである。何故なら、馬車をつくる職人達がわざわざ意図的に、基準に合わない馬車をつくるわけがないからである。

ところで先のA社展示のドラッグ——箱の部分は黒色に、台部分と車輪は黄色と濃青色との縞模様に塗装されている——にはワッペンが貼られているが、その貼られている位置がおかしく、それが目立って仕方がない。ワッペンは馬車の扉の部分に貼るべきものであって、またその大きさももっと大きなものでなければならない。また客席がある箱内部では、帽子掛けや通常扉についている小物を入れる袋ケースがない。それに手さげランプを吊しておく掛鉤も見当らない。というのは、昼間はそうした手さげランプはどこか馬車の中に置いておかねばならないからである。また後の席——この背もたれをよく見て、L社のコーチのものと比較してみればよい——には木板をわたしておかなければいけない。この背もたれは、ドラッグであることを表す最も特徴的な目印ともいうべきものである。席は二人の馬丁用だけに考えられたものであり、だから背もたれはない。それが、後部に二人の客と守衛のための席があるコーチと相違する点である。

それと、出展されたコーチの後側の荷物入れの扉についている蝶番がおかしい。蝶番は左側につけるものであって、ドラッグの場合のように下につけるものではない。ドラッグの場合、下につけるのは、扉を開放した場合、それがテーブルとしても利用できるからである。一方、きちんとなっているのは、中央の席の間にある革帯のネットである。因みにこうしたネットはドラッグには付いていない。また背もたれは本来、折りたたみができるようにしてはいけない。ドラッグの場合にはこれが許されている。ここで総評するとすれば、出展されたコーチとドラッグは両方共、馬車クラブが設定した限界を超えてしまっていると言わねばなるまい。また色についていえば、両方とも正しい。

それとN社の陽樹と豚革で内装が施された狩猟用の馬車が衆目を集めている。W社によるアメリカ製の馬車バギーも素晴しい。こうした完璧なバギーは、生産国であるアメリカ中を捜しても見つけるにはなかなか難しいものである。だがここで、アメリカにおいてつくられる馬車で、最新の「輸入車」について警告しておきたいと思う。技術的には、これ以上望むべくもないほど素晴しい。だがその形態をみると、しばしばおかしな点が指摘される。アメリカでは、馬車をアカンサスの葉飾でもって飾りたて始めているようだ。これも例のインディアン的発想である。

【原註】

1　当時は、自動車というものがまだ存在しなかった。だがここではこうしたものが遠からず出現するのではないかと、既に予見されている。この文章の初めに書かれている部分は、ものというものは、まず人々がその必要性を感じ、その後に発明されるものだ、ということをよく証明している。

2　装飾を否定する最初の発言。

建築材料《マテリアル》について

一キログラムの石と同じ重さの金とを比較して、いったいどちらが価値があると思うか？　こうした問い自体、確かに滑稽に聞えるかもしれない。だがこの問いが滑稽なのは、商人にとっては、というべきである。芸術家ならば、自分にとってはどんな材料もその価値は皆同じだ、と答えるだろう。

ミロのヴィーナスにしても、それが砕石——エーゲ海に浮かぶギリシャの島、パロスの集落の街路は、この島で産出される大理石の砕石で舗装されている——でつくられていようと、あるいはたとえ金で出来ていようとも、その価値は変わらないだろう。またラファエロが描いたシスティーナの聖母（ドイツ、ドレスデンのアルテ・マイスター絵画館蔵）にしても、たとえラファエロが絵の具に数キログラムの金を混ぜて使ったとしても、それによってその画の値段が高くなるというものでもないだろう。無論、純金製のヴィーナスを必要に応じて、熔かして金の延棒にするとか、聖母の画を削り取って金粉にするとか、そう考える商人なら、また違った値踏みの仕方をするのは当り前である。

芸術家にとっては、材料に精通し、これを完全に自分のものとする、そうして完成した自分の作品が素材の価値とは独立した価値を有するようになること、これが生きがいというものであろう。だが見ていると、我々の建築芸術家達は、こうした生きがい、ないし野心というものを知らないようである。彼らにとってはたとえ一平方メートルでも壁面に、花崗岩板を貼って仕上げしたものの方が、モルタル仕上げのものより、よほど価値があるようである。

だが花崗岩それ自体は、そう価値あるものとは言えない。野山に行けばいくらでも転がっており、誰でも自分のものとすることは可能だ。あるいは、一山全体が、連山全体が花崗岩となっている場合すらあり、ただ切り出しさえすればよいのだ。また町の街路という街路がこの石でもって舗装されるところもある。こうしたことから分かるようにこの花崗岩は、我々が知っている限り月並みな、どこにでもある石であり最もよく使われる材料である。にも拘らず、この石を最も価値ある建築材料とみなす人達がいるようである。

ところでよく考えてみると、こうした人達にそのように強く訴えかけるのは材料それ自体だけではない、それに費やされた人間の労働もまた訴えかけるのである。人間の労働力と技術と芸術との間には密接な関係がある。花崗岩を山から切り出してくるには、大変な労力を必要とするし、切り出した石をある特定の場所に運搬するにも、大変な労力を必要とする。それを彫って意図通り造形するのも大変な労働だが、またそれを磨いて気に入った見栄えあるものにするのも、大変な労力が要るのである。ピカピカに磨かれた花崗岩の壁の前に立つと、感動で身が震える覚えがする。これは、花崗岩という材料に対して感動するのだろうか？　否、人間が費やした労力に対して感動するのである。

となると、花崗岩はやはりモルタルより、より価値があるのだろうか？　そうはまだ言っていない。というのは、ミケランジェロの手になるスタッコの装飾が施された壁面と比較した場合、ピカピカに最良に磨かれた花崗岩の壁でさえ、その存在感は薄れるからである。人間の労働の量だけでなく、その質も、ものの価値を決める要素となるのである。

我々は、労働の量をより重んじる時代に生きている。それは労働量というものは簡単にコントロールできるし、誰にとってもよく分かるものであるし、それを判断するには熟練した眼とか、あるいは特別な知識など必要ないからである。そこにはなんの誤謬が生じる余地はない。あることをするのにある人数の日雇労働者が、ある時間をかけて、ある報酬でもって働いた、こうしたことは誰にでも計算で割り出せるのである。このような計算をもとに、誰もが自分の身の周りのものの価値を簡単に決めたいと思うのである。そうして決められた価値のほかには、ものというものはなんの意味をもたない。となると、仕上げにより多くの労働時間を必要とする材料はあまり使わなくなる、というものだ。

昔はこうではなかった。昔は、最も身近にあって手に入り易い材料で建物を建てたのである。ある地方ではれんがを用いて、そしてある地方では石を使って、そしてまたある地方ではれんが造か石造の上にモルタル仕上げ、といったように。ではモルタル仕上げをする建築家が、石の仕上げをする建築家と比べてやや劣っていると思われたことがあるのだろうか？　また何の理由で？　こんなことは思いもよらぬことだったといっていい。石の仕上げをした建築家は、近くに石切場があったからその石を用いて建築をした、たったこれだけのことなのである。そして石切場が近くになくて、遠方から石を運んでくるかどうかということは、芸術の問題というより金銭の問題であったのである。それも芸術というものが、すなわち労働の質が今日よりずっと重きをおいていた昔であったにも拘らず、そうであったのだ。

このような時代には、建築界に我々が誇るべき偉大な建築家達が輩出した。フィッシャー・フォン・エアラッハ(1)は、自分の思考するところのものを表現するのに、何も花崗岩を必要としなかった。土と石灰と砂からつくったその建築は、花崗岩のような硬い、細工をするのに大変な労力を必要とする石造建築の傑作に決してひけをとらないほど、我々に力強く迫り、我々を圧倒する。その精神とその芸術的才能とが、そうした最も安価な建築材料でも、その使い方をよく知っていたからだ。フィッシャー・フォン・エアラッハは、人が顧みないような土塊に、芸術の高貴さを与えることができる建築家であった。まさに材料《マテリアル》の王国に君臨する帝王である。

カール教会。J. B. フィッシャー・フォン・エアラッハ設計，1715年，ウィーン。

トラウトソン宮。J.B. フィッシャー・フォン・エアラッハ設計，1709年，ウィーン。

だが今日、その王国に君臨するのは芸術家ではなく、日雇い労働者であり、そして創造的思考ではなく、労働時間である。そしてこれも、日増しに日雇い労働者の手から失われつつある。すなわち、仕事の量から見た場合、より効果的に、より安価にこれを提供するもの、すなわち機械が登場してきたのである。

ところで機械がやろうが、中国の苦力《クーリー》がやろうがその労働・作動時間に見合った金がかかるというものだ。そしてここで十分な金が無いということになったらどうなるか？　ここにおいて労働時間を偽る、すなわち材料をイミテーションする行為が始まるのである。労働量を過大に評価するということは、手工業界にとって、最も嫌悪すべき敵である。イミテーションが、結果として避けられない事態となるからである。そしてこのイミテーションという行為は、我々の多くの手工業の分野においてそのモラルを失わせてしまった。職人の誇り、職人気質といったものはまったく消え失せてしまったのである。「印刷工、お前は何が出来るのか？」という問いに対し、「私は、人がそれを石版《リトグラフ》の技術で印刷したと思い込むように、印刷が出来る」との答が返ってくる。では「リトグラフの印刷工、お前に何が出来るのか？」と問えば、「まるで通常の印刷をしたと同じように、リトグラフの印刷が出来る」との答が返ってくるのである。また「家具職人、お前に何が出来るのか？」と問えば、「装飾を彫み入れるのに、まるでスタッコ職人がやると同じように、自由自在に出来る」と答え、更に「スタッコ職人、お前に何が出来るのか？」と問えば、

「建築のコーニスや装飾を精確にイミテーションし、目地をつけるのも、誰が見てもそれを本物と思い込むような仕事が出来る、だから建物はまるで腕達者な石工の手になる石造建築のように見える」なる答が返ってくる。すると、「それなら私にも出来る」と、横合いから自信満々なブリキ職人の声が投げかけられる。そしてこの職人は「私がやった装飾の仕事にペンキを塗るか、モルタルを被せさえすれば、それがブリキで出来ているとは、誰も夢にも思わないだろう」と主張するのである。――なんとなさけない世の中になったことだろうか！

このように我々の手工業の世界では、自分で自分の首をしめるような風潮が支配的である。だから、今日ではこうした職業があまり景気がよくなく芳しくないことは、驚くにあたらない。こんなことではうまくいくわけがないのである。家具職人よ、家具職人であることに誇りを持ちなさい！　そして装飾をイミテーションしているスタッコ職人！　他人を羨むなどそんな余計なことを考えるのは止めなさい。君と石工とはいったいどんな関係があるというのだろうか？　石工は目地をつくる。残念ながら目地をつくらねばならないのだ。それは大きな石をひとつ用いるよりも、小さな石をいくつか用いてこれを組み合わせる方がずっと安価につくのだから、当然、建物のファサードには目地ができるのだ。君の仕事に、柱や装飾や壁を石工がやるように小さな部分に分割してしまうような小細工の目地がないことに誇りを抱きなさい、自分の仕事に誇りを持ちなさい、そして石工ではないことを喜びなさい！

だが私はこんなことを言っても、風に向かって叫んでいるようなもので、なんの反響もない。一般の市民にとって、誇り高き職人なんて無用の存在なのである。というのは、職人がイミテーションを上手にすればするほど、それだけよけいに市民から拍手喝采を受けるからである。高価な材料を尊ぶこと、これは成上り者であることを示す最も確実な徴候だといっていい。我々はそうした成上り者的な社会にあるが、こうした社会では、イミテーションに関しても当然そうならざるを得ない。成上り者はダイヤモンドで自分を飾らないことを恥に思うし、毛皮を着ないことを恥に思う。また石造の宮殿に住めないことを恥に思うが、それはそうしたダイヤモンドや毛皮や石造のファサードが非常に高価につくことを知って、はじめてそれを所有しないことを恥に思うようになるのである。ダイヤモンド、毛皮、あるいは石造のファサードでなくとも、上品さは成立し得るし、そんなものは上品さとはなんの関係もないということを、この成上り者は分かっていないのである。だから成上り者は、自分の金でどうしようもできないものについては、イミテーションで間に合わせようとするのである。なんと滑稽なやり方であろう。騙す対象となる人達、金さえあったなら、自分にもダイヤモンドや毛皮、それに石造のファサードぐらい手に入れられると思っている人達は、そううまく騙されないのだ。こういう人達の眼には、成上り者のそんな努力はまさに滑稽としか映らない。また、そうした成上り者に使われている使用人達であっても、これを真似てそんな努力をする必要はない。成上り者は使用人達に対して、いずれにせよ優越感を抱いているからである。

ところで過去数十年間というものは、イミテーションが建築界を、その隅々に至るまで支配してきた時代でもあった。壁の仕上材は壁紙を貼ったものだとしても、紙であることを決して見せてはならなかった。だからその壁紙には絹のダマスクの紋織りかゴブラン織り、あるいは絨毯織りの模様がなければいけなかった。またドアや窓枠は軟材で出来ているとしても、硬い材の方が高価であることから、硬い材で出来ているかのように見せるため、軟材には塗料が塗られていた。鉄にしても、ブロンズや銅に見せかけるために塗料を施して、イミテーションされていた。しかし今世紀の大きな収穫のひとつであるセメントと砂と骨材と水とを混合して流し込むコンクリート造に対しては、人々はどうしてよいものやらまったく分からなかった。コンクリートそれ自体は素晴しい建築材料であることから、これをどうりまく利用できるか皆が知恵を絞った。これでもっていったい何をイミテーションできるだろうか、といった新材料が出現する度ごとに、繰り返されるいつもの対処の仕方である。結局は、このコンクリート造を石の代用品として利用することになった。そしてこのコンクリート造が驚くほど安価であることから、人々は競ってこれを利用し、その消費量は膨大なものとなった。この世紀は、人々がコンクリート熱にうかされた世紀でもあった。これを象徴するような逸話が伝えられている。「親愛なる建築家である貴方、この建物のファサードを、もう五グルデン分だけよけいに芸術作品で飾ってくれませんか?」と虚栄心の強い施主がたずねる。これに答えて建築家は、言われた通りのお金の分だけよけいに、時にはそれ以上のコンクリート造の芸術作品をファサードに取り付けるのである。

現在では、コンクリート造はスタッコ仕上げのイミテーションに使われている。またウィーンにおける状況はどうかというと、これを象徴的に物語るのは、建築材料の本来の有《あり》様《よう》を顧みないで暴力的に扱うこと、イミテーションに反対な立場を鮮明にしてきたその私がマテリアリスト(材料至上主義者)として烙印を押される破目になっていることである。だがこう私に烙印を押した当の人間達は、自身もある特定の材料を尊ぶあまり、どんな場合でもそれを使おうとし、時にはイミテーションをしかねないありさまである。こうした詭弁がまかり通るのである。

我々が使っている壁紙は、イギリスから来たものである。壁紙だけで、家一軒丸ごとイギリスから送られてこなかったのは残念なことである。だがその壁紙を見るだけで、イギリス人がどう考えているのか、おおよその察しはつく。それは紙で出来ていることを恥ずかしいともなんとも思わない壁紙なのである。これは何故だろうか? もっと高価な壁材は無論、まだいくつかある。だがイギリス人には成上り者の成金趣味はない。自分の住居の中に入って見て、ああ内装のための費用が足りなかったのか、といった思いに駆られる人など、一人もいない。洋服の布地にしても、殆ど羊毛だが、それが羊毛製であることを偽らわずに正直に示す。もし洋服業界の指導権がウィーンに渡るとでもしたら羊毛はビロードやサテンに似せて織られることになるだろう。イギリスの布地は（すなわちこのことは、我々の布地であることも意味するのであるが）、ウィーン的な様相を帯びてはいない。すなわち羊毛製にも拘らず、「もっと違った高価なものが欲しい。だがお金がないから、これで我慢する他はない。せめて高価なものに見えるようにつくられたこれで我慢しよう」などとは。

こう考え、書いてくると次は、建築において最も重要な役割を果す原理、建築家にとってイロハともいうべき原理、すなわち被覆の原則について考える段になったといってよかろう。この原理についての考察は、次回のレポートで書くことにしたい。

被覆の原則について

芸術家にとっては、どれをとっても材料《マテリアル》はすべて同等の価値を有するものだとしても、では、ある目的があって、その目的のためにすべての材料《マテリアル》が一様に役立つか、同等の効果を有するかという段になるとそうともいえない。要求される強度とか必要な構造などを考慮した結果、しばしば建物の本来の目的に相応しからぬ材料《マテリアル》が選択、決定される場合すらある。ところで建築家に与えられた課題とは、言ってみれば暖かな、居心地よい空間をつくり出すことである。そうだとして、この暖かく居心地よいものとなると、絨毯である。だから建築家は絨毯を床に敷き、また四枚の絨毯を四周に吊す。そしてこれが四周の壁となるわけである。しかしながら絨毯だけでは、とても一軒の家をつくることは出来ない。床に敷く絨毯にしても壁に掛ける絨毯にしても、そうした目的のためには構造的骨組が必要となる。だからそうした骨組を工夫するということは、建築家に与えられた第二の課題となる。

これが建築家において、踏むべき正しい論理的な手順である。このような順序で、人類は建築することを学んできたのである。最初にあったのは身を包む被覆である。人は悪天候から身を守ること、寝ている間も外敵から身を守り、寒さでこごえないように暖を求めたのである。天空を覆うもの《デッケ》を求めたのだ。こうした天空を覆うものは最初の建築を構成する部分である。もともとはそれは動物の毛皮とか、あるいはテキスタイル、すなわち織物の布で出来たものであった。このデッケ、すなわち天空を覆う天井《デッケ》という言葉のもつこうした意味合いは、ゲルマン系言語において今日においてもなお受け継がれている。こうした天井はどこかにしつらえ、固定しなければならないが、家族を十分庇護するものでなければならなかった。だから四方を庇護する壁がこれに付け加えられることとなった。このようにして、建築思考が人類全体としても、そして個人の思考としても発展・展開していったわけである。

ところで、これと違った考え方をする建築家達がいる。こうした建築家達の想像力は空間を考えるのではなく、れんが造による壁でもって平面を仕切ることを考える。壁の部分を除いた余白が空間となる。そして、あとからこの空間に適切と考えられる仕上げ材を選定する。

だが芸術家、真の建築家とは、まず、つくる空間の目的を充足する効果を考えてみるのだ。そして心の眼でもってその空間を描いてみる。その空間中に身を置く者に及ぼそうとする効果とは、それが牢獄であったなら脱獄を思い止める恐怖感といったものであり、またそれが教会なら神への畏怖、官庁舎なら政治権力への畏怖感、墓なら敬虔の念、そしてそれが住居ならアットホームな感覚、酒場なら和気藹藹の愉しさといったものだろう――こうした空間の目的を充足させる効果は、材料《マテリアル》と形態とによって引き出されるのである。

どんな材料《マテリアル》もそれ固有の造形言語を有するものであり、他の材料の形態をとることはできない。何故ならば、形態とは材料《マテリアル》のもつ使用適性と生産方法とから生成するものであり、だから形態とは材料《マテリアル》と共に、材料《マテリアル》を通して生成するものだ。そしてどんな材料《マテリアル》も、自分の形態系に手出しをすることを許さない。だからそれにも拘らず手出しをするような者には、世間から偽物づくりの烙印を押される破目になる。芸術はこうした偽物、嘘とは無縁だ。芸術が歩む道はたとえ茨の道だとしても、純粋なものなのである。

ウィーンのシュテファン聖堂の塔とそっくり同じものをコンクリート造でつくり、何処かほかの場所に建てるとしたら、そんなに難しいことではあるまい。否、十分可能なことであろう――だがたとえ実現させられたとしても、それはもはや芸術作品とは言えまい。そしてこのシュテファン聖堂の塔について言えるのとまったく同じことが、パラッツォ・ピッティ(1)にも言えるし、またこのパラッツォ・ピッティについて言えるのとまったく同じことが、パラッツォ・ファルネーゼ(2)にも言える。そして問題なのは、われらがウィーンの

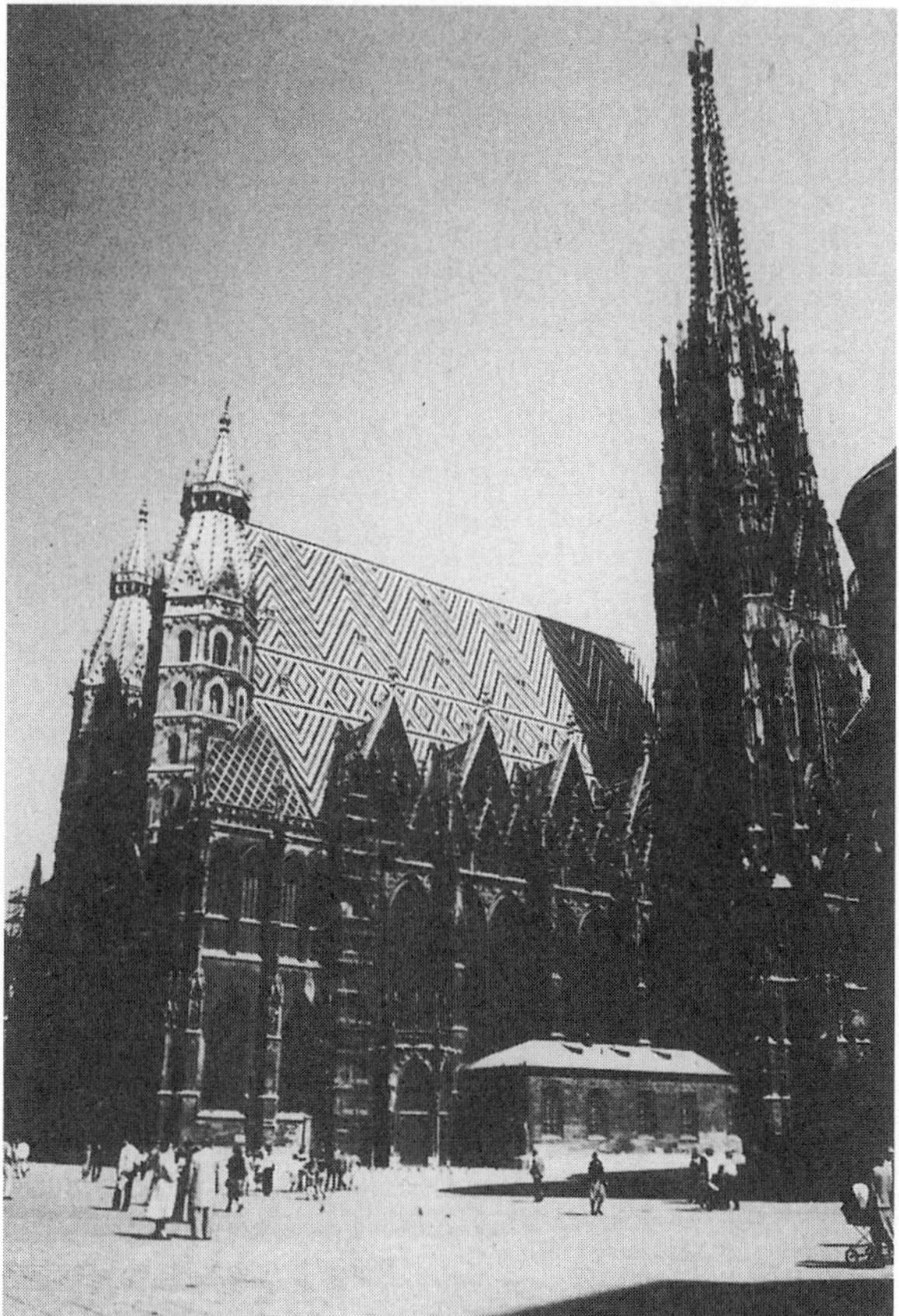

シュテファン聖堂

リング・シュトラーセ沿いに立ち並び、威容を誇る建築群の多くが、まさにそうした建築であることなのである。芸術にとって悲しい時代と言わねばなるまい。自分の芸術を賤民のために汚辱することを強要された当時の建築家達の中にあって、これを自ら進んで行なった建築家達はいざ知らず、他のいく人かの真の建築家達にとっては悲しい時代と言わねばならない。ただ、ある限られた建築家達は、自分の思い通りにやらせてくれる太っ腹の施主に会うことができた。そうした建築家達の中で、最も幸福者だったのはシュミット(3)であろう。これに続くのがハンゼン(4)である。ハンゼンは、自分が意図した材料の使用が困難であることを知ると、テラコッタ(5)を使用して自らを慰めた建築家である。これに対して悩みに悩んだのは憐れなフェルステルに違いない。フェルステルはウィーン大学を設計した建築家だが、そのファサードの部分を最後の最後の時になって、当初の意図に反してコンクリート造で仕上げることを強要されたのであった。そしてこの時代の他の大部分の建築家達は、無論、例外的な建築家もいたが、このような悩みとは無縁であった。むしろ無縁であろうとしたといえよう。

ところで今日においては、これと異なった情況になったというのだろうか？ こうした問いについては是非、私に答えさせていただきたい。建築においては、いまだもってイミテーションと間に合わせの代用品芸術が支配的である、というのが私の答だ。そう、当時よりも、もっと始末が悪いともいえる。最近では、そうした思潮を擁護するのにやっきとなっている人達さえでてきたのだ――無論、そうした人達にとっても、純粋に思える事柄ではなかろうから、表面立った動きではないにしても――だから、偽物の代用品をつくる建築家達は、この頃では隅で小さくなって座っている必要がなくなった。今では、見かけの構造材をファサード表面に貼りつけネジで固定したり、あるいはさも芸術的な意味あり気にコーニスの下に「構造的に意味ある石」をくっつけたりしているほどである。だが、イミテーションの流布に心を砕く者達、型板とペンキを使って象嵌細工をイミテーションする者達、この辺で不細工な紛《まが》い物、偽物などつくることを止めたらいい！　ウィーンでは、新しい春が始まり、土壌も豊饒で、君達の活躍を心待ちしている！

しかしながら、ここで考えてみると、四周の壁を壁掛け絨毯だけで仕上げをした居間なんて、イミテーションとはいえないだろうか？　壁など絨毯だけで出来ているわけでもあるまいし！　と言う者もあろう。そう、その通りである。だがこれらの壁掛け絨毯は絨毯以外のものであろうとはしないし、だから無論、石の壁であろうともしない。そのようなものに思われたくはないし、色や模様によってイミテーションをしようとはしない。そうではなく構造壁を被覆する仕上げ材としての自分の役割を明快に見せるのである。それらは被覆の原則に従って、自分の目的を充足させるのである。

既に述べたとおり、被覆をして内部空間をつくろうとする行為が、構造体をつくるより先に存在したのである。被覆するという行為を促した動機はさまざまである。木部や鉄部、あるいは石の表面に油性ペイントの塗装を施すといったように外気の影響から保護しようということもその中のひとつであるし、また便所や洗面所のようなところで、れんがのような構造壁の表面に磨いた石板を貼るといった衛生的な観点もその動機のひとつである。それにまた彫像に彩色を施すとか壁面を布あるいは紙貼りするとか、木表面に練り付けをするといったような、ある特定の効果をひき出す手段もまたその動機のひとつである。このような被覆の原則は、もともとはゼンパー(6)が言いだしたことであるが、この原則は自然界にも及ぶ。例えば人間は皮膚でもって被覆されているし、樹木は樹皮でもって被覆されているごとくである。

ここで私は、この被覆の原則からある特定の法則を導き出し、これを被覆の法則と呼びたい。どうか驚かないでいただきたい。法則なんてものは、通常あることが発展しようとするのに対し、終止符を打つ性格のものだといってよかろう。それに昔の大建築家達はそんな法則がなくとも、立派に仕事をやってのけたのである。確かにその通りだといえよう。泥棒が存在しないところで、これに関する法律を制定しても無意味というものだろう。これと同じように、被覆の目的で使用される材料《マテリアル》が、まだイミテーションをされない時代には、そんな法則は必要がなかった。だが私には、今日それが最も必要とされる時だと思うのである。

すなわち被覆の法則とは、被覆された材料《マテリアル》が、当の被覆と間違えられないようにしなければならない、ということである。ということは、木部はどんな色の塗装をしてもよいが、ただひとつ塗ってはならない色がある——それは木を模した色だ、と言い換えてもよい。プラター公園にある旧万国博、ロトンダの展示会場において、すべての木は「まるでマホガニーに見えるように」塗装を施すよう展示委員会が決議したような都市、木に塗装を施して新たなみせかけの木理を装飾として描くような都市において、私のこうした発言には大変な勇気が要る。そしてこの都市においては、そうしたものを上品だと思う人達がいるようである。ところで、鉄道、市電の車輛を含めて車というものはすべて、もともとイギリスから輸入されたものだから、それらは原色に塗られている。そこで私が主張したい点は、これらの車体——特に鉄道の車輛は、例の展示委員会の美の基準に従って、将来たとえ「マホガニーに見えるように」ペンキが塗られたとしても、そんな色より今のままの原色に塗られている方がよほど私は好きだ、ということである。

しかしながら、我々の国民の中にも上品さを尊ぶ真の感覚が、やや眠ったように鈍いながらも未だ存在しているらしい。だから無論それは表立って現れないが、確かに存在している。そうでなければ、茶色の車輛、すなわち木の色に塗装された三等車よりも、緑色に塗装された二等車、一等車の方が上品な感じがすると人が受け取るだろうといった計算を、鉄道当局は到底できなかったであろうと思う。

私は一度、思い切ったやり方でこうした意識下の感覚が存在することをある同僚に証明しようとしたことがある。それは、ある建物の二階部分にある二つの住居を例にとってのものだった。一方の住居の方は、賃借人が入居以前に茶色に塗ってあったものだが、それに汚くシミがついていた窓の桟に、自分の費用で白いペンキを塗らせたものだ。もう一方の住居は、特に手が加えられていない、つまり元の茶色のペンキが塗られたままの窓をしていた。そこで私とその同僚は、何人かの人をこの建物の前に連れていき、窓の桟の色の相違などには何も触れないで、もしこの人達が一般市民A氏とリヒテンシュタイン公という身分が違う二人のために住居を借りてやるとしたら、A氏とリヒテンシュタイン公にとって左右どちらの住居が相応しいと思うか、といった問いかけをし、これにどのような反応を示すか賭けをした。こう質問された人達は皆が皆、木理が描かれた茶色の窓桟がある住居には、一般市民A氏が住むのが相応しい、と答えた。これ以来、その私の同僚はなにかにつけて白いペンキを塗るようになった。

ところで、木理をわざとらしく描いた茶色の塗装のやり方は、無論、今世紀の発明工夫である。中世においては木部はだいたい代赭《たいしゃ》色に塗られていたのであり、それがルネサンスの時代には青色、そしてバロック、ロココの時代になると建物の内部は白、外部は緑色に塗られるようになった経緯がある。我々の農民達はまだまだ健全な感覚の持ち主であり、そうした原色を塗装している。田舎にいってみると、緑色の門構えに緑色の柵、そして緑色の鎧戸などが、塗られたばかりの白い外壁に映える様はなんと素晴しいことか。だがこの頃では、そうした田舎の町にも、我がウィーン市の展示委員会の趣味が徐々に浸透しつつあるようで残念だ。

ところで、イギリスから油性ペンキで塗装された家具が初めてウィーンに輸入され、それが安物の工芸品を売る倉庫に並べられた折、そこで誰もが抱いた義憤をまだ思い起こす人もいるかと思う。だがこうした正直者達が抱いた怒りは、ペンキで塗装したことに対して向けられたものではない。それはウィーンにおいても、昔から軟材に限っては油性ペンキで塗装してきた事実があるからである。ところが、イギリスの家具は堅木に見せるためにイミテーションをする意図など一向になく、その油性ペンキの色を素直に、そして自由に見せているという事実が、こうしたナイーヴな心の持主達を怒らせたのである。そこで人々は眼をそむけ、油性ペンキなどそれまで使ったことがないような振りをした。多分そうした人達は、木理がわざとらしく描かれた茶色に塗装された家具を堅木から造られたものと信じていたからであろう、と言う人もいる。

ペンキ職人の展示会を見て廻ってこうした思いを抱いたが、個人的な名前については触れない。これについては、この業界の人達から感謝されることと確信している。

ところで、これと同じことをスタッコ、すなわち漆喰仕上げにあてはめていうと、被覆の原則とは次のように言えるだろう。漆喰を用いてどんな装飾をしてもいい。だがただひとつ駄目なものがある——それは（本来は被覆されるべき）躯体構造としてのれんが造を模した装飾である。こんな当り前のことを言う必要がないのではないかと言う向きもあろうかと思うが、つい最近のこと、ある建物を注意して見なさいと私に言ってくれた人がいる。その建物の壁は漆喰仕上げとなっているのだが、なんと赤く塗装され、白い目地が付けられているのである！　また石を模した厨房の内装が好まれているが、これも同じ類のものだ。これと同じことで壁紙や臘《ろう》引き布とか布《クロス》、それに壁掛け絨毯類の壁装材には、すべてれんが造や石造を思い起こさせるような模様をつけてはならない。またこれと関連して、トリコットをはいた踊り子は何故、美しくみえないかがお理解《わかり》になろうかと思う。肌着はどんな色に染めても一向に構わないが、人間の肌色だけは駄目だ。

被覆する仕上げ材は、構造ないし下地材と同じ色である場合には、その本来の色であってもいい。つまり、黒色の鉄にはタールを塗ってもいいし、木であったら、その上に他の薄板で被覆（突き板等）してもいいが、その場合、被覆する材に塗装する必要はない。本来のままで、それに手を加えることはない。これと同じように、ある金属板の上に、他の金属を、例えば鍍金《メッキ》のような方法で被覆してもいい。ただ被覆の原則に反すること、従って避けなければならないことは、色を用いて被覆される下地、ないし構造材をイミテーションすることである。だから鉄は、この上にタールで塗ってもいいし、油性ペンキで塗ってもいいし、鍍金をかけてもいい。ただ避けるべきは、例えばブロンズ色のように、なんらかの金属の色で塗装することである。

またここで、モザイク床やあるいはペルシャ絨毯をイミテーションするシャモットタイルなり人造石の存在についても指摘しておく必要があろう。確かに、そうした人造石を本物と思い違いする人もいる――そうした人達が存在することを企業が知ることも、商売上必要なことかもしれない。

とはいっても、そうであっていいわけがない。イミテーションに精を出す者達、間に合わせの代用品建築をつくる建築家達、諸君は間違っている！　人間の精神というものは、諸君が姑息な手段でもって人を欺けると考えているよりも、ずっと気高く、高貴なものなのである。だが我々の哀れな肉体は、諸君の支配下にあるといえよう。その肉体に備わった五つの感覚だけが、本物と偽物とを見分けることができるのだ。そしてこうした五つの感覚が届かないところ、まさにそこから諸君の支配が始まるのである。そこが諸君の王国なのである。だがここでも――もう一度繰り返して言おう、諸君は間違っている！　天井高が高い木造の天井面に、それ以上望みようもない最高の象嵌細工を描きたまえ――多分、哀れな市民の眼には本物と見えるに違いない。だが神聖な精神には、諸君のまやかしは通じはしない。人間の精神は、どれほど見事に「あたかも象嵌されたかのように」描かれた象嵌細工であっても、そこに油絵具を感じとるものである。

ポチョムキンの都市

いったいポチョムキンの村を知らない者なんてあるだろうか? エカテリーナ女帝がクリミアの地へ行幸した際、狡猾な寵臣ポチョムキンが急拵《ごしら》えさせたというあのポチョムキン(1)の村を? 仮設の板壁をつくり、その上に貼った巨大なキャンバスに描かれた虚構の農村を? 繁栄した知行を示すために荒れ果てた地を実り豊かな農村風景に見せかける使命を帯びた農村を? だが村の一部だけでなくひとつの村全体を、あのずるがしこい大臣が急拵えさせるといった必要がいったいあったのだろうか?

このことはロシアだからこそ可能であったのだ!

私がこれからお話しようとするポチョムキンの都市とは、実は我々の愛するウィーンなのである。心苦しい告発でもあり、またこれを証明することも私にとってそう簡単なこととは思われない。というのは、そのためには何者にも左右されない正義感をもった聴衆が必要なのだが、残念ながら我々のこの都市では、まだまだその数は数えられるほど僅かでしかないからだ。

実際の自分よりも、身分が高いものと吹聴する者は詐欺師であり、たとえそれが他人に迷惑をかけないにしても、一般の人にとっては軽蔑の対象でしかない。だがしかし、誰かが偽の石やイミテーションによって、それと同じことをしようとしたらどうだろう？　そのような人間には、軽蔑されるという同じ運命が待ちかまえている国もある。だがウィーンではまだそこまでいっていない。そうした行為をモラルに反し、詐欺に等しい行為であると断ずるのは、ウィーンにおいてはほんの僅かな数の人達でしかない。今日この都市では、偽物の時計の鎖だけでなく、またイミテーションばかりが目立つ家具や調度品だけでなく、住居によっても、そして住居が入っている建物全体によっても、誰もが実際の自分よりも社会的地位が高いものと見せかけようとする。

リング・シュトラーセをブラブラ散歩する時、私はいつも思うのだが、現代にもポチョムキンが存在し、ウィーンを訪れる人達に、なにもかもが気高いもので満ち満ちている都市に来たようだと思い込ませようと、この男が企んでいるのではないかといった気がする。ルネサンス時代のイタリアのあの素晴しい貴族の邸館のイミテーションが建てられ、民衆という新たな権力者達に新しいウィーンが演出され、デモンストレーションされているのである。一階から最上階に至るまで豪壮な邸館をたった一人で所有できる昔の貴族だけが住むような新しいウィーンが演出されているのである。貴族の邸館では、本来、一階部

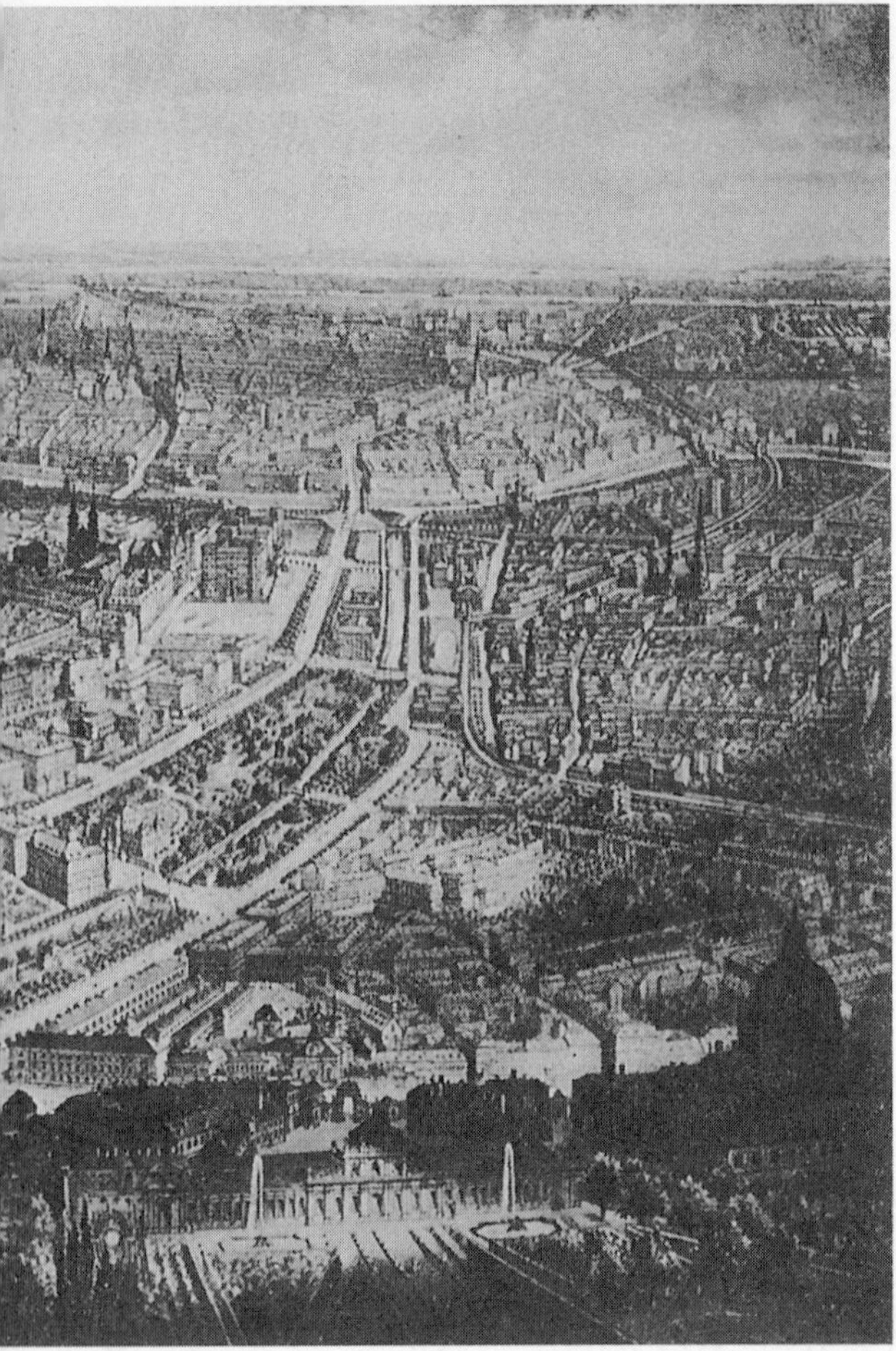

リング・シュトラーセの景観（1880年頃）

分には馬小屋が、中二階のあまり重要ではない下の部分には下僕達が住む部屋があり、その上階の、装飾豊かに豪華に造作された二階部分には祝宴の間があり、そしてその上階は居間・寝室となっていたのである。今日、それがたとえイミテーションであってもこうした邸館を所有することは、ウィーンの金持達にとってはこの上もない快感であろうし、またこの邸館中に住むことは、たとえその中の一住居を借りて住む貸借人にとっても快感であろう。そして最上階の屋根裏部屋の一室を借りて住む貧しい男にとっても、街に出てその建物を外から眺める度に、その豪壮さに自分が貴族になったような快感に身震いをする思いがすることであろう。そしてこれ見よがしに偽物のダイヤをつけて着飾った男がきらきらと輝くグラスを片手に、貴人に秋波《ながしめ》を送っているのではないか？　気の毒なのは騙される市民だ。

ところで、かく言う私は罪もないウィーンの市民達に罪をなすりつけるものだ、と異議を唱える者もあるかもしれない。それは建築家達に罪があるのであって、だったら、そのように設計しなければよかったのに、と。だがその点については、私は建築家達の側に立って、これを擁護しなければならない。というのは、どんな都市にもその都市に相応しい建築家がいるからである。需要と供給の関係が建築形態を規定していくのである。市民の要望に最も合ったかたちで設計をする建築家に、最も多くの設計の依頼があるものなのである。多分、最も才能ある建築家にはなにひとつ設計の依頼がくることもなく、死んでいくのかもしれない。他の平凡な建築家達は学校で教えられたとおりに仕事をする。ということは、そう設計するのは、人々がそうしたものに慣れ親しんでいるからである。実際、そのように設計しなければならないのだ。建築によって金儲けを企む投機家達は、できればファサードを上から下まで漆喰塗りのプレーンなものとしたいのである。工事費が最も安くつくからである。もし実際にそうしたとしたら、最も真実がこもったもの、嘘がなく、芸術的なものとなるだろう。だが、そんな建物には人々は入居したがらない。入居する貸借人を容易に見つけんがために、建物の施主はなにか適当なファサードを建物の軀体にボルト等で打ちつけ固定するほかはない。

そう、その通り。ファサードをボルト等で打ち付け固定するのである！　というのは、これらのルネサンス様式、あるいはバロック様式を模した邸館はさもそのように見えるが、実はそれとは全く異なった材料《マテリアル》からできているのである。石造に見せているのはイタリアのローマやトスカーナの邸館を、スタッコのものはウィーン・バロックの邸館をイミテーションしたものである。持送りや、アカンサスの葉飾りなど装飾的なディテールはセメント製で、ボルト等で打ち付け固定されたものなのである。こうした技術は今世紀になってはじめて応用されるようになったのだが、確かにこの技術にはそれなりの正当性があろう。だが、そうした技術を応用することに、なんら技術的な問題はないという理由だけで、その技術を形態にまで応用することはあるまい。形態の生成は、特定の材料《マテリアル》の特性と密接な関係にあるのだ。新しい材料《マテリアル》に対しては新しい造形言語を見出すことが、建築家に与えられた課題であったというべきではあるまいか。他はすべて、イミテーションといわねばならない。

最近までのウィーン市民にとっても、そうした情況はなんら変りがなかった。僅かな費用でもって、是が非でも欲しい高価な材料を模造し得ることに、ウィーン市民は喜びすら感じたのである。成金趣味である市民は、そうして騙した他人が気付かないとでも思い込んでいたのだ。そう、成金趣味とは常にそう思い込むものなのである。自分の乳房をより大きく見せるブラジャーなり、毛皮に見せかけた襟巻なり、身の回りのすべてのイミテーションを手にすると、はじめのうちは、それらのものは目的を完全に充足させるものと信ずる。ただこうした成金趣味の段階を克服した者のみが、事の次第を知っている。そうしたなんの役にも立たない努力を笑うのである。やがて、時が経つとともに、成金趣味にも開眼の時が来る。そして友人が手にしているイミテーションをイミテーションと見抜くようになる。以前は、本物と思っていたものをである。

そもそも貧困であることは、恥でもなんでもない。誰もが貴族の家に生まれることができるというものでもないのだから。だが、そのような邸館をさも所有し、住んでいるかのように他人に見せかけることなどお笑い種だ、そして不道徳でもある。同じような生活程度の人達と一緒に賃貸住居に住むことを恥ずかしいと思うことは、もう止めようではないか！　我々にとって建築材料としてはとても高価過ぎて買えないような布地があるという事実に対し、恥ずかしいと思うのはもう止めようではないか！　十九世紀の人間であることと、そして昔の建築様式で建てられた建物に住みたいと思う人間ではないこと、これを恥と思うのは、もう止めようではないか！　そうなれば我々は近々、我々の時代の真の建築様式をもつようになるのである。反論する人もあるかと思うが、我々の時代の建築様式をいずれにせよ今日我々は有しつつあるのである。だが私が言う我々の時代の真の建築様式とは、自信をもって子孫に伝えることのできるもの、そして遠い将来においても誇れるものなのである。こうした建築様式は、今世紀のウィーンにおいてはまだ見出されてはいない。

　巨大なキャンバス上にいろいろな色彩を用いて、農民達が幸福に生活しているような虚構の農村を描こうとすることと、れんが造やコンクリート造によって貴族が住んでいるように見える見せかけの石造の邸館を建てようとすることとは、基本的には同じことである。今世紀のウィーンの建築には、なにやらポチョムキンの霊が漂っている。

女性と家

北と南、アジア、ヨーロッパと世界中にドイツ、オーストリアの主婦の名声が鳴り響いている。ドイツ、オーストリアの主婦は毛糸の靴下を自分で編むし、園芸の雑誌を定期購読する、また家具に溜まった埃も払う。そして午後一時の昼食の準備に、朝八時にはもう厨房で牛の煮込み料理のために湯を沸かしている。また多分もう少し早い時間だと思うが、アップルパイの生地を作るために小麦粉と卵を混ぜている。このようにドイツの亭主が食べさせられる美味しい料理を作るためには、すべて時間がかかるのである。

フランスの主婦、イギリスの主婦そしてアメリカの主婦はこんなに勤勉ではない、と聞いたらドイツの亭主たちはおおいに溜飲を下げることだろう。そう、とりわけアメリカの主婦たちはこんなではないのだ！　この女たちの生態はあまねく知れわたっている。一日中ゆったりとロッキングチェアに座り、タバコをふかしている、と。では哀れなアメリカの亭主たちは何を食べさせてもらっているのか。五時間もかけて柔らかく煮込まれた牛肉料理の代わりに、この不運な亭主たちは毎日、毎日ステーキを食べねばならないのである。ビーフステーキ、仔牛のステーキ、マトンチョップそれにカツレツなどなど、すべてオーブングリルでたった五分間ほどローストした肉片なのである。

アメリカの主婦は怠けものなので、毛糸の靴下などよもや編もうとはしない。そうした靴下などは店で出来合いのものを買うのである。また子供の服に穴があいたとしても、繕ったりはしない。どこか破けたりしたら、すぐ買いなおす。そんなときには街に買い物に出かけたりはしない。主婦たちはすべて家に配達させるのであり、それも店員の言い値で買ってしまう。ああなんという浪費家であろうか。こんなことだから我々ドイツ、オーストリアの主婦を尊敬しなければいけない。たった五百グラムの小麦粉を少しでも安く買おうと、彼女たちはどんなに遠くでも出かけるのである。

アメリカの主婦のそうした否定的な面を、私自身アメリカの現地においてこの眼で見る機会があった。ただ日がな一日ロッキングチェアに座って、タバコをふかしているという話だけは真実ではない。アメリカの家庭には我々が言うところのロッキングチェアなど存在しないし、アメリカで女性がタバコをたしなむということも聞いたことがない。アメリカでは女性を同伴した場合、タバコを吸うような男さえもいないだろう、と思う。

どうしてこのような話がアメリカ女性を揶揄するときに付け加わったのであろう。ずっと長い間、そのことを私は考え続けた。そしてようやく考えついたのである。すなわち本来のドイツ、オーストリアの主婦、私が言うのは我々が誇りに思う本当のドイツ、オーストリアの主婦であって、徐々にアメリカナイズしつつある堕落したドイツ、オーストリア女性ではなく、正真正銘のドイツ、オーストリアの主婦が、もし遠く離れた最安値店へ乗り物に乗って買い物に行くことができないとしたら、毛糸の靴下を編むことがないならば、そして朝早くから湯を沸かすことがないとしたら、そしてまた園芸雑誌を定期購読できないとしたら、一体どうなることだろうか、と。もしそうなるとすればドイツ、オーストリアの主婦は終生死ぬまで、何もしてはならないと宣告されたも同様である。何もしないこと、それはすなわちドイツ、オーストリアの主婦にとってはあちこちぶらぶらと歩き回ることとたばこを吸うことを意味する。

だがアメリカの主婦はただ無為に時間を過ごすということでは決してない。前にあげた主婦の仕事らしい仕事ではなく、他のことをするのである。デッサンをしたり、絵を描くのである。イギリスの美術雑誌『ザ・スタジオ』誌を定期購読している。このようなことで鑑識眼のトレーニングを積むのである。亭主はそんなことに費やす時間はない。仕事のことをいつも考えていなければならない。それは我々とて同じである。しかしながら我々の国の主婦もまたそんなことに費やす時間はないものだから、美的センスと関連する問題にはすべてまったくお手上げなのである。そうした美的センスと関連する問題は家庭内にも頻繁に起きる。新しいストーブを買わねばいけなくなったとか、部屋の壁紙を新しいものと取り替えなくてはいけなくなった、とか。あるいは椅子やソファのカバーを新しく替えるとか、そして叔母の誕生日のお祝いの品を探さねばいけない、とか。そんな時には店員にまったくおまかせにせざるをえない。そしてとんでもないのは、自分の部屋とかあるいは住居全体の室内空間のしつらえをしなければならない場合である。さらにひどいのは部屋や住居の室内空間を自分たちで考えようとの野心を持つ場合である。壁紙ひとつとっても、これを選ぶのか、それともあれを選ぶのかと迷う！　しまいには自信を失って壁紙職人を呼ぶに決まっている。地獄に仏で、職人は長年やってきたその人の流儀で解決してくれることとなる。そして自分自身の眼で見ることを習得したことがないものだから、最終的には自分もそれで満足する。盲目の人には部屋の壁紙が赤であろうと緑であろうとどうでもよいことだから。

だがアメリカの女性は盲目ではない。デッサンをすることによってかたちをどう捉えるか、絵を描くことによって色彩をどう捉えるかを学んだからだ。部屋の内装のことでなにか買い物に出かけたときも、頭をそう悩ますことはない。自分が気に入ったものを知っているし、自分の部屋が必要とするものを知っているからだ。女性の眼の確かさはその住居を見ればわかるというものだ。ここでは壁紙職人の出る幕はない。そしてその住居の壁紙のなんと素晴しい色合いのことか！　自然の中にある色合いをパレットの上の絵具で探すことを学んだとしたら、また誰か有名な画家が工夫して作った色調でなく、自分自身が心から本当によいと思うようになったら、その人には色彩と色合いの新しい世界がひらけるというものだ。そうすればその人には世界は新しく輝くものとなるに違いない。衰えた眼を持った者、生き生きとした眼球の代わりに頭の中にカメラを持った者、こうした人たちは透視者の見る青い樹木や赤い空を軽蔑するが、そんなことはほうっておけばよい。色彩への餓えが生じれば、必ずやその餓えが満たされるときがくるのであり、それに対し、盲目の人はそうした場合簡単に胃炎を引き起こすのである。というのは確かな色彩感覚がなければ、色を選定するとき、リスクが伴うし、悪趣味に陥りやすいのである。

造形芸術のディレッタンティズムについてはこれまで多くの人からうんざりするほど皮肉られてきた。この芸術にとってはそれが有害となったとさえ主張する者もいる。なんと近視眼的な考えであろうか。それともベートーヴェンやワーグナーのピアノ曲が誰かに迷惑を及ぼしたとでもいうのだろうか？　もしそうだとしても、せいぜい愛すべき隣人たちにであろう。だがこうしたピアノの大きな音による隣人への迷惑なんてものは（もしそうだとしても）、造形芸術の場合は決して起こらない問題だ。

市民の間へのそうした造形芸術の浸透を待つまでもなく、住居の内部空間の形成における女性の協力は歓迎すべきことで、これを否定する理由は何もない。女性は男よりもずっと多くの場面で色とかかわりを持つ。服装からしてまだまだ色が幅を利かせている。自分が着る服の色についてあれこれ思案するが、これによって女性は色彩感覚を養うのであって、男の場合は色のない服を着用するものだから、色彩感覚は失われてしまった。壁紙職人の場合も、色彩感覚はとうに失われてしまっている。なぜならもともと、本来の色によって仕事をするのではなく、その色は何世紀にもわたる使い古しと埃にさらされた結果、変色したものだからである。例えばグリーンではなく、オリーヴグリーンであり、赤ではなく赤茶がそれである。かくしてこのオリーヴグリーンと赤茶色の壁紙に、百年近く我々は色の選定にあたって振り回され続けてきたのである。

これまでのことを要約すると、ドイツやオーストリアの主婦は美味しい料理によって亭主を家庭につなぎとめておこうとする。これに対しアメリカとイギリスの主婦は居心地のよい住まいによって亭主を家庭につなぎとめておこうとする。それは家庭生活にとって、それぞれの国がそれぞれの敵をかかえているからである。ドイツ、オーストリアでは居酒屋であり、アメリカ、イギリスでは男たちのクラブである。

だがドイツやオーストリアの亭主もイギリス人と同じ望みをいだく時が間近に来るであろう。つまり居心地のよい住まいを持ちたいと思うのである。そのときには我々の主婦たちはアメリカナイズされればよい。そしてあるウィーンの雑誌が役に立つであろう。それは『ウィーン流行通信』という雑誌で、女性の手芸を通して美術工芸における近代運動に寄与している唯一のものである。またこの種のもので唯一のドイツ語誌でもある。この雑誌は手芸材料店のN社とともに、刺繡の分野において改革運動を推し進めてきた。

N社はこの室内空間展示会においても賞賛に値する仕事をした。刺繍は従来、その応用の仕方がよくなかったものだから、長い間美術工芸界でまま子扱いされてきたが、その刺繍が住まいの壁装材としておおいに利用しえることを示したのである。N社はひとつの部屋全体をイギリスタイルでしつらえ展示したのだが、その装飾部分はほとんどすべて刺繍によるものである。展示会のための室内空間とはいえ、刺繍によってとても暖かな、居心地のよい印象を与えている。この部屋に足を一歩踏み入れると、ここでは女性が主役だということがすぐ見て取れる。それも当然のことである。家族が住む部屋というものは、常になにかしら女性的なものを有しているのである。この点に関しては壁紙職人には不向きだ。この職人が女性的にしようとすれば、素材としてせいぜいコットンを使うようなことになってしまう。どんな女性でもこつこつと刺繍の仕事をして、それによって自分たちの住まいの壁を飾ることができるというものだ。

近年、手織りカーペットもまた女性の仕事となった。この手織りカーペットについては数年前非常にまずい近代的な試みがあったことが知られている。それは最近のクリスマスの展示会において、ある人がひとりのウィーンの芸術家にそそのかされて、竜のかたちの織り込みを競うはめになったことだ。四十年前にはライオンのかたちの織り込みを競うことがあった。このことから言えることは、かたちこそ変化したが、精神は昔のままでなんら変わっていない、ということだ。美術工芸における偉大な変革者であるモリスもまた絨毯において同様な試みをした。新しいものを創り出そうと努力したのだが、出来上がるものは常にオリエントの絨毯がいのものであった。というのはオリエントの絨毯はクロス系の床材としては最高のものだからである。柄模様がなくとも、装飾がなくとも、色使いに工夫がなくとも、また遠近の効果を度外視しても、オリエントの絨毯は本物の床材である。O社による絨毯の分野での近代的な試みも展示されていた。後世の人たちのために拍手を送りたい。

ドイツとオーストリアの住まいはまだまだあの素晴しいイギリスの理想とはほど遠い。我々国民は行進曲や山登りの歌や愛の歌は口ずさむのだが、イギリスの「ホーム、スイートホーム」の歌は知らない。「ホームライク」といった意味の言葉はドイツ語にはない。「ホームフィーリング」という言葉も同様だ。我々の子供たちは家族とは離れられないが、住居に大きく依存することはない。そして住み慣れた住居を出て、引越しをするときなど、家族の誰一人として悲しむ様子はない。まったくその逆なのである。これから入居する新しい住居がうれしくてしかたがない。以前住んだときよりも隣人は親切で、住居の管理人もよりよい人に違いないと期待するのである。隣人と管理人、これがもっとも大きな関心事なのである。人は自分たちの住まいと庭を持てば、そうしたことは大した問題にならないということに考えつかないのである。だが今日、地域によっては戸建の住宅が建てられつつある。この自分たちの住まいと庭を持つというイギリス病が我々の国にも一度蔓延したらよいと思う。今のところ自分の住まいを持ちたいという夢だけが、結婚を促す動機なのである。独身者にとって今日、手に入らないものはなにひとつないといえるが、たったひとつの例外として不可能なものがある。それは自分たちの住まいである。

建築における新・旧二つの方向——最近のウィーンの芸術思潮を十分考慮した上での比較検討

いかに時代の流れにうまく対応しているかという観点から造形芸術に順序をつけてみると、私には建築という分野がどうみても最後になるのではないかという気がしてならない。それは何故か、理由を説明するのは極く簡単なことだ。絵画や版画は、構想が浮かべば完成したも同じで、作品は数週間か、数ヶ月もすれば、完成させて世に送り出すことも可能である。建築作品はこれとは事情が違う。建築工事にかかるまでの準備作業の段階で既に、数年に及ぶ精神労働、設計の作業が要求され、よしんば建築工事にとりかかったとしても、人の一生にも匹敵する年月がかかることさえある。

ところで、建築が今後進む道はどうあるべきかといったことを考えることは、他の芸術が既に経験した変遷というお手本が身近にあることから、これを参考にすればそう難しいことではないとも言えよう。建築、すなわち空間と形態の芸術（これは、建築をグラフィック美術にしてしまう捉え方とは違う）にとっては、とりわけ彫刻が参考になるように思われる。というのは、この百年の間、広く認められる社会的傾向のひとつに、手仕事が再び見直されつつあるといったことが指摘されるが、今日、彫刻の分野においても同様なことが指摘されるからである。

ところで、ほんの少し前までの時代は、おかしな時代であった。頭脳労働者が尊重され、職人がまったく顧みられない時代だったのである。青い作業衣を着た職人は、どんなに勤勉であっても、給料がずっと少ない役所の女性秘書などよりも、社会的にはずっと低い地位にあると見られたのだ。芸術もまた、こうした驚くべき偏見に捉われていた。本来、自身の手で仕事すべきところのものを、みな、奴隷のように働く職人に押し付け任せきっていたのである。絵画の分野では、無論、そんなことはできない相談だった。だが彫刻家達は、スケッチをもとに小さなモデルを作るだけに終始し、本来の彫刻家としての仕事、すなわちマテリアルを自在に料理するといったことには手をつけなかった。一方、建築家達はどうだったのかというと、自分の事務所の中に座りきりで、一歩も外に出ることがない。だから多分、自分の芸術活動の場である建築現場も実際に見ることもなく、計画案を作成し、あとはすべて職人達に任せきりの状態であったのである。せいぜいそうした建築家達の中でも、最も野心に満ちた者だけが、建築現場に、それもこれ以上なんらの変更事項がないような自分に都合のよい時だけ現場に足を運ぶのであって、その現場でも、図面で示された自分の意図をすべては理解しかねて違うことをやってしまった現場の職人を怒鳴り散らすのが常であった。そうした建築家達は、まさにその職人が一人の人間であって、機械ではないということを忘れてしまっていたのである。

ところで、手仕事の方がなにか劣っているといった観念を長い時間をかけてこつこつと覆していったのは、なによりもイギリス人であった。壺を作ろうとするのなら、小さなモデルを作るのではなく、自ら轆轤《ろくろ》台の傍に座って、自分で作らねば駄目だ。また、椅子を作ろうとするのなら、頭であれこれ考えてスケッチをするのではなく、自ら木工具を手にして自分で作らねば駄目だ、といった声が盛んに聞かれはじめた。イギリスでは、こうして芸術家達が工房に戻り、工房における制作がその芸術家の仕事の評価の分れ目となったのである。

やがてまたそれに対する反動が生じた。工房で働くことが昨日までは極く普通なことであったことが、今では普通でなくなったのである。ところがそうした時、彫刻家何某氏はダナエの胸像をいろとりどりの色彩をした大理石でもって、それも自分自身の手によって制作しようとしている——人づてに聞くこうした噂は、なんと新鮮な響きを含んでいることだろうか。復興《ルネサンス》の風は、こうした噂に端を発して、やがて街中を吹きまくるのである。鑿と槌を手にして制作に励むことを厭わない芸術家、石工の仕事を率先して学ぼうとする芸術家、こうした芸術家達が人々の注目を集めることとなる。以前はただ簡単なスケッチを描いて、小さなモデルを作り、後の制作は他人まかせにするような彫刻家達より下に見られていたものが、今度は上に見られるようになったのである。自分の作品を精神《こころ》が伴わないコピー機械、すなわち所詮考え方が違う石工に任せっきりにしない彫刻家の数がますます増えたのである。

建築もまた、こうした時代の要求に対応しなければならないだろうと思う。建築家は以前より多くの時間を建築現場での検討や打ち合わせの仕事に費やすこととなるだろう。建物の軀体ができあがると、内部空間の輪郭のおよそを捉える。そこでその空間の光の関係を確認する。そうしてはじめて、室内装飾をどうしたらよいか、構想を練ることになるだろう。そうなると装飾として植物の細部を描くなどという、まったく余計な、大変な労力を強いる作業は必要なくなるというものだ。というのは、そうした図面を前もって描くのではなく、工事が進行する建築の軀体を見た上で現場の作業小屋において（あるいは青空の下、建築現場においての場合もあろう）建築家はスケッチし、装飾の模型を作らせ、室内空間の光の実際の関係を自ら厳密に検討を重ねた上で、あれこれ修正を加えつつ、最終案を決定することになろうからである。無論、そうしたやり方をすれば、建築家はそれに多くの時間を費やすことになるだろう。だから、一人の建築家が実現、完成し得る作品の数は少なくなるだろう。したがって大建築事務所、いわば建物設計工場は消え去ってしまう運命にあるだろう。

ところで、そうしたやり方で完成した建物は、いったいどのような建物になるのだろうか？　これについては、ゲーテやシラーが活躍した十八世紀のドイツ文学思潮にも似た疾風怒濤のような前衛達が夢みるようなものよりは、よほど保守的な性格であろうことは、想像に難くない。というのは、建築とは人の感情・気分や慣習を手懸かりとし、これを無視し得ないものであり、こうした感情・気分や慣習は数千年も以前から今日に至るまでの既存の建物から、不断に影響を受けるものだからである。

ではいったい建築家とは、何を意図しようとするのか？　建築材料《マテリアル》を手懸かりに、本来、その材料《マテリアル》に備わっていない感覚を人に喚起しようとするのが建築家というものである。例えば教会を設計するとする。教会とはそこを訪れる人達が、神へ畏怖を抱き敬虔な祈りを捧げる気持になるようなものでないといけない。また酒場を設計するとする。その酒場とは、そこに酒を愉しみに来る人達が、居心地よく安らいだ気分になるようなものでないといけない。ではどのようにしたらこれが可能か？　それには、そうした気分をつくり出すことのできた過去の建築例を検討することである。そうした建築物を設計の手懸かりとしなければならない。というのは、人間とは、ある特定の空間中で祈り、またある特定の空間中で酒を愉しんできたものだからである。そうした気分・感情とは経験を通して形成されるものであり、生まれつき備わったものではないのである。したがって、建築家は自分の芸術というものについて真剣に考えようとするのなら、こうした経験を通して形成される気分・感覚というものを十分、考慮に入れなければならないといえよう。

ところで、五百年前に人を喜ばせたものが、今日でもそのままあてはまるとは限らないのではないか、と思う人があるかもしれない。そう思うのも当然といってよかろう。当時は人々の涙を誘った悲劇でも、今日ではただ興味本位に観賞するしかないものもある。当時、人々を笑わせた冗談でも、今日では到底笑う気にならない冗談もある。こう考えてみると、建築もまた、いつの時代でもその建物が新鮮で刺激的であるためには、常に新しい形態を手懸かりとしなければならないだろう、ということは言えよう。前述のような悲劇などは再び上演されることはないし、また、前述のような冗談も忘れ去られるだけである。だが建築物はこれと違って、世の中がどんどん変わっていくにも拘らず、そのまま存在し、消え去ることはないのである。このことから、建築というものは時代精神が時代と共に変わっていくにも拘らず、自身はあまり変わらない、最も保守的性格をもった芸術だということが説明されよう。

それに感覚というものは、われわれの記憶から簡単には消し去ることができないものである。例えばあの古代ギリシャ・ローマが精神的に優れていたという認識も、そのひとつである。これがはっきりと認識されるようになると、それまで支配的であったゴティク様式やムーア人のサラセン様式あるいは中国などの様式はまったく過去のものとなってしまった。無論、そうしたいろいろな様式がルネサンス様式に影響を与えたことは十分あり得るし、事実、影響を与えたのだが、そのような時にはひとつの偉大な精神——私は超一流の建築家をそう言いたいのだが――が必ず登場し、そうした外部からの影響を拭い去り、純粋な、古典的な建築様式を復権させ、国民はこれらの偉大な建築家に常に喝采を浴びせてきた。また、こうしたことが歴史において常に繰り返されてきたといえよう。というのは、我々は思考と感覚・感情において古典主義者にほかならないからである。イタリアのルネサンスにおいては偉大な建築家が生まれたが、その後ドイツにおいては、「優れたアイデアに富み、想像力に溢れた」数多くの平凡な建築家達しか輩出しなかった。というのは、こうした建築家の中でいったい誰がその名を残すような建築を建てたというのだろうか？　だが、やがて北ドイツにシュリューター(1)が、南にはフィッシャー・フォン・エアラッハが、そしてフランスにはル・ポートル(2)などが輩出した。彼らは古代ギリシャ・ローマの感覚を備えた建築家達である。これらの建築家達によって、再び盛期を迎えることとなった。だがこの時期が過ぎ去ってしまうと、再び下降線を辿りはじめ、芸術のどの分野でも歯止めが利かない奔放ともいえる形態の遊びが主流となり、これが当然、建築家達にも及んだのである。これらの建築家達が今日では、まったく忘れられた存在となっていることは、いわれのないことではない。

やがてその溢れる想像力を抑制する建築家、シンケルが輩出することとなる。そして再び下降線を辿った後、今度はゼンパーが輩出した。

こう見てくると、成功した建築家とは例外なく、その時代に阿《おもね》ることが最も少なかった者であり、他人の目などまったく気にせずに古典主義的立場を堅持した者であったことが分かる。その理由は、建築家とは単に自分が生きる時代のために建築を設計するだけではなく、後世の人々もまた、その建築家が遺した作品を享受する権利があるからである。そのためには、確固とした、不変の尺度というものが当然必要となる。その尺度とは、現在そして（とんでもない大事件が起きて、価値観が逆転でもしない限り）将来とも、古典ギリシャ・ローマであることに間違いない。

だから我々はこう主張することもできよう。将来の偉大な建築家とは、古典主義者ではなかろうか、と。つまり、先輩建築家達の作品に追従するのではなく、直接、古典ギリシャ・ローマを手懸かりとする建築家だ。だが、ルネサンスやバロックの大建築家達、あるいはシンケル――ゼンパーの系譜につながる建築家達に比較しても、将来の建築家にははるかに豊富な造形言語の蓄積があり、これを駆使することになるだろう。何故ならば、古典ギリシャ・ローマに関する考古学の進歩が最近著しいからであり、また加えるに、古代のエジプトやエトルリア、それに小アジアなども、ますます我々の関心を高めつつあるからでもある。これについての意識の芽生えは、既にワーグナー派《シューレ》の建築家達の新しい装飾にも見られる。

以上を要約すれば、将来の建築家は、自分で建築現場に出向いて仕事をしなければならないこと、古典の教養が必要とされることである。そう、この後者の点に関して更にいうと、種々な職業の中でも、最も厳格に古典の教養が要求されるのは建築家の職業だ、と言えよう。だがもう一方では、その時代の物的要求を満足させるためには、自身、近代人でなければならない、ともいえる。その時代の文化的欲求を的確に捉えるだけでなく、自分自身、常にその文化の頂点に立つようでなければならない。というのは建築の設計や、日常使用するものの造形を通して、文化形態や習慣に従来とは異なった刺激を与えることが建築家には可能であるからである。だから、文化を堕落させるのではなく、文化を進化させる役割を果さねばならない。

それに将来の建築家は、ジェントルマンでなければならない。他人のものを盗まない者は誰でも正直者である、といった時代は過ぎ去った。芸術家は今日では、単に貧乏だからといって、人から誉めそやされるものでもない。このことは、今日の我々にとって、極く当り前のこととなっている。正しいこと、悪いことの判断については、我々はだんだん繊細になっているのである。これをつきつめていけば、建築家はマテリアルに関しても嘘をつかないこと、ということにもなろう。嘘をつかないためには、建築家自身がイミテーションではなく本物のマテリアルを選定し、それでもって施工させるということである。というのは、職人はそうした嘘をつくということを知らないからである。嘘は、現場とは関係なく、図面を描くだけをよしとする建築家によって、はじめてもたらされたといえよう(原註1)。

ところで建築家には、すべてのマテリアルをどれも同じように知り尽し、自在に操るようなことは不可能（事実、誰でもたったひとつのマテリアルしか自在に操ることはできない）というものだから、それぞれ建築家によって得意な分野があり、その専門化が確立されることとなろう。このことは、石の建築家[原註2]（石工）やれんがの建築家（れんが積み職人）、それにスタッコの建築家（スタッコ職人）、木の建築家（大工）といったように、昔はいつでも、そうした専門職があったのと同じである。例えば石造の教会を建てたい、とする。よろしい、石工を訪ねていけばいいのだ。外壁になんの仕上げもしないれんが積みのままの兵舎を建てたい、とする。ならばこの建物はれんが積み職人が建てる。またスタッコ仕上げの住宅を建てたい、とする。これはスタッコ職人に仕事の依頼をすればいいのだ。あるいは食堂に木造の天井をつくりたい、とする。それは大工がつくる。

　そうだとしても、ではいったい芸術的造形は、そして建物全体にわたる造形の一貫性はどうなるのか、と異議を唱える人もいるかもしれない。だが、そうしたものの必要性を私は認めない。過去の時代にそのような方法でも、素晴しい建物が生まれたことは、誰も否定しはしないだろうと思う。建物のあらゆる細《こま》かなディテールから、キーボックスのデザインに至るまで、すべて一人の建築家によって考えられた建物など、新鮮な刺激に欠け、退屈極まりない。いつも同じ装飾、いつも同じ縁取りのプロフィール、――それがある時にはちょっと大きくされたり、またちょっと小さくされただけで、基本的には同じものがファサードや玄関入口部分に、玄関ホールに、モザイクの床に、照明器具に、そして壁紙に見られる、といった具合だ。

ところで、南ドイツのアウグスブルクの市庁舎にある黄金の間は、なんと素晴しい空間ではないか？　この空間は二人の芸術家が共同してつくったものである。その空間の効果は建築家エリアス・ホル(3)の、その素晴しい天井は大工の棟梁ヴォルフガング・エプナーの手になるものである。こうした例をみても分かるように、建物全体にわたる芸術的造形の一貫性など、複数の芸術家が共同作業すればどだい無理な話である。また二人、時には三人の建築家が共同して設計事務所をもつことも珍しいことではないし、そうした事務所では、実際の仕事はすべてそこで働く沢山のドラフトマンに任せきりの場合も多いのだ。これと少し変わったやり方は、建築家が、つまりデザインをする事務所のボスがスケッチを描き、あとのディテールは現場の仕事をよく知っているドラフトマンに任せる、というものだ。ボスである建築家はこのドラフトマンが描いた図面に目を通していろいろ修正するのだが、現場の作業と関連する点に関しての判断は、そのドラフトマンの意見どおりにしようとすることが多い。これでは駄目で、建築家自身が前述の四つの現場の職人の仕事のうち、そのひとつ位はよく知っていなくてはいけない。

私はこれまで、ユートピア的誇大妄想に捉われることなく、我々の理性が届く範囲のものに限って、私の考えを主張してきた。こうした私の主張は現代と近未来に向けてのものである。社会に大きな変化が生じて、それに伴い新しい形態なり、新しい考え方が台頭してくるかどうかといった点については検討の必要性を感じず、実践しなかった。というのは、今日では、なお資本主義的な世界観が支配しているからである。私の主張は、こうした世界観が前提である。

【原註】

1　こう指摘すると、一見、もっともらしい反論に遭うことが多い。それは、イタリアのルネサンス時代に、スタッコの職人がイミテーションをしていた事実があったのではないか、つまり大理石であるかのように見せかける直接的な模造《イミテーション》ではないか、というものである。だが私はこうした反論に対しては、このような職人達は大理石《マテリアル》というよりも、むしろその美しい表層を真似したかったのだ、と言いたい。このようなことなら石工も同じことをしている。石工は人物像や、アカンサスの葉飾り、それに花綵《はなづな》装飾等を石に刻み付けたりするのではない。また昔、大理石をイミテーションしたスタッコ職人は、今日の職人達と違って、目地をイミテーションすることは絶対しなかった。まったく逆であった。目地がない大きな面をつくって、この方が目地があちこちに見られる本物の大理石による面よりよほど素晴しいとし、好んでそうしたのであった。これを私は本当の、誇り高い職人気質と言いたい。これに対して、今日のスタッコ職人ときたら、哀れないかさま師のようである。自分がやったことがばれないかどうか常に戦々恐々としているのである。

2 「フリートリッヒ・シュミット・ドイツの石工」。この肩書きに付けられた誇りに注目していただきたい。周知のように、シュテファン聖堂の石工の棟梁でもあったシュミットは、建築家として十分、名が通っていた。だがシュミット自身は自分の職業が職人の仕事であることを常に強調していた。

馬具職人

昔、あるところに一人の馬具職人がいた。仕事好きな、腕のいい職人である。この職人が作る馬の鞍の形は、前世紀のものと比べて違った形をしていた。それにトルコの鞍とも、日本の鞍とも違った形をしていた。すなわちその鞍は近代的な鞍といってもいいものだった。だが職人自身はそれを知らなかった。知っていることといえば、自分が鞍を作っていること、それも自分にできる限りの最良の鞍を作っていること、それだけだった。

ある時、街におかしな運動が流行し始めた。それはゼツェシオーン[1]と呼ばれる運動だった。この運動の主張は、日用品をつくるなら、近代的なものに限らねばならない、というものだった。

これを聞いたその馬具職人は、自分が作った鞍の中でも最も出来栄えの良いものの中からひとつ選んで、それを手にしてこのゼツェシオーンの主導者の一人のところに出かけた。

その主導者に会った馬具職人はこう言う。「教授殿」——というのは、この運動の主導者達はたちまちのうちに教授に任命されたから、その主導者も教授となっていたのである――「教授殿！　私は貴方達の主張を耳にしました。私もまた近代人の一人です。そして私も近代的な仕事をしたいと思っております。どうか私に教えて下さい、この私が作った鞍は近代的なものなのでしょうか？」

教授は職人が作った鞍を見ながら、その職人に長々と講釈を始めた。職人がそこで聞いたのは、「職人の手仕事における芸術性」とか、「個性」とか、「近代的な」とか、あるいは「ヘルマン・バール[2]」とか「ラスキン[3]」、「応用美術」等々といった言葉が繰り返されるだけだった。そしてその講釈の後、教授が出した結論は、「駄目、駄目、これは近代的な鞍といえるような代物でない」であった。

大いに恥入りながら、職人は教授のもとを辞した。そして教授が言ったことを思い起こしながら考えた、そして仕事をした、そして再び考えた。だが教授が語って聞かせた高邁な主張どおりに仕事をしようとすればする程、出来上がる鞍は元のとおりの鞍で、何の相違もなかった。

悲嘆にくれて、職人は再び教授を訪ねた。そして自分の悩みを訴えた。すると教授は職人がやった仕事を見ながら、こう言った。「親方、貴方には想像力が欠けている、ただそれだけだ」。

そう、その通り。この想像力はその職人には確かに欠けている。想像力が！　だが職人は、そんなものが鞍作りに必要だとは、これまで夢にも思わなかった。そんな想像力があったとしたら、画家か彫刻家になっていただろうに、とも職人は思った。あるいは、詩人か作曲家にでもなっていただろうに、とも。

そして教授はこう言い添えた。「明日、また来なさい。そうした仕事について一緒になって考え、新しいアイデアを生かしてより良いものとするためにこそ、私達が在るのだから。貴方のためにできるだけのことを考えておきましょう」。

そこで教授は、その日の午後、学校に行った折、即日演習の課題として鞍の設計を学生に課す。

翌日、馬具職人は再び教授のもとを訪れる。教授は職人に、四十九もの鞍の設計案を見せる。それ以上の数の設計案は見せられない。というのは、学生の数が四十四人であり、それに五案は教授自身が作ったものだからである。「これらの設計案のうち、いくつかを例のイギリスの美術雑誌『ザ・スタジオ』誌に掲載してもらおうと思う。というのは、そうした案にはそれらしき雰囲気があるからだ」と教授は言う。

長い間、それらの設計案であるスケッチを眺めていた職人だが、だんだんとその眼は光り輝いてくる。

やがて職人は言う。「教授殿、貴方達のように馬のことや乗馬について、そして革のことや、その加工の仕事についてなんら知識を持ち合わせていないのなら、私にだって貴方達のような想像力は湧いてきますよ」。

職人はその後、幸福に、不満なく生活している。

そして今も鞍を作っている。その鞍は近代的なものだろうか？　職人にはそんなことは分からない。ただ鞍であることに違いはない。

ウィーンにおける最も素晴しい内部空間、最も美しい貴族の邸館、最も美しいが近々取り壊しの運命にある建築物、最も美しい新建築、最も美しい散歩道

最も素晴しい内部空間はシュテファン聖堂だ。私がそういうと、そんな昔のゴティク建築をと言われかねまい。それはそれで一向に構わない。我々の都市ウィーンには、世界でも最も厳粛で素晴しい空間をもった教会があるといっても過言ではない。そして、これは学問的調査の対象でしかない死した歴史的空間とは違う。この空間は我々の歴史を如実に物語ってくれるのだ。我々の祖先が幾世代にもわたってこの教会の建設に参加してきたのだ。皆それぞれの時代の言語でもって。そして、それもつい先の我々の前の世代まで――。ところが、それに参加しようとするにも我々の世代には言語がない。もっとも、我々の世代が過去四十年間、参加してきたとしても、その言語の効果がまったくないからこそ、教会の空間はこうして美しく保たれているともいえるのだが……。

夕暮の頃、教会の窓の輪郭は暗くてはっきりとはつかめない。だが、この空間は……。この空間がどんなに素晴しいものか、これを言葉で的確に表現することがどんなに困難な

ことか――。私には無理だ。だが、この空間の中に足を踏み入れ、そして一歩外に出る時、どんな素晴しい体験をしたかと後を振りかえることか。これは誰にでも覚えがあるはずだ。この素晴しい体験の強烈さは、ベートーヴェンの第五交響曲を聴くより大きい。この交響曲の素晴しさを体験するには、三十分以上耳を傾けねばならないだろうが、シュテファン聖堂では三十秒でこと足りる。

最も美しい貴族の邸館はバンク街のリヒテンシュタイン宮だ。この建物はウィーン風とは程遠い。あのちまちました小細工がましいウィーンのバロック建築とは違う。それにはまた違った良さがあるかもしれない。だが、この建物にはあのローマの力強い響きがある。ドイツ・グラモフォンの雑音などがない本物の力強い響きがある。一度、ミノリーテン広場よりアブラハム・ア・サンタクララ街を通って、この建物の前に行き、あの正面玄関の前で頭を上げて、しかと見ることをお勧めしたい。

最も美しい、だが残念にも取り壊しの対象となっている建築物は、アム・ホーフ広場の陸軍省の建物だ。ウィーンの市民よ、この建物を一度じっくりと見るといい、近い将来もう再び見ることがないのだから。この建物が近く取り壊されることは誰もが知っている。だが、これを阻止しようと立ち上がる者は誰もいない。これも仕方がないことかもしれない。ともあれ、この建物と広場とをじっくりと眺めておいて欲しい、そしてずっと心の中に留めておいて欲しい。この建物は広場の性格を決定づけているものだから、建物が取り壊されてしまっては、広場はもはや存在しないといっていい。

最も美しい新建築。街中で古い建物が取り壊されるのを見て、またえげつない建物が新築されるのではないかと心配にならない者はあるまい。私も、昨年ケルントナー街とヒンメルフォルト街が交差する角地の建物が取り壊された時は、心配したものだ。だが、なんと嬉しいことだ。ケルントナー街のあの造形精神にぴったりの、昔から続いたウィーンの都市建築の伝統を継承した建物が出現したのだから。簡素で、堂々として安定していて、そして品格がある建物が出現したのだから。だがこの建物が建築雑誌に掲載されることはないだろう。芸術的価値が十分でないと評価されるからだ。人が近代的と称する俗物的な建物でも勿論ない。だが、この建物の施主と建築家は自信を持ち給え。そして、この見知らぬ建築家に拍手を送りたい。

最も美しい散歩道は、ウィーン郊外ハイリゲンシュタットの、それも初春のベートーヴェン通りだ。

ケルントナー街の建物。ヨハン・ヴァラント設計，1907年。

ハイリゲンシュタットの初春のベートーヴェン通り。

シュテファン聖堂。14世紀～。西側ファサードのみロマネスク期のものと共存。

リヒテンシュタイン宮。ドメニコ・マルティネリ設計，17世紀末，バンク街。

旧陸軍省（1776年）。僧院を改築したもの。1913年に取り壊された。アム・ホーフ広場。

住居の見学会

この二年来、近代的な住居の室内空間が破綻したと市民の口の端に上っている。再び昔の様式に戻るべきだというのである。そしてこうした事態を救う手段としてビーダーマイアー様式(1)が良いとされている。

ドイツでは近代運動はユーゲントシュティルといった。我々オーストリアではゼツェシオーンといった。だがこれらの名称は両方とも今では罵りの言葉となった。

私が以前書いた文章の中で、これらの様式について警告を発したが、それはもう十年近く前にもなる。当時私はこういった。これからの住居の室内空間は昔の様式でもなく、またユーゲントシュティルやゼツェシオーンなどの新しい様式でもない、近代的となるであろう、と。

私のこうした考えは当時、少数派であった。それも圧倒的な少数派であったというべきであろう。唯一私だけだったからである。

我々の近代的な生産品は芸術家たちからも役所からも大した価値のないものと侮られていた。そんなとき、そうしたものに我々の時代の様式を付け加えるなど不必要なことだ、何故ならばそれらは既にそうした現代の様式を有しているのだから、と私は主張した。我々の工具や工学器械の類、洋服、馬車と馬具、それにガラス食器やシガレット・ケースなどの金属製の物、また建築家による非近代的な改悪行為を免れたあらゆるもの、これらはすべて近代的であった。建築家による改悪行為といえば、確かに家具職人の仕事の分野では、この五十年来何から何まで建築家たちの手中にあった。だからこれをくだらないがらくた仕事をする建築家から解放することが大事なのである。これらが上手くいけば近代的な住居の室内空間にとって大きな障害はもはやないといってよかった。

ここに至る道ははなはだ簡単であった。家具職人と木工がつくるいくつかのものが建築家の手から離れていった。それは他の良いもので応用し得るものがあったら、そのかたちなどを応用したからである。例えばウィーンのレストランで給仕が客に葉巻をサービスするときに使う、中が区画された平たい箱は、天井や壁にも応用できたし、ウィーンのカフェーハウスで使われているアイスクリームの保管ケースも応用し得た。店舗に使われているガラスの展示ケースもそうだし、鞄や旅行トランクに使われている錠前や金具類などを住居のドアや家具調度品に応用するといった具合である。それとまた壁を木製パネルで張るようになった背景についても同じようなことがいえる。つまり水を使う浴室などの部屋で躯体の壁の被覆としてこのような木製パネルを使用していたが、これを居間などの居室の壁に応用したのである。

かくして家具職人の仕事は近代的となった。ただここに欠けたものがあった。それは建築家との協働作業を前提とするもの、すなわち装飾である。昔の家具には装飾やパターンが彫られていたり象嵌されていたが、近代的な家具職人がこれと同じことをやろうとしても図が描けないものだから、建築家が手出しをすることとなるのである。家具職人にはそんなことはできない、何故ならば近代人であるからだ。建築家にはこれが出来たし、また今日でも出来る。何故ならば非近代人だからである。というのは――これも私が十年前に主張したことだが――近代人には装飾をつくりだすことなど不可能だからだ。我々の文化の近代的な生産物には装飾はない。旅行トランクをつくる職人や皮革職人、洋服の仕立屋それに電器や機械の職人、それらの人たちは装飾を施すことはしない。現代に生まれたが実際は前世紀に生きている人たち、女性たち、農民、東洋人(日本人も含めて)、それにネクタイや壁紙の柄・図案を描く職人たちの脳のような支離滅裂な脳を持った人たち、そういう人たちはいまだもって今日でも、古い装飾にも劣らない新しい装飾をつくりだしているのである。

新たな装飾をつくりだすことができない我々の文化、このことが我々の文化の偉大さを意味する。人間の進化とは、日常使用する日用品から装飾を除くことと同義である。工芸家たちは——自己保存の本能から——異議を唱えたいのなら勝手に唱えればよい。だが文化的に洗練された人にとっては、刺青《いれずみ》した顔より、よしやその刺青がコロ・モーザーの手による芸術的なものだとしても、刺青をしていない顔のほうが美しい。そして文化的人間は自分の肌だけでなく、書物の表紙にしてもナイトテーブルにしても、アメリカインディアンのような装飾狂いの文化的野蛮人たちの手にかかって毒されないようにする。

昔の名人の場合やあるいは現代の東洋人の場合、装飾は真に心の中からつくりだされるのだが、そうでない装飾には意義はない。それは無価値であり、それをつくりだす労働は無駄となり、資材の浪費である。またもともと価値がないのだが、日に日に価値を失っていく。オークション会場にて展示されたもので、五年前には買い手にとってとても価値あると思えたものが、今日ではその五年前の付け値の十分の一にもならないこともある。人はよくよく注意しなければいけない。それは今日の非文化的、だから時代に合っていない、非近代的な考え方によってつくられたものは、数年もすると同じ運命を辿ることとなるのだから。

我々はいつまでたっても同じ価値を保つものをつくるようにしなければいけない。こうした私の考えを時代の若者たちの心に植えつけることは難しい。私はある特定の芸術家仲間に加わっていないものだから、仲間が開く展示会に一緒に出品して実物を見せることも難しい。そこで、いつまでたっても価値を失わない住居の室内空間を如何にしてつくったのかといったことに興味ある人たちを、そうした住居の見学会に招待したい。それらの住居はすべて私の設計によって実現したものである。

我々は再び昔の様式に戻るべきだ、とする人たちの主張は、いろいろな装飾を施されたものを近代的とみなす限りにおいては、正しいといってよいだろう。だが住居の室内空間の近代的なありようを見て、こうした人たちはより良い考え方があることに気がつくことと思う。広範囲の人たちが住居のしつらえにおいて昔の様式に既に回帰しつつあるが、この見学会によってそうした動きに歯止めをかけたい。こうした企画で私自身を宣伝するのではないかといった非難は、甘んじて受けねばならないと思っている。ただ、私がやったこれらの住居は芸術雑誌に一度たりとも発表されたことがないということを思い起こしていただくことで、多分そうした非難の責の一端を免れ得ると思う。

見学の対象となる住居の住まい手たちは、我慢して他人に見学を許すわけだが、だからそこで、あまりに多くの見学者たちが押しかけて迷惑をかけないために、二日間の見学に対し二十クローネの見学費を設定する。見学チケットはウィーン・グラーベンにあるゴールドマン&ザラッチュ紳士洋服店かケルントナー街のシュタイナー造花店で手に入れることができる。見学チケット一枚につき、二名までの見学が有効である。そうして集まった金額は、チケット購入者が指定する福祉事業に寄付する予定だ。

この見学会に参加するのは、とりわけ我々市民のために住居をつくることを職業とする人たちではないかと思っている。つまり家具職人、経師屋それに室内装飾の職人ではないかと思っている。だがある職業階級に属する人たちの参加は御免こうむりたい。それは建築家だ。

もし建築家が参加したとしたら、そのうちの幾人かが私の設計した住居をそっくり真似するのでは、と私が恐れているなどと思わないでいただきたい。もしそうだとしたら、まったく逆である。建築家の誰もが私の考えをくみとって住居を設計するとしたら、こんなに喜ばしいことはない。だがそうはしないであろう。ただ誤解をするだけに決まっている。私が設計した「カフェ・ムゼウム」を見て私を誤解したようにである。このカフェーハウスが開店して以来今日では、すべての住居がカフェーハウスのようにがらんとした味気ないものになってしまった。以前は――それは緑色や赤、紫色あるいは灰色にステインで着色仕上げされた木材があった時代であり、また家具が無理やりにカーブを描かされ、また木の板でもって無理やりに湾曲されたアーチ状の梁が店の空間全体に架かっていたような時代（私はただヨーゼフ・ホフマンによるウィーン、アム・ホーフ広場に面して立つアポロ・ろうそく店とカフェ・ムゼウムが同じ時期に実現したということを思い出しているだけなのだが）[2]――そうした時代には住居の室内空間において（私にとっては気に入らない言葉だが）「応用芸術」と今は一応呼んでおいてもよいようなものが少なくとも見て取れたのである。しかしながらそれ以来、下水道の格子蓋は植木鉢や果物皿の飾りとして利用される羽目になった。私はそんなことは意図しなかったのである。だとしても当時私の設計したカフェ・ムゼウムが出現しなかったとしたならば、オルブリッヒ、ヴァン・デ・ヴェルデそしてホフマンなどが進めていた装飾の方向は、単なる装飾主義に陥ったことであろう。その意味で私のカフェーハウスは彼らに新たな、だが誤った道を指し示してしまったといえよう。私は彼らを再び誤った道に導くつもりはない。実験に実験を重ねる建築家たちからようやく解放されて、無関係となる権利を文化は有しているのではあるまいか。まあ私がどのような考え方をしたのか、多くの人たちが納得していただけるのではないかと思っている。

余計なこと（ドイツ工作連盟）

ドイツ工作連盟[1]はようやく創設にこぎつけ、ミュンヘンにおいてその第一回の大会を開催した。そこでは彼らは、産業界や職人達に向って、自分達の役割がいかに重要なものか繰り返し主張している。自分達の存在意義を正当化せんがために、彼らは昔からつまり十年も前から、彼らの手によって芸術を職人の手仕事の分野に浸透させねばならないと、主張してきた。これは無論、職人ができることではない。これをやるには、職人はあまりに近代的すぎるというものである。近代人にとっては、芸術とは尊ぶべき女神であって、この芸術を日用品に身売りさせることなど、芸術に対する冒瀆に他ならないと思うのである。ところで、この点については、一般消費者達も同じ考え方をしている。これをもってドイツ工作連盟の非文化人達による我々の近代文化への攻撃は、敗北に終ったと言ってもいいように思える。それは、インク壺（二人のニンフ像で飾られた石で作られたもの）や燭台（一人の少女が瓶を支えており、その中にろうそくをさし込む）、あるいは家具（小さな太鼓の形をしたナイト・テーブル、それに食器棚は大きな太鼓の形となっており、その周りに柏の枝が絡まっている）といったものが、さっぱり売れないで残っていることからも分かる。そして、もし買ってしまったとしても、これを所有していることが恥ずかしくて、数年後には手放してしまうのがおちである。こう見ても分かるように、日用品に芸術を付加させる試みは無駄な努力であったのである。だが一度手を染めたなら、そう簡単には止められないのが人の常であろう。そこで思いついた打開策は、文化を助長し、これを促進しようということであった。

だがこれとてもそう思ったとおりには、うまくはいかないようにみえる。我々が共有する文化——これ以外の文化というものはあり得ないのだが——によって、共通の形態というものがつくりだされるのである。ところが、ヴァン・デ・ヴェルデ(2)のデザインによる家具の形と、ヨーゼフ・ホフマン(3)のデザインによる家具の形の間には相当な隔たりがある。となると、どちらの文化をドイツ人は選択、決定すべきなのだろうか？　ホフマンの文化か、それともヴァン・デ・ヴェルデの文化だろうか？　あるいは、これと同じ見方をするならば、リーマーシュミット(4)の文化か、それともオルブリッヒ(5)の文化だろうか？

私は、このようなことは文化とはなんの関係もないと思う。というのは、「応用芸術の芸術家達」の仕事の成果が期待され、そうした芸術家達の協力は国家と企業・生産者にとって、国民経済的な問題である、といったことが既に前々からあちこちで、声高に主張されてきていることからも分かるというものだ。こうした主張を、三日間も続けざまに、繰り返し繰り返し聞かされた工場主達もいるほどである。

しかし、いったい我々は「応用芸術の芸術家」という者を必要とするのだろうか、と私は問いたい。

答は「否」である。

今日まで、このような余計な手出しをさせないようにしてきたある限られた工芸の分野のみが、質の高いものを作り出す能力を保ち続けている。こうした工芸の分野が作り出したものだけが、我々のこの時代の様式を表現しているのである。それらのものはそれが当然という顔をして、我々の時代の様式を表しているものだから、我々はそれらを――このことがその時代の様式のものかどうかという唯一の判断の基準《クライテリア》といえようが――特に意識することがない。それだけ我々の思考、感覚と離れられない関係にあるのだ。我々が日常目にし、使用する車やガラス食器、光学器械や雨傘やステッキ、あるいは旅行鞄や馬具、あるいは銀製のシガレット・ケースや装身具、それに宝石等の装飾類や洋服、これらはみな近代的だ。これらが近代的であるのは、これまで専門職人ではない者が、いわば門外漢が仕事場に首を突っ込もうとしなかったからである。

考えてみると、確かに我々が生きているこの時代の文化的な所産は、芸術とはなんら関連性をもっていない。芸術作品と日常の生活用品とが絡み合って、区別がつかないような野蛮な時代は、最終的に過去の時代となったのである(このことは、芸術のためでもあるのだ)。この点に関連して、十九世紀という時代は、人間の歴史を叙述する場合に、大きな紙幅を割くこととなるだろう。芸術と工芸とを明快に区別するようになったのは、この時代の偉大な所産だからである。

ところで、日用品に装飾を施すことは、芸術の始源である。パプア人は家財道具みなことごとくに、装飾でその表層を埋め尽すのである。そして芸術が日用品から距離を保つ、言い換えれば自己を解放することによって、俗化から身を守ることをしてきたことは、歴史が示すところのものだ。十七世紀の人々は、酒を飲む時、女武人族アマゾネスとギリシャ軍との戦いの様子が彫まれた甕から平気で酒を飲めたし、また食事の時、ローマ神話のあのプロセルピーナが掠奪される場面が描かれている皿の上でナイフとフォークで肉を切って食べる、ず太い神経をもちあわせていたのである。だが我々には、これは無理というものだ、我々、近代人には。

では芸術を職人の仕事から区別しようと主張することは、芸術を敵視することだともいうのであろうか? 過去の時代のことを思い浮かべると、つい感傷的な気持に捉われがちになるのだが、十六世紀のドイツの大画家アルブレヒト・デューラーは当時、靴のデザインをしたことが伝えられる。が、今日の非近代的な芸術家達がこのデューラーにあやかって製靴工場において靴のデザインの手助けを申し出たとしても、そんなことは必要ないと拒絶されるのが落ちである。彼らはこれに不満を抱こうが、これも致し方があるまい。近代人であることつまり、十六世紀ではなくて、今この時代に生きることに幸せを感じる近代人は、こうした芸術の悪用ともいうべき行為を野蛮と思うのである。

このことを認識することは我々の精神生活にとっても重要なことだ。何故なら、あの純粋理性批判のテーゼを提出した哲学者カントや、それに第九交響曲を作曲したベートーヴェンにしても、またゲーテにしても、それぞれ生きた時代においては、決して時代遅れの人間ではなかった、いわばその時代の近代人であったからである。

十八世紀という時代は、科学を芸術から解放した時代でもある。それ以前は、銅版画に丹念に描かれた人体解剖図は、まるで腹の皮をはぎとったギリシャ神話に登場する神々のような格好をしていたのであり、メディチ家所有のヴィーナス像から内臓が垂れ下がっているような格好をしているものも見られる。また南ドイツ、バイエルン地方の町で開かれる年の市では、今日でもなお若者達に、そうした「ヴィーナスの人体解剖図」を見せて、女体の知識を授けている光景も見られる。

我々が必要とするのは、家具職人の文化である。応用芸術なる芸術家達が再び本来の仕事に戻って絵を描くようになるか、あるいは街の清掃をするとか他の職に就くようになれば、そうした家具職人の文化の時代が到来するといえよう。

文化の堕落について

ヘルマン・ムテジウス[1]といえば、イギリス人の住まいと生活について我々を啓発してくれた幾冊かの著書で知られる建築家だが、このムテジウスが最近、ドイツ工作連盟が目指す目標なるものを上梓、発表し、連盟の存在意義をそれによって根拠づけようと試みている。読んでみると、その目標はたしかに素晴しい。だが、ドイツ工作連盟に限って、そうした目標を達成することはあり得ない。

ドイツ工作連盟に限って、それはとうてい不可能というものだ。この連盟の会員達は現在の我々の文化を廃し、これに替わって他の文化でもって置き換えようとする人達だからである。では何故、この人達がそうしようとするのか私には分からない。だが私に分かっていることは、それはそううまくはいかない、ということである。未だかつて、時代の流れに逆らって、手に傷を負わなかった者はいないということを肝に銘ずべきである。

我々には、我々の文化があり、我々の生活の反映としての我々の形態があり、生活に欠かせぬ日用品がある。我々の戸棚、シガレット・ケース、あるいは身に付ける装飾品、そうしたものの形は人がつくるのでも、組織がつくるのでもない。時代がつくるのである。それらはまた、年々、日々、刻々と変わるものである。というのも、我々自身も、ものの考え方も、それに習慣も刻々と変化しているからである。それにともなって文化も変化しているのだ。

なのに工作連盟の面々は、因果律というものをとり違えてしまっている。我々の座り方というものは、家具職人が椅子をそう作ったからそれに従ってそう座るというものではなく、これと逆で、我々が座りたいように、家具職人は椅子を作るのである。こうした理由から――現在の我々の文化を愛する者にとっては、うれしいことに――工作連盟の活動は、何の役にも立たないといえよう。

ところでムテジウスによれば、ドイツ工作連盟の目標は次の二つの言葉に要約される。良質な仕事をするということと、我々の時代の様式をつくること。この二つの目標とは、いってみれば一つの目標と言ってよい。というのは、我々の時代の様式で仕事をする者は、良い仕事をすることと同意義だからである。逆に我々の時代の様式ではない仕事をする者の仕事は、だらしなく、あまり良い仕事とはいえない。このことは冗談ではなく、本当にそうなのである。というのは、あまり芳しくない形態――我々の時代の様式に沿ったものでない形態を私はそう呼ぶ――とは、間もなく消え去る運命にあると思われる。人の心に訴える力に欠けるからである。だが他方では、つまらぬものが永久に存続するものとして作られたとしたら、それはなおさら醜く思えるものである。

工作連盟は、我々の時代の様式でないものを、永久に存続するものとして作ろうとする。これは誤りだ。それにムテジウスは、ドイツ工作連盟の会員達が協力して我々の時代の様式を見出そう、とも主張しているが、これなどまったく無用なことだ。

我々の時代の様式というものは、現に存在しているのである。少なくともドイツ工作連盟の会員達がいまだおせっかいな手出しをしていない分野では、我々の時代の様式が現に存在しているのだ。十年前のことだが、こうした芸術家達は家具職人の職場を征服した後、再び新たな征服の旅に立ち、洋服の仕立ての分野をも征服しようとしたことがある。工作連盟は当時いまだ設立されておらず、ゼツェシオーンに属していた芸術家達は、ビロードの襟を立て、スコットランド製の布地で作ったフロック・コートを着て街中を歩いたものである。また厚紙を隠し入れ、黒の絹布で覆った折襟をつけていたが——無論、それには「ウェル・サクルム」[2]のマークがついている——、それは三回、首の廻りを巻き付けるあのネクタイを模したものだった。その時は、私がこの問題を取りあげて、激しい批難の文章を書き、これらの者達を洋服仕立ての仕事場や靴屋の仕事場から追い出すことができた。かくして「芸術家」達によっていまだ毒されていない産業を彼らの攻撃から守ることができ、一応ことなきを得た。ちなみに芸術家達と行動を共にした洋服仕立て職人は失職し、当の芸術家達もまた、以前と同じようにウィーンの有名な洋服屋で服を注文するようになった。

　ところで、我々が今使っている革製品が、我々の時代の様式のものであることを否定する者がいるだろうか？　それにナイフとかフォークといった食器類やガラスコップについても、また浴槽やアメリカ製の洗面化粧台、あるいは工具、機械類についても、これと同じことが言えるのではないか？　すなわち、すべて、——繰り返しになるが——芸術家達の手中に落ちていないすべてのものについて、これと同じことが言えるのではないか？

　ではそれらのものは美しいだろうか？　この点については問うまい。ただ、我々の時代精神の産物であり、だから間違っていない、とだけ言っておこう。またそれらは、以前のどの時代にも相応しいものではないだろうし、また他の国の人達が自由に使いこなせるようなものでもないだろう、と思う。つまりは、我々の時代の様式なのである。そして我々、オーストリア人は自信をもって、唯一イギリスを例外として世界中のどんな国でも、我々のものと同じような質の高さを保って作り出せる国はない、と言える。

　ところで、私はこの問題をもう一歩進めて、こうはっきりと言いたい。軽くカーブを描き、面がプレーンに、精密に仕上げられている私のシガレット・ケースを私は美しいと思う。そしてそのケースを見ると、私の心は美的な満足感で満たされる、と。また、それに比べて工作連盟に属している工房で作られたもの（デザインは○○教授による）はひどいものだと思う。そしてこのような工房で作られた銀の把手が付いたステッキを頼りに歩く者は、私にとっては到底ジェントルマンとは思えない。

ところで文化国家において、我々の時代の様式で——これこそドイツ工作連盟が探し求めるべきものだが——作られているものは、数値的な関係で言えば、全体のおよそ九十パーセント程度を占めるだろう。残りの十パーセントのもの——この中に家具の仕事も含まれる——が、芸術家達がそれに首を突っ込んだ結果、そうでなくなってしまった。そう、この十パーセントの分をなんとかしなければならないのだ。それにはまず我々自身が、我々の時代の様式で感じ、また考えることをしなければならない。そうすれば、他の点については、自然と条件が備わってくるというものだ。近代人に対しては十六世紀のドイツの詩人ハンス・ザックスが語った言葉を少し変えたかたちにして次のように言うことができると思う。「時代、それは人々に歌いかける」、と。

十年前のことである。私がカフェ・ムゼウムの設計をした同じ年に、ドイツ工作連盟のウィーンにおける代表者であるヨーゼフ・ホフマンは、ウィーンの旧市街にあるアム・ホーフ広場にアポロ・ろうそく工場の販売店舗の設計を行なった。当時、その店舗は、我々の時代を見事に表現するものだとして、高い評価を得たものである。だが、今日では、そんなことを主張する者など誰もいない。十年という歳月を経て、それが誤りだということが証明されたのである。そして更に十年もたてば、今日でもなお続けられている同じ方向

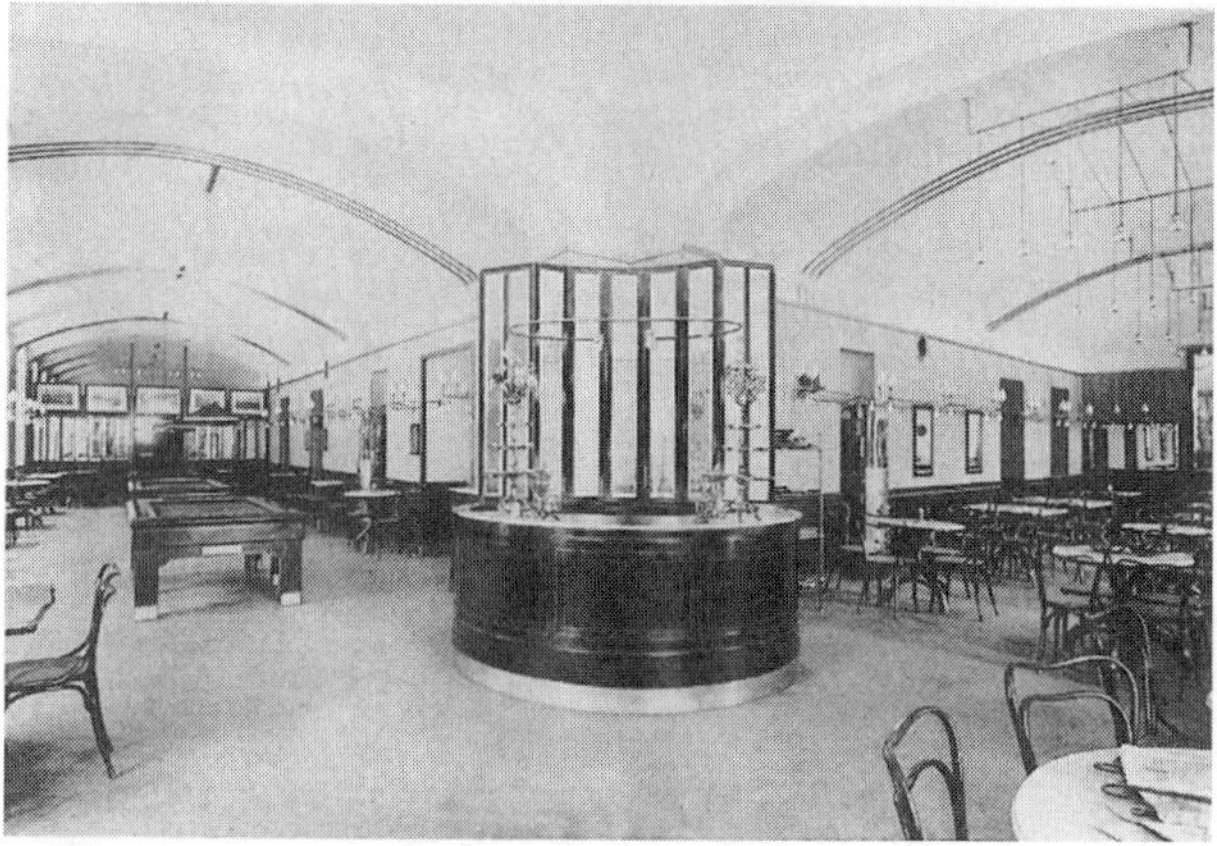

カフェ・ムゼウム外観（上），および内部（下）。アドルフ・ロース設計，1899年，ウィーン。

を目指した仕事は、我々の時代の様式とはなんらの共通点もないことを、人ははっきりと明言することであろう。

そうなることは間違いない。現に、ホフマンは、私の設計になるカフェ・ムゼウムが完成してからというもの、小細工なデザインを止めてしまい、構造に関しては、私のやり方

アポロ・ろうそく店正面（上），および内部（下）。
ヨーゼフ・ホフマン設計，1899年，ウィーン。

に近いやり方をするようになったのである。だがホフマンは、今もって木を奇妙にも腐蝕させたり、型板で型を置いて描いた装飾や象嵌した装飾等によって、家具を美しくできるなどと本気で思い込んでいるらしい。だが近代人というものは、刺青《いれずみ》などしていない顔の方が、している顔などよりよほど美しいと思うのであり、例えその刺青があのミケランジェロ自身の手になるものだとしても、これは変わることはない。ナイト・テーブルについても、これとまったく同じことが言える。

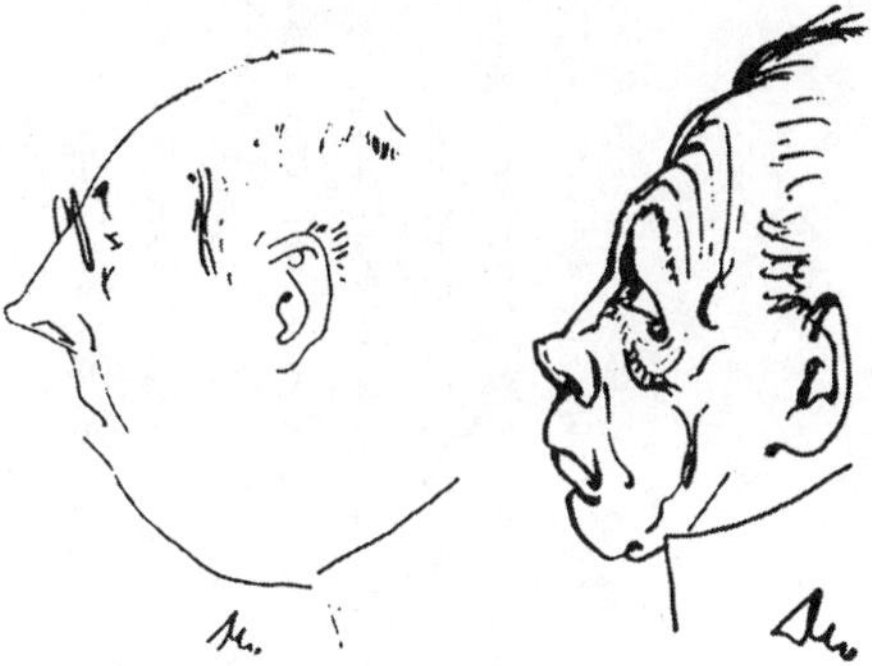

ヨーゼフ・ホフマンとアドルフ・ロース。

そして我々の時代の様式を見出し得るためには、まず近代人であらねばならないのである。既に我々の時代の様式であるものに変更を加えようとか、あるいは他の形に変えてしまうとか――例えばナイフ、フォークの類の食器を例にとってみても、そうした試みが存在することを指摘したい――そう考える人達は、我々の時代の様式というものを認識してはいないということを、まさにそうした試みをすることによって証明しているようなものである。そんな試みは、無駄というものである。

また近代人の見方からすれば、芸術と日用品をそのように混同することは、芸術に対するこれ以上ない冒瀆といえる。

ところで、ゲーテは近代人であった。ここで思い起こされるのはこうした点について直接言及した次のゲーテの言葉である——こうした芸術観の問題となると、ゲーテやベーコン、それにラスキンやソロモン王達の言辞が引き合いに出されるのは当然だが——「芸術は、古代においては神殿の床を、またキリスト布教後の時代にあっては教会の天井を壮麗に飾ってきたわけだが、今日ではタバコや宝石類を入れるケースや腕環を飾りたてるものにすぎなくなってしまった。こうした時代は、人が考えているより、ずっとひどい時代だ」。

装飾と犯罪

人間の胎児は母親の胎内中にある間に、動物の世界がたどってきた全発展段階を経験してしまう。そのようにして生まれた赤児が環境を感じとる感覚は、これも生まれ落ちたばかりの犬のそれと変りはない。だが子供時代において、人間の歴史にも相当するようなあらゆる変遷を経験する。二歳の時はパプア人のようだ。そして四歳になると古代ゲルマン人、六歳ではソクラテス、八歳になるとヴォルテールだ。人間、八歳になると、十八世紀になって発見された色である紫色というものが意識されるようになる。だからこの紫色が発見される以前は、スミレは青色であり、ほね貝は赤色とされたのだ。これと同様、物理学者は今日、太陽光線のスペクトル中において、名称だけは既につけられているが、それを本当に認識するようになるのは、次の世代の人間を待たねばならないようないくつかの色の存在を指摘している。

子供は道徳とは無関係だ。パプア人もまた、我々の目からすると、そうだ。パプア人は敵を殺し、その人肉を喰ったりもする。それでも罪を犯したということにはならない。だが近代人が誰か他人《ひと》を殺《あや》めて、その人肉を喰ったりなどしたら、その者は犯罪者か、変質者だ。パプア人は刺青をする。自分の肌にも、自分のボートにも、その櫂にも、要するに自分の身の回りのものすべてに刺青をする。それでも犯罪者とはいえない。だが刺青をする近代人は犯罪者か、それとも変質者である。収容されている囚人の中、八十パーセントもの囚人達が刺青をしている刑務所がいくつもある。刺青をしている者で、刑務所暮しでない者は、潜在的な犯罪者か、あるいは変質的な貴族主義者である。もし刺青をした者が刑務所などでなく、自由な身でもって死んだとしても、それは単に、殺人を犯す数年前に偶然に死んだにすぎないともいえよう。

自分の顔を飾りたてたい、そして自分の身の回りのものすべてに装飾を施したい。そうした衝動こそ造形芸術の起源である。それは美術の稚拙な表現だともいえよう。また芸術はすべて、エロティックなものだ。

最初につくられた装飾は十字架だが、それは源をただせばエロティックな意味をもっていた。それは最初の芸術作品、最初の芸術行為ともいえ、最初の芸術家が自己の内部にどうしようもなく充満するものから解放されようとして、壁になぐり描きしたものだ。水平線は横たわる女だ。垂直線はその女に交接する男だ。これを描いた男はベートーヴェンと同じ衝動を感じたのであり、この男は、ベートーヴェンがあの第九交響曲を作曲した場合と同様、心は至福に満たされていたのである。

だが我々の時代で、内なる衝動から壁にエロティックなシンボルを落書きするような者は、犯罪者か変質者である。ところで、人がそうした変質的な衝動に最も駆られるのは、便所の中だということは、当然である。となると、一国の文化の程度は、便所の壁の落書きの程度によって推し測ることができるというものだ。子供にあっては、そんなことは極く自然な現象である。子供の最初の芸術表現とは、壁にエロティックなシンボルを落書きすることである。しかし、パプア人や子供達にあって極く自然なことが、近代人にあっては変質的行為なのである。かくして私は次のような認識に到達し、これを世界の人々に説いた。文化の進化とは日常使用するものから装飾を除くということと同義である。私はこれを説くことによって世界の人々に福音を与えようと思ったのだが、実際は感謝もされなかった。人はこれを聞いて喜ぶどころか、がっかりし気を落した。なによりも人々を憂鬱にさせたのは、新しいかたちの装飾を生みだしてはならない、ということを知ったことである。今日、どんな黒人にも許されること、以前にはどんな民族にも許されたこと、それを我々、十九世紀の人間だけが何故許されないのだろうか、と。

数千年前の古代人が作った、装飾などが施されていないものは、一顧だにもされず放置され、破壊されるに任されてきた。だからカロリング朝時代に使われた鉋かけ台などの大工道具のひとつさえ、我々には残されていないのだが、他方、どんな僅かでも装飾が施されたものなら、どんなつまらぬガラクタでも収集され、きれいに手が入れられた。そしてそれらガラクタを保存する立派な宮殿が建てられたのである。そこに陳列された陳列棚の間を悲し気に行きつ戻りつしながら、十九世紀の人間達は己の無能さを恥じるのである。そして、どんな時代にも、その時代に固有の様式があった。にも拘らず、何故、我々の時代にはそれが否定されるのかと、嘆くのである。その様式という言葉は装飾を意味したのである。そこで私は言った。そんなに嘆き悲しむことはない！　考えてもみるがいい。我々の時代には、新しいかたちの装飾が生みだされないことこそ、我々の時代が偉大なることの証しなのではないか。我々は装飾を克服したのであり、装飾がなくとも生きていけるようになったのである、と。見よ、それが完全に実現される時代は直ぐ目の前に迫っているのだ。間もなく、都市の街路という街路が白壁のようにひかり輝く日がくることだろう。聖なる都市、天国の主都シオンのようにひかり輝く日が。そうした日がきたなら、実現されたといえよう。

しかしながら、世の中にはそうしたことを許せない変り者がいるものだ。もしそうした変り者の主張通りになったなら、人類は将来とも装飾の奴隷となって、それから解放されることなく生き続けねばならないではないか。だが装飾を見ても、もう喜びを感じないほど人々は成長したのだ。パプア人と違って、刺青をした顔は美感を増したとは思えないし、否、逆に美感を損ねるとさえ思うほど成長したのである。表面がプレーンに仕上げられたシガレット・ケースに心地良さを感じとるようになったのであり、反対に装飾が施されたシガレット・ケースは、たとえ同じ値段だとしても、気に入らないから買わない。これほど人々は成長したのだ。人々は近代的な服装で装うことに幸福を感じ、だからまるで年の市のお祭りでみられる猿まわしの猿のように、金のレースで縁取りした赤いビロードのズボンなぞ、はかないで済むようになったことをうれしく思うのである。また私はこうも言った。考えてもみるがいい。ゲーテの臨終の部屋は、ルネサンス時代の建物のどんな荘厳な部屋よりも厳粛であるし、プレーンな簡素なつくりの家具の方が、象嵌をちりばめ、いろいろ彫刻を施した豪華な、博物館にでも陳列されているような家具よりも美しい。またゲーテの詩文の方が、当時のニュールンベルク派の詩人達のあのアレゴリーで飾り立てた詩文より、よほど美しくはないか？　と。

これを聞いて気に入らないのは、例の変り者達である。そして国民の文化的発展に歯止めをするのが自己の努めと心得るこの国は、自己の有利になるように装飾を復権させ、これを発展させたらどうかと諮問したのである。——だがこのような国が平穏無事では済まされまい。その体制の転覆、革命を、こともあろうに当の枢密顧問官達が画策するような国家では——。やがてほどなく、ウィーンの工芸博物館において、「無数の魚の群れ」と名付けられた食器棚だとか、「呪われた皇妃」と名付けられたたんすといったような、施された装飾に因んだ名称が付けられた不運な家具達が陳列されるようになった。またオーストリア国家はそうした自己の努めを誠実に遂行するあまり、なんと兵士達が昔からはいていたゲートルがオーストリア・ハンガリー二重帝国から、決してなくならないような施策もとったのである。つまりむこう三年間の兵役につく二十歳の、文化的にも十分洗練された青年達に、昔ながらのゲートルを、そんなものよりよほど効果的な靴下でなくてゲートルを着用するように強要したのである。何故なら、どんな国家でも究極的には、国民を馬鹿にしておけばそれだけ治め易い、と考えるからである。

さて、それはそれとして、装飾熱なる病理はかくして国家より公認され、国家予算の中から補助金を受けることとなったのである。しかしながら私はそこにはなんら進歩を見出せない、と言いたい。それに装飾は文化的にも洗練された近代人の生活の喜びを高める、といった言い分を私は否定する。また「とはいっても、その装飾が美しいものであれば、生活の喜びを高めるのではないか……」といった言葉に代表される言い分にも私は承服しない。私にとって、そして私を含めたすべての文化的に洗練された近代人にとって、装飾は生活の喜びなど高めはしない。私の目の前にいくつもの種類の胡椒入りケーキが出されて、その中から好きなものを選ぶとしたら、私はただひとつ、飾りのない単純な形のものを選ぶ。ハート形をしたものや乳呑み児を形どったもの、あるいは馬に乗った騎士の形をしていてその上にゴテゴテと飾りをつけたもの、こうしたものを私は選びはしない。こう言う私を、十五世紀の人間は到底、理解しかねるであろうが、近代人なら誰でも理解してくれるだろうと思う。また装飾の擁護者達は、私が単純さというものをこうまで好むのは禁欲行為と同じだ、と思っている。とんでもない話だ。尊敬するわが工芸学校の教授殿、私はだんじて禁欲的な思いから、そう言うのではない。そうしたケーキの方が私にとってずっと美味しいだけだ。だからそう言うのだ。皿に盛られて店頭に並べられた料理でずっと昔のものに、孔雀や雉や海老などを美味しく見せるために、ありとあらゆる飾りで飾り立てたものがあったが、これなど私にとってはまったく逆効果だ。また料理の展示会に首を出した時など、そこに展示されたいろいろな飾りものでいっぱいに詰めものがされた動物の死骸を食べることを考えると、なにか身の毛がよだつ思いがする。そんなものより私はローストビーフを食べる方が好きだ。

装飾の新たな復権は美の発展にとって多くの弊害をもたらすだろうが、これもやがては克服されることだろう。というのは何人も、いわんや国家権力も人類の進歩をはばむことはできないからである。よしんばできてもせいぜい、そのテンポを遅らせるだけの話である。我々はその時が来るのをただ待っていさえすればよい。だが、それによって人間の労働と金銭、それに資材とが無駄になるのは、国民経済に対する犯罪である。これらの損失は時が経っても、償えないのだ。

文化の進歩のテンポは、落伍者達の存在のために遅滞している。私は多分、一九〇八年に生きているはずだが、隣りの人は一九〇〇年頃の世の中に生きているし、もう一人の隣人は一八八〇年の世の中に生きている、といった具合だ。国民が生活している文化がかくも大きな時代のスパンにわたって分散しているということは、国家にとって不幸なことだと言わねばなるまい。田舎の農民達は、いまだ十二世紀の世に生きているのだ。そして民族大移動の時代の頃でさえ時代遅れと思われそうないでたちで、皇帝夫妻の銀婚式を祝う行列に加わったものだ。このような時代の落伍者達や落伍して掠奪兵となった者達がいない国は幸福だ。そうした意味ではアメリカという国は幸福《しあわせ》だ！　我々の国では都市においてさえ、非近代的な、時代遅れな人達が住んでいる。いまだ紫色という色の存在を知らないものだから、絵に描かれた紫色の陰影というものを見て驚くような十八世紀の生き残り達が住んでいるのである。こうした時代の落伍者達にとっては、コックが幾日も料理に時間をかけた孔雀の方がよほど美味なのであり、シガレット・ケースにしても、ルネサンス風の装飾の付いたものの方が、そんな飾りが施されていない表面がプレーンなものより、よほど気に入るのである。ところで田舎では事情はどうだろう？　衣服や家財道具は前世紀のものである。それに農民達はキリスト教徒ではない、いまだ改宗していない異教徒といった状態だ。

このように、時代の落伍者達のために、民族と人類の文化の進展のテンポは遅滞させられているのである。また装飾は犯罪者達によって生み出されるだけではない、装飾は国民経済や健康、それに文化の進展を損なうことで、罪を犯しているのだ。ところで、ここに収入も同じくらいで、生活に対する欲求も同じ程度だが、その属する文化程度が異なる二人の人間が隣り合って住んでいるとしよう。そしてこの二人を国民経済の観点から比較して見ると、次のようなことが言えよう。二十世紀の文化に生きる人はますます豊かになり、十八世紀の文化に生きる人はますます貧困になっていく、と。無論、これは両方の人間がそれぞれの生活信条を誠実に生きる、ということを前提としての話だ。二十世紀の文化に生きる人間は、自分の欲求をずっと僅かなお金でもって満たすことができる、だから貯金もできる。野菜を食べるにしても、お湯で茹でて、バターで少し炒めればそれでよい。だが十八世紀の文化に生きる人にとっては、蜂蜜や堅果を添え、そして長時間、料理に時間をかけたものでなければ同じ美味しさにはならない。装飾が施された皿は非常に高価だが、近代人が日常使う白い簡素な食器は安価だ。それでも近代人は美味しく食事をする。一方の人は貯金をし、もう一方の人には借金が嵩《かさ》んでいく。これとまったく同じことが、国民ひとりひとり、それにそれぞれの国についてもいえる。文化の進展に遅れる国に禍あれ！イギリス人はますます豊かになり、我々はますます貧しくなっていく——。

ところで実際にものを生産する国民が装飾によってこうむる損失というものは、それよりはるかに大きいと言わねばならない。装飾というものが、もはや我々の文化の極く当然の産物ではなくなった今日、つまり後進的であること、あるいは退廃的であることを意味する今日、装飾職人には、成した仕事に対して相応の報酬が支払われることはなくなってしまった。

また木彫家やろくろ細工の職人達の惨めな職業事情や、刺繍をしたり、レース編みする女工達に支払われる賃金は、法に抵触するような低賃金であることはよく知られている。八時間働いて得る近代の労働者と同じ賃金を装飾家が得るためには、二十時間も働かねばならない。そして装飾を施すということによって、ものの価格は上がるのが普通なのだが、にも拘らず、材質は同じで、作るのに三倍以上もの時間を費やしたものが、そんな装飾のついていないものの半額で売られているような場合が時たまみられるのである。装飾がないということは、それだけ労働時間の短縮と賃金の上昇とに直接つながるのだ。中国の木彫職人は十六時間も働くが、アメリカの労働者は八時間しか働かない。また装飾が施されていないプレーンな仕上げのシガレット・ケースを買うにも装飾がついたものと同じお金を支払ったとしたら、作りあげるに要した時間の差に因る差益は、職人がもろに被ることとなるのだ。ところで、そうした装飾が全然なくなったとしたら――多分、数千年して、やっとそうした状況になるのだろうが――八時間ではなくて、たった四時間働きさえすればよくなるだろう。というのは、今日、労働時間の半分は、装飾に費やされているからである。

このように、装飾は労働力の無駄使いであり、したがって健康も損なう。過去もまさにそのとおりであった。だが今日では資材の無駄使いということを意味するようにもなっている。そしてこの両者を合わせれば、まさに資本の無駄使いということを意味する。

それにしても、装飾はもはや我々の文化と有機的なつながりがないのだから、それは、もはや我々の文化を表現するものでもない。今日、生み出される装飾は我々とは関連がないし、人間的なつながりはまったくない。まして世界の秩序とはなんの関連もない。また装飾自体、それが発展していく能力もない。例えばオットー・エクマンの装飾はその後、どうなったというのだろうか？　それにヴァン・デ・ヴェルデの装飾もその後、どうなったというのだろうか？　過去においては、芸術家達は常に健康で活力に溢れ、人類の先頭に立ってこれをリードしていたものだ。だが近代の装飾家達はどうだろう？　時代の落伍者か、病的人間なのである。彼等がつくったものは、三年も経たぬうちに、自身によって否定されてしまう運命にあるのだ。文化的に洗練された人間にとっては、そうしたものは初めから我慢がならない対象なのだが、それなのにもう一方では、それを所有することや見ることに我慢がならないと意識するのに数年も要する人達もいるのだ。あのオットー・エクマンの作品は、今日、いったい何処にいってしまったのだろうか？　それにあのオルブリッヒの作品も、十年後には、いったいどのような運命が待ちかまえているのだろうか？　近代において生み出された装飾は親もいなければ、子もいない。過去もなければ未来もないのである。そうした装飾は、我々の時代の偉大さというものが、単純な明快さにあるのではなく、なにか秘密めいた不明快さにこそあると考え違いをしているような非文化人達によって、当初は喝采をもって迎え入れられる。だが、それも数年も経つと、熱が冷めてポイと見捨てられてしまうのだ。

今日、人類は、以前のどの時代にも増して健康になったといってよい。病気なのは、ほんのひとにぎりの限られた人達でしかない。だが、これらのほんのひとにぎりの人達が、新たな装飾をつくりだすことなど到底不可能な健康な職人達を支配しているのである。自分でデザインした装飾を、いろいろな材料を用いて作るように職人達に強要しているのだ。

ところで、時代、時代によってつぎつぎと装飾を変えるということは、そうしたものが有する価値の下落を早期に招くこととなる。職人達がそれに費やした時間や使われた材料などは、まったく無駄使いとなるわけだ。私はかつて次のようなことを言ったことがある。ものの形というものは、それがものとして寿命がある限り長持ちする。すなわちそれだけの間、人々に拒否されずに受け容れられるのである、と。ここで、このことをもう少し分かりやすく説明してみようと思う。日常、着る上着は、高価な毛皮のコートなどよりも、頻繁にその形《スタイル》を変える。婦人が舞踏会に着ていく衣裳などは、たった一夜のためのものでも、その形《スタイル》は仕事机などより頻繁に変わるものである。だが舞踏会用衣裳などよりも、仕事机の方が、その古い形にもう我慢できなくなったとして、頻繁にその形を変えなくてはならないとしたら、いったいどういうことになるのだろう。仕事机に使われたお金はまったく無駄使いに終ってしまう。

無論、こんなことは装飾家達は先刻承知だ。そこでオーストリアの装飾家達は、そうした欠点がもつもうひとつの側面をあげつらうことで、自分が有利な立場に立とうとする。装飾家達はこう主張する。「ある消費者が家具を買ったとする。そして十年後には、もうその家具がイヤになってしまうとする。となると、十年毎に家具を買い替えなければいけないわけで、こういう人の存在自体、古いものの寿命がつきてもう使えなくなった状態になって、はじめて新しいものに買い替えるような人の存在より、ずっと好ましいことだ。ものを作る産業界がそれを望んでいるのである。人がつぎつぎとものを買い替えることによって、多勢の人達が仕事にありつくことになるのだ」。こうした言い分に、オーストリアの国民経済の秘密があるようにも思える。というのは、火災が起こる度に、「やれやれ、有り難い。これでまた人々に仕事ができた」といった言葉を幾度となく耳にしたことか。それなら私にもいい考えがある。都市に火を付けて燃やしてしまう、そして国中に火を付けて燃やしてしまえばいい。そうすれば沢山、金儲けができ、楽な生活ができて、国中、湧きかえるだろう。そして買って二、三年もすればオークション会場にもっていっても労賃と材料費の一割の金にもならないのだから、暖房用の焚き木にでもした方がいいような家具を作ればいい。金具類にしても、四年もしたらもとの金属に熔して地金にしてしまうような金具を作ればいい。そうすれば我々はますます金持ちになるだろう。

冗談はこのくらいにして、話を元に戻そう。本当のところ、損害は消費者だけが被るのではない、作る側の生産者も被るのである。今日において、文化の進化のおかげで装飾されずにきたものに装飾を施すということは、労働力の無駄使いと資材の浪費とを意味する。そして仮にあらゆるものが、壊れて使えなくなるまで長持ちすると同じくらい、美的にも嫌にならず愛用するようになれば、消費者にしても、そうしたものには相応の価格の金を支払うであろうし、その価格ならば、労働者にしても以前よりずっと多くの賃金を得、労働時間も少なくても済むようになるのだ。私がものを買う場合でも、形と材質が気に入り長く愛用することになるだろうし、ものもつくりがよくて丈夫だと確信したら、この方を、形と材質が劣ったものの四倍の金を支払ってでも買う。また他の店では十クローネも出せば長靴が買えるものでも、私が本当に気に入った長靴ならば、四十クローネを出して買っても惜しい気はしない。だがしかし、装飾家達の支配下にあって、思うように操られて活気を失った職人達の仕事の分野では、それが出来のよい仕事なのか、それともよくないのかといったことはさほど問題にされないのである。その本当の価値相応の金を支払おうと誰もが思わないから、そうした仕事は活気を失い、停滞するのも当然である。

まあ、それはそれでいいだろう。というのは、装飾されたものとは、そのうちでも最低の材質と最低の仕事のものだけが、なんとか我慢ができるといえるからである。どこかで大火事でも起きた時、何の価値もないガラクタだけが燃えてしまったということを耳にすると、ややホッとした気持になる。また私は立派な美術館で時折催されるガラクタ展を観て、愉しむことがある。だがそれは数日間だけ展示され、終った日には壊してしまうことを私が知っているからである。しかしながら、街路に転がっている石ころではなく、金塊で石投げをしたり、タバコに火をつけるのに紙幣を使ったり、真珠を粉末にし、これを煎じて飲むようなことは、およそ美的とは言い難い。

これと同じことで装飾が施されたもので、美的というにはほど遠く、むしろイヤミなのは、それが最高の品質の材料を用い、細心の気配りをしながら仕上げられ、長い時間を費やして完成されたものの場合である。無論、これまで質のよい仕事ということを問題としてきたことは否定しないが、この場合は話が違う。

近代人は、過去の時代において芸術が生活の隅々にまで浸透していたことの証しとして、装飾を高く評価するのだが、他方、近代になって新しくつくり出された装飾については、その無理やり作られたような性格、不自然さ、あるいはその病的な面を見逃すはずはない。今日では、我々の文化程度と同じレヴェルにある人なら、そうした装飾をつくり出すことなど、到底不可能なことだ。

もっとも、こうした文化程度にいまだ到達していない人達、民族となると、これは話がまったく別である。

私は高貴の方々にこの話を説いているのである。つまり社会において指導的立場にあり、しかも社会の下層の人達の貧しい、切迫した状況にも深い理解を示す方々にこの話を説いているのである。ある一定のリズムで織物に織り込んでいくその装飾模様は織目をほどかなければそれと判別できないような繊細な仕事をするカフィル族の人達、絨毯を編むペルシャの人達、レースを編んだり、ガラス玉や絹を用いた鉤針編物をするスロヴァキアの女達、こういう人達については、高貴な方々は深い理解をもっていると思う。そういう人達がやりたいように自由に任せる、と思う。そのような手仕事をする人達にとっては、そうした時が聖なる時間だということをよく承知しているからである。これが単なる革命主義者なら、その人達のところに出かけていって、「そんなこと、なにもかも馬鹿げたことだ」と言うことだろう。路傍のキリスト磔刑像の前でひざまずいて一心に祈っている老婆を見て、無理やりに磔刑像から引き離し、その老婆に向って「神は存在しないのだ」と言う革命主義者と同じように。だが、高貴な方々なら、たとえ無神論者であっても、教会の前を通りかかる時には、軽く帽子をとって敬意を表するものである。

ところで私の靴には、縫い目や紐の穴から端を発した飾りが沢山ある。靴職人がつけたものだが、この部分の仕事については、一銭の金も払われていない。そこで私は靴職人のところに出かけていって、こう言う。「親方が作る靴は三十クローネするという。だが私は四十クローネ支払うとしよう」と。この私の一言が靴職人の心を動かすこととなる。靴職人は私に対する感謝の気持から、十クローネの差では比較にならないほどの材質と出来栄えのよい靴を作ってくれることだろう。この職人は幸福な気分に浸っているのだ。こうした幸福な気分に浸るのは珍しいことである。自分の目の前に、自分を理解してくれ、自分の仕事を評価してくれる、それに自分を全幅に信頼してくれる男が立っているのである。この男は自分に注文して、出来上がった靴をもう頭の中で描いている。この男には、今、どこで最高の靴革が手に入れられるか、どの靴職人に靴を注文したらよいのか、よく分かっている。それにエレガントな靴に見られる美しい縫い目や穴がつけられた靴が出来上がってくるだろうとこの男は想像している——、と。このように靴職人が頭の中で思っているところに、私が「ところでひとつ条件がある。靴にはそんな飾りをつけないで、まったくプレーンな仕上げにして欲しい」と注文をつけたらどうだろう。このたった一言でもって、幸福な気分に浸っている職人をいっぺんに地獄の底に突き落すこととなるのである。靴職人には手間が省けるかもしれないが、それによって私は職人から喜びを奪う結果となるのである。

私は高貴な方々にこの話を説いているのである。自分の体に装飾を施すことも、それで人々が喜ぶことなら私も我慢しよう。人々の喜びは同時に、また私の喜びでもあるからである。またカフィル族の人達やペルシャの人達、それにスロヴァキアの女達がやる装飾を、そして私の靴職人がやる装飾を私は我慢しよう。そういう人達からそれを奪い取ってしまったら、自分が生きていることの意味をきわめる手段が他になくなってしまうからである。だが我々には芸術がある。装飾は必要ない。我々は、一日の仕事を終えた後、ベートーヴェンやトリスタンを鑑賞しに劇場に行く。だがこれは、私がよく靴を注文する靴職人にはできない相談だ。私には、その靴職人から装飾の喜びを取りあげることはできない。その喜びに代わるものがないからである。だがベートーヴェンの第九交響曲を聴きにコンサートに出かけ、帰宅した後、仕事机に向かって壁紙の図柄のデザインに取りかかるような男は、詐欺師か変質者のどちらかである。

建築以外のいろいろなジャンルの芸術は装飾を排除することによって、それまで想像もしなかったような長足の発展をみた。ベートーヴェンの交響曲は、よもや絹やビロード、レースなどで着飾って街中を歩いた男には作曲できなかっただろうと思う。また今日、絹のコートを着て街中を歩く男は、芸術家ではなく、道化者か、ペンキ屋か、そのどちらかだ。我々はより繊細になり、洗練されてきたのだ。昔の一般市民達は、色とりどりの服装によって、個性を主張しなければならなかったが、近代人の服装は顔と同じである。その個性は驚くほど強くなったものだから、個性を服装によって表現する必要がないのである。装飾がないということは、精神的な強さのしるしである。近代人は、自分が適当と思えば昔の文化や他民族の文化がつくり出した装飾を利用すればいい。近代人とは、自分の創意・工夫の才を他のものに集中するものである。

ミヒャエル広場に面して立つ建物についての二つの覚え書とその補章

私の設計によって建てられる最初の建物

今度、私の設計によって建てられる建物のファサードを、更に私がいろいろ考え、工夫するについて、ウィーン市建築局はそれを止めるように私に通達してきたが、市建築局がこれによってこの建物の存在を広く市民に宣伝してくれたことに対し、なんと礼を言っていいか分からない。私がある建物を設計しているという長い間隠されてきた秘密が、これによって白日のもとに晒されることとなったからだ。

私の設計によって建てられる最初の建物！　本当に一つの建物全体を建てることになったのだ！　このようにうれしいのも、私がこの年になって、これほど大きな建物を設計するとは夢にも思ってみなかったからだ。今までの経験からすると、私にこうした大きな建物の設計を依頼してくる物好きなんかいないと思っていた。それに、たとえそうした物好きがいたとしても私の設計が建築当局の眼鏡にかなって、建築許可を得られるなどということも、到底無理だと思っていた。

というのは、私にはそうしたことはもう既に経験済みだからだ。それはスイスのモントルー[1]という町、その美しいレマン湖畔に、執事付きの別荘の設計を依頼された時のことである。その湖畔には石が沢山ゴロゴロしていたし、湖畔に昔から住んでいる人達は皆、自分の家をこうした石でもって建てているものだから、私も同じように石を使おうとした。まず第一に、そうすれば建築費が安くなるし、このことは設計報酬にも響いてくる――建築家に支払われる設計報酬はそれによってずっと少なくなる――ことだし、第二に、そうすれば外から運んでくる建築資材も少なくなるからである。それに私は、基本的にはあまり働き過ぎることには反対だ、このことは私自身についても例外ではない。

その他についても、私はなんら悪いことを考えていたわけではない。だから、私が町役場の建築課から呼び出され、私のような他所者《よそもの》がレマン湖の美観によくもこのような行為ができるものだと、詰問された時の私の驚きといったら、誰にも想像できまい。当局曰く、設計図に描かれたその家は、あまりにも単純すぎる形をしている、というのだ。また装飾が見当らないが、いったいどこにいってしまったのか、とも問うのだ。私は、湖もまた風が吹かない時は、その面はプレーンであり、装飾なんかなにも見当らない。にも拘らず大部分の人達はなんの不平も言わないではないか、とおそるおそる自分の意見を述べたのだが、それも何の役にも立たなかった。そして、このような建物を建てることは、その単純さの故に、したがって醜さ故に禁止すると書かれた一枚の紙きれを私は貰った。幸福な気分に浸りながら、私は家に帰って行った。

幸福な気分に浸りながら！　何故ならば、いったい世界中のどの建築家が、当局によってお前は芸術家だぞ、というお墨付きを得たというのだろうか？　我々建築家はだれでも、自分を芸術家のはしくれだと思っている。だが他人は必ずしもそう認めているわけではない。いく人かの建築家達には、それを認める人も多いが、殆どの建築家については、誰もそれを認める人はいないといった具合だ。ところでこれからは、誰もが、私自身でさえも、私が芸術家であることを認めないわけにはいかない。何故ならば、私の創作活動が禁止された、それも当局によって禁止されたのだから。フランク・ヴェデキントやアーノルト・シェーンベルクと同じように。否、シェーンベルクの楽譜を当局が見て、その楽譜からシェーンベルクの思想を読み取り、この作曲家の音楽活動を禁止する、こんなことはあり得ようはずはないが、私の場合、設計図だけで判断されたわけだが、これと同じようなことがされたのである。

私は芸術家であるという意識は持っていた。それは私がひそかに自負していたことだったが、これを当局が公に認めてくれたのだ。そして一人の善良な市民として、役所の印鑑が押された公文書に記されていることは信用しなければならない。しかしながら、こうし

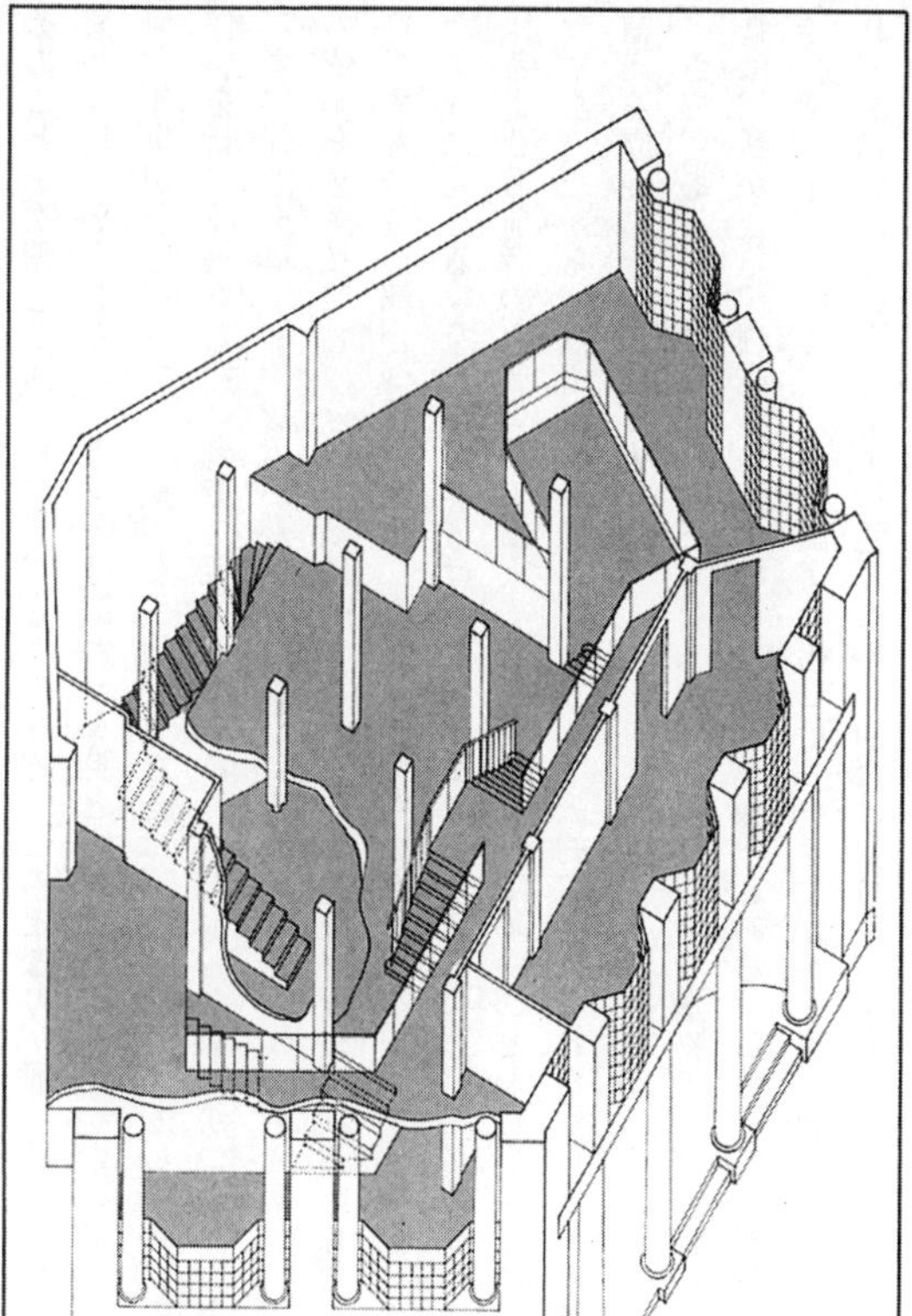

ミヒャエル広場に面して立つロース設計の建物。店舗部分のアイソメトリック・パース。

た芸術家意識は高い買い物につくこととなった。誰かが、多分、私自身かもしれないが、そのことを吹聴して回ったので、人々の知るところとなり、誰もそんな危険な者——芸術家とは常にそうなのだが——とは関わりを持とうとはしなくなったのである。だが、私が何も仕事がなくブラブラと怠惰な生活をしたとは、どうか思わないでいただきたい。誰か住居を新・改築をしたい者で、仮に一千クローネの金しか都合がつかないとする。にも拘らず、五千クローネの費用がかかったようにみえるものをつくりたいといった人は、設計の依頼を必ず私にしにきた。私はそのスペシャリストとなっているからだ。だが、五千クローネもの金を都合つけられたにも拘らず、たった一千クローネの費用しかかからなかったように見える家を持ちたい人は、他の建築家のところに設計の依頼に行った。ところで、後者よりも前者のカテゴリーに入る人達がはるかに多いことから、私にはいつも仕事が多かった。だから、役所によって芸術家として公的に認められたからといって、そう不平を言える立場になかったといえよう。

さて、ある日のこと一人の不幸な人が私を訪れ、ある建物の設計の依頼をしてきた。それは、私が長年、馴染みの客となっている洋服屋である。この誠実な男——本当は二人で洋服屋をやっていて、二人の誠実な男というべきだが——は、毎年、私に洋服を作ってくれ、支払いはというと、辛抱強くも年一回だけ、毎年、正月元旦の日に私に請求書を送ってくるだけだった。そしてつつみ隠さずに言うと、この請求書の残高が少なくなることはなかった。だからこの洋服屋さんなる私の芸術上の保護者《パトロン》は絶対そうではないと否定したにも拘らず、私にそうした名誉ある設計依頼をしたのは、少なくともその請求書の残高を少なくしようとする魂胆があったのではないかといった疑いを、今日においてもなお私は拭い去ることはできない。というのは、建築家はその仕事に敬意を表しての心付け、すなわち設計報酬を貰うからである。敬意を表しての心付けとはよく言った言葉だが、この心付けから、やはり請求書に書かれてある未納の金は差し引かれてしまっていた。

私はこの二人の誠実な男に、私のような建築家に仕事の依頼をするなと警告したが無駄であった。この二人はどうしても、私の請求書の残高を少なくしたかったのである――失敬、建物の設計を、役所のお墨付きがついた芸術家にどうしても依頼しようとしたのである。私はこの二人に言った「この時点まで品行方正な貴方達が、役所という厄介物と関わり合いになっても、それでいいのか」、と。二人はそうなっても構わない、と答える。

ところが、私が前々から言った通りに、事は進んでしまった。先月になって市役所の建築課の参事官であるグライルがやってきて、この犯罪者達を鉄格子の中にぶち込めと士卒に合図する。参事官が来たことは、我々には幸運であった。というのは、この命令を覆せるもっと上役が存在するからである。

ところで、その建物の工事は間もなく完了し、完成する。そして私の洋服の注文がどうなるか、今のところ分からない。それにもうひとつの別の新しい建物をまた建てようとは、この私の施主も考えていないらしい。だとしたら、今度は別の洋服屋を探してみなければならないかもしれない。そしてこの別の洋服屋が、今度の洋服屋のように、どんなことが起きても動じない芸術の保護者であれば、十年後には私の設計による第二の建物が実現することになろう。

ウィーンの建築はどうあるべきか

ある都市の建築の性格について問題とすると、これは非常に難しい議論となる。どの都市もそれぞれ個有なものを有しているからである。ある都市にとって美しく魅力的なものが、他の都市にとっては、醜くおぞましいものとなり得る。北ドイツの都市ダンツィヒに見られる仕上げがしていないむき出しのれんが造の建物は美しいが、これをそのままウィーンにもって来たとしたら、即刻、その美を失うであろう。ところでここでは、習慣の問題、その力、これらの点については触れないこととしたい——。というのは、何故ダンツィヒの都市の建築がむき出しのれんが造であり、ウィーンの都市の建築が漆喰による仕上げがなされたものなのかということには、きちんとした理由があるからである。

だがここでは、その理由をひとつひとつ説明することは控えておこう。これをやろうとすると、ゆうに一冊の本が出来上がってしまうからである。ひとつだけ説明すると、マテリアルだけでなく、建築形態さえもが、その場所、その土地と空気とに関わり合っているのだということである。ダンツィヒの建物の屋根は高く、勾配も急である。この屋根の建築的解決には、ダンツィヒの建築家達は相当なエネルギーを注ぐ。だがウィーンでは、これと様相を異にする。無論、ウィーンの建物にも屋根はある。聖ヨハネ祭が祝われる夏至の頃、真夜中もずっと過ぎた頃に街に出る。しばらくすると夜も明るんでくるが、そんな時、人気《ひとけ》がまったくない街で、街の建物の屋根群が目の前にあるのを見ると、人は見知らぬ都市をさまよっているかのような気分に襲われる。というのは、この時間になると、通行人や荷馬車、それに自動車などを気にする必要がないし、日中では気にも留めなかったような沢山の建物のディテールを前にして立ち止まり、目を見張ってしまうからだ。こんな時に、我々はウィーンの建物の屋根を見るのである、それもそうして見るのは初めての体験であり、日中、見過してきたことに今更のように驚くのである。

ところでウィーンの建築家達は、この屋根の造作を大工にまったく任せてしまうのである。建物の最上部のコーニスの部分までの設計が済むと、建築家の仕事はこれで終りとなる。貴族や金持の邸館では、この上に花瓶や彫像によって飾られたアッティカが付けられるが、一般の市民の家には付かない。

ウィーンの中心部である旧市街から五分程歩いたところ、昔は都市をとり囲む濠であったが、それを埋め立てて出来た今日のリング・シュトラーセを通り過ぎたところに、「屋根」があった。ウィーンの街中では屋根の図面を描かなかった同じ建築家が、このような当時としては郊外地に建てる住宅や邸館の屋根やドームのこととなると、一生懸命になって考え、図面に表現するのである。私がこうしたことを指摘するのは、昔のウィーンの建築家達は、都市に立つ建築というものの性格を計算に入れ、これに反するようなことは、すべて意識的に避けた、ということを指摘したかったからである。

私は今日の建築家達が、こうした建築の性格といったものを、意識的に考慮しない点に不満を抱いている。リング・シュトラーセ沿いに立ち並ぶ建築群も、ウィーンの都市に適合したものとは言えない。しかし仮にこのリング・シュトラーセ沿いに、今日、建築群が建設されるとしたら、それはもはや今日のリング・シュトラーセとは似ても似つかない代物となるに相違ない、目をおおいたくなるようなひどい建築が立ち並ぶ街路空間となってしまうことであろう。

ウィーン的な建築とは、コーニスの部分で終結するのであり、その上の屋根も、ドームも、建物隅部の塔状の張り出しや、その他の上屋もないのだ。建築法規は、建物の高さをこのコーニス上部まで、二十五メートルといった規定の仕方をする。だがその上の屋根の部分は利用すべきであって、アトリエや他の賃貸し得る部屋としてもいいとする。これは地価は高いし、税金も高いからである。だがこうした経済的な問題から、昔からのウィーンの建築の性格は次第に失われてしまった。

ところで、これを取り戻すすべを私は知っている。土地・家屋所有者から権利を奪う新しい法律を決して許さぬこと。不当なことであっても、これをすべての人に平等に、といった昔からの鉄則に決して従わぬこと。そして、自分の家を新築する場合、コーニスの上の部分には、何もしない、どんな上屋も建てないと署名した者には階数を六としてもよい、とするものだ。何故ならば、そうした屋根のつくり方をして、いわば姑息な方法で利用するよりも、真実の高さをもった建物の方がよほどましであるからだ。そうなれば、我々は美しいモニュメンタルな線と堂々としたプロポーションとを再び獲得することとなろう。何世紀にもわたって長い間、アルプスを越えてイタリアの空気が、我々のウィーンへと吹き込んできているのである。イタリアの堂々としたプロポーションやモニュメンタリティは我々の感覚にマッチしたものであり、ダンツィヒの市民達も当然これを羨しがるだろうが、それも不思議ではない。

そして我々には、外壁の仕上げ材としての漆喰がある。人は漆喰を軽視し、この物質主義の時代にあって、これを恥と思う傾向すらある。かくしてこの昔からあるウィーン風の外壁仕上げは虐待され、汚辱されて、自己を主張できない破目に陥り、石をイミテーションする道具として用いられるに至ったのだ。これは石は高価であり、漆喰は安価であるからである。だが建築の世界においては、高価なマテリアルも、安価なマテリアルも存在しない。もっとも空気は地球上では安いが、月に行くと高価になる、とはいえようが。そして神と芸術家にとっては、マテリアルはすべて等しく、価値に差異はない。そして人々が、こうした神や芸術家の眼でもって一度、世界を眺めてみたらよいと私は思う。

ところで漆喰仕上げはいわば表皮であり、石は構造的なものである。化学的な組成は似ているにも拘らず、両者の最も大きな相違はその用い方にある。漆喰は、従兄弟といってもいい石灰岩よりも、皮や絨毯や壁装材と、それにラッカーといった塗装材により一層似かよっている。漆喰が本当にれんが造の表面の被覆なら、その単純な出生の秘密をなんら恥じることはない。それはチロル人がウィーンの王宮であるカイザーブルク内において、その革ズボン姿をなんら恥じる必要がないのと同じことである。だが、燕尾服を着て、白いネクタイをしめたりなんぞすると、チロル人はそこでは、なにか落ち着かない気分になるのがおちであり、漆喰にしても突然、自分が欺瞞者であることに気がつくであろう。

そう王宮《カイザーブルク》！ そこから少しでも外れた場所になると、本物かそれとも偽物か区分けが怪しくなる。ところで、このカイザーブルクの向かいに、新しく建物を、近代的な商業建築を設計する仕事が与えられたのである。皇帝の居城館があり、そしてこれと隣接して貴族の邸館がある。そこからウィーンでも最も華やかな商店街であるコールマルクトへと続くのだが、ここにそうしたひとつの連続性をつくり出すのが、設計における要点のひとつであった。建物が建てられる敷地は、その時点で設定されたものだが、昔から比べるとずっと大きくなった。これは確かに、前面にある広場にとっては不利になった点であろう。

さて、ギリシャ、エウボイア島産のチポリーノといわれている緑色の縞がはいった大理石柱によって列柱廊《コロナード》をつくったが、これはそうした狭くなってしまった広場に対して考慮を払ったものである。すなわち広場に面するファサードは、一階と中二階部分において三・五メートルセットバックしているのである。それとこの建物を市民的な建物にすべきだと考えた。つまり建築的造形はコーニスの部分までで終りとする。そしてその上の銅板を葺いた屋根は、間もなく黒ずんでくるが、この屋根は聖ヨハネス祭が祝われる夏至の頃の夜に、街をぶらつく人達だけの目に留められるようにと考えた。また三～六階の上階部分の外壁は漆喰仕上げとした。装飾として必要なものは、昔のバロックの建築家達がやったように、職人の手でもってすればよい。それにしてもバロックの時代は、誰もが自分の心の中に法律を持っていたのであり、だから建築法規なんてものは存在していなかった幸福な時代であった。

また一、二階の下階部分は店舗となる部分だが、ここで繰り広げられるべき近代的な商業活動には近代的な解決が必要となる。これは当り前のことだ。近代的な商業活動に対しては、昔の建築家達は良いお手本を残してくれなかった。このことは照明器具についても言える。だが、もし仮にこれらの昔の建築家達がこの世に蘇ったとしたならば、なんらかの解決策を見出すことは確かだ。だが、それはいわゆる近代的な意味のものではあるまい。また電球の付いた陶製のろうそくを燭台に立てた昔ながらのやり方を守ろうとする室内装飾職人のやり方とも違う。そうではなくて新しく、近代的に、そしてこの両極端ともいっていい考え方の持ち主達が考えるものとはまったく異なった方法による解決策であったろう。

この建物の設計にあたってはいろいろな試みがなされた。王宮と広場と街とこの建物とが調和を保つよう試みられた。こうした試みが成功すれば、融通がきかない法律であっても、繊細な芸術的な方法をもってすれば、本当に自由な、捉われない考え方も見出し得るといったことが広く認められることとなろう。

補章

これまで述べたことは、我々の古き都市の栄光のために、失われてゆく都市の景観をなんとかして救わんがための言であるわけだが、他の人ではなく、この私が語ったために、より大きな反響を呼ぶことだろうと思う。それにしてもこの私が、この都市の景観を破壊する犯罪を犯したと誹りを受けるとは。こうした誹りは人が思うより、よほど私にとってはつらいことだ。この建物ができるだけ広場に溶け込むようにと私は設計したのではなかったのか？　同じ広場に面して立つ教会、つまり私が設計した建物と対となって広場の景観を形成する教会の様式は、私にとって見習うべき対象であった。また窓の形についていえば、光と風とを防ぐのではなく、これを採り入れ——このことは現代において正当な要求であるが——これをより一層効果的にするために、あの窓の形を選んだのである。窓は二分割でなく三分割され、高さは腰壁部分から天井までの高さとなっている。また外壁や列柱に本物の大理石を使ったが、これは私がどんなイミテーションにも反対であるからである。上階部分の外壁の塗り仕上げはできるだけ簡素なものとしたが、これはウィーンの市民もまたこのように簡素に建物を建てるからである。ただ貴族のみが、その邸館を建てる場合、強い効果をもつ建築的要素を付したのであり、それもセメントを流し込んで出来たものでなく、石造であった。だが、これも今日では、その上に塗り仕上げが施されてしまって、その効果を発揮できないでいる（キンスキー邸(2)やロブコヴィッツ邸(3)では、最近そうした仕上げが除去されて、石の本来の効果を発揮するようになった）。こうした点を考慮した結果、店舗部分と住居部分とを厳格に分けるということが、私にとって重要な鍵となると思われた。私はこの点について、昔のウィーンの建築家達と同じような解決方法をとったと信じていた。こうした自信がやや揺らぐこともあったが、私を敵視する近代的芸術家達の発する言葉によって勇気づけられることとなった。「あれは近代的な建築家たらんとしているが、建てるものといったら、昔のウィーンにあったような建物を設計する」。

建築について

山岳地方のある湖畔に貴方をお連れしたとしよう。空は青く、湖水は青緑色に澄み渡り、そこではなにもかもが深い平和の静けさの中に包まれている。山々と雲は湖水にその姿を映し、湖畔に立つ家々、農家の納屋それに教会なども同じように湖水にその姿を映し出している。それらの建物は、人の手によって建てられたものではないようなたたずまいを見せている。それらは山や木や雲やそれに青空と同じように、まるで神の手によって創られたかのようだ。そしてすべてのものが美と静寂の中に息をひそめて存在している。

ところが、あれは何だ？ この平和な静けさを破るものがある。必要でもないのに、やたらと叫びたがる金切声に似ている。人の手によらない、神の手になる農家が散在する中に、一軒の別荘が立っているではないか。良い建築家か、あるいは下手な建築家の手になるものか？ それは私には分からない。私がいえることはただ、平和で静かな美しい景観が損なわれてしまった、ということだ。

というのは、神の前においては、良い建築家も、下手な建築家もないからだ。神の前においては建築家はすべて同じだ。都市においては、すなわち悪魔がはびこる国においては細やかなニュアンスの相違がある。それがいろいろな種類の悪徳に宿るのだ。そこで私は次のように問いかける。「技倆の良し悪しを問わず、どのような建築家でも湖の景観を破壊してしまうのは、いったい何故なのか？」

農民達はそうはしない。また湖岸に沿って鉄道を建設する技術者も、鏡のような静かな水面に航跡を残しながら進む船をつくる船大工も同じだ。こうした人達は別のつくり方をするのである。農民は緑の草地の上に、これから建てる新しい家の位置を決め、囲いをつくり、基礎のために根伐りをする。やがてれんが積み職人が姿を現わす。粘土質の土が近くに産出するところでは、れんがを製産するれんが工場がある。そうでない場合は、湖の護岸工事のための石材がある。そしてれんが積み職人がれんがか石を積み上げていく間、大工も来て、傍らに自分の作業小屋をつくる。その槌音は面白く響く。この大工は屋根をつくる。どんな屋根をつくるのか？　美しい屋根かそれとも醜い屋根か？　大工には自分でも分からない。ただ屋根をつくるのだ。

そうこうする間に、建具屋も来て、ドアや窓の寸法を測り始める。そして他の職種の職人達も来て、現場の寸法を測り、自分の仕事場に戻って仕事を始める。すると当の農民は塗料の入った大きな罐を取り出し、出来上がりつつある家を真白に塗り上げる。それが終ると、使った刷毛は洗って大切に保存しておく。というのは次の年の春の復活祭の頃には再びこの刷毛を使うからだ。

この農民は、自分と家族とそして家畜のために、家を建てようとしたのだが、それもうまくいった。隣りの家や、それに自分の祖先の家の場合とまったく同じようにうまく出来上がった。どんな動物でも、本能に従って自分の巣家を巧みにつくりあげるのと同様である。そうして出来上がった家は美しいか？　無論、バラや薊《あざみ》、また馬や牛がそうであるように、家は美しい。

そして再び私は次のように問いかける。「良し悪しを問わず建築家という者は、何故、湖の景観を破壊してしまうのだろうか？」それは建築家とは、殆どの都市生活者と同じように、文化を有していないからだ。文化を有する農民達の確信といったものが建築家には欠けているからだ。都市生活者とは根無し草だと言ってよい。

私がここで言う文化とは、人間の内面的なものと外面的なものとの均衡ということをいうのであって、これなくしては理性的な思考と行動は到底不可能というものだ。ちなみに私は近いうちに、次のようなテーマについて講演をする予定がある。

「何故、パプア人には文化があり、ドイツ人にはないのか？」

人類の歴史の中で、いまだかつて文化の不在の時代はなかった。だがそうした時代が到来したのは十九世紀後半の都市生活者の存在に起因する。それまでは我々の文化の進化というものは、見事なまでに均一な流れにあった。人はただその時代に従順でありさえすればよく、前を見ることも、後を振り返る必要もなかった。

だが突然そこに誤った予言者達が現われ、こう言った。「我々の生活はなんと醜く、喜びに乏しいのか？」そして予言者達はあらゆる文化からいろいろなものを選び出し、それらを一緒くたに博物館に陳列して、こう言った。「よく見るがいい、これが美だ。お前達はみじめにも醜悪の中に暮らしてきたのだ」と。

陳列物の中には、宮殿のような列柱とコーニスとで飾られた家具があり、ビロードや絹があった。そしてなによりも装飾があった。ところで職人とは近代人であり、文化人でもあったから、そうした装飾を図面上に描くことが到底出来なかった。だから、学校がつくられた。そしてそこでは健康な若者達に考えられないような歪められた教育がなされた。中国では、子供達が大きな壺に入れられたまま、何年も育てられた結果、奇形児になるという話があるが、それはこの話に似ている。こうして教育された精神的奇形児達は、中国の兄弟達と同様、人々から驚きの目でもって迎えられること受け合いであり、その奇形を糧に簡単に生活費を稼ぐことができた。

だが、よく考えてもみよ。文化の歩む道とは装飾から解放されて、無装飾へと至る道だ、と人々に呼びかける者は、当時誰もいなかった。文化の進化とは日常の生活道具から装飾を取り除くことと同義である。パプア人は自分の顔、体から弓矢や船に至るまで身の回りの物すべてのものを装飾でもって飾りたてる。だがしかし今日においては、刺青は頽廃の徴候であり、犯罪者か堕落した貴族主義者がするものである。そして文化人ならば、パプア人とは相違して、刺青した顔よりもしない顔の方がよほど美しいと感ずるのであり、たとえその刺青がミケランジェロあるいはコロ・モーザーの手になるものであったとしてもそうなのだ。ところが十九世紀の人達は、自分の顔ばかりでなく、鞄や衣服、家具、それに家までにも、人工的につくられた新種の刺青を施そうとしたのである。ではゴシック様式の建築はどうか？　我々はゴティクの時代の人々よりも進んでいる。ではルネサンス様式の建築はどうか？　我々はルネサンス時代の人々よりも進んでいる。我々はより洗練され、上品になった。伝説のアマゾネスの女傑達の戦いぶりが描かれた象牙の酒杯から酒を飲み干すような、ず太い神経を我々は持ちあわせてはいないのだ。昔の技術が失われてしまったのではないか？　その通り、それでよいのだ。我々はその代りに、ベートーヴェンの音楽を獲得したのだ。そして我々の神殿は古代ギリシャのパルテノン神殿のように、もはや青や赤、緑そして白色に彩られてはいない。そうだ、我々はなんら手が加えられていない、ありのままの石を美しいと感ずることを学んだのだ。

だが当時は——前にも言ったように——誰もそれを指摘する者はいなかった。だから我々の時代の文化を否定し、昔の文化ばかりを賞讃する者達は、自分の主張を苦もなく押し通せたのである。この者達は誤っていた。過去の時代を誤解したのだ。すなわち意味のない装飾が施されているために使いにくく、したがって使用されないものだから物置かどこかに保存されていたため、そうした装飾されたものだけが後世の我々の目についただけのことであり、それを、以前には装飾されたものだけしか存在しなかったかのように思い込んでしまったのだ。それに装飾が施されていれば、その時代と場所とを簡単に特定できるし、これらを整理してカタログ化することは、当時の人々の最も大きな愉しみのひとつでもあったからである。

だがここで職人は歩調を合わせることができなかった。すなわち、いろいろな民族が何千年もかけて連綿と作りあげてきたものを、たった一日で作れ、なおかつ新たな工夫をしろ、と職人は要請されたのである。だがそれらのものは、それぞれの民族の文化の表現であったのであり、当時の職人達によって、農民が自分の家を建てるように作り出されたものだ。今日の職人の腕は当時の職人とは何ら変わらない。だが装飾に関しては、ゲーテの時代の職人から、もう既に不可能になってしまっていたのである。そうしたことから、歪められて教育された者が登場し、職人はこれに従うこととなったのである。

かくしてれんが積み職人、そして建築棟梁にも後見人がつくこととなる。棟梁は家を建てることしかできない、それもその時代の様式によって。だが、過去のどんな様式ででも自由自在に建てられる者、自身が生きる時代から逃避する者、根無し草であり、歪められて教育された者、そのような者が支配者となったのである。すなわち建築家である。

これらの職人達にはあまり本を読む暇はない。建築家はなにかというとすぐ本を参照する。大量の書物が建築家に知識を与えるのだ。またこれらのおびただしい程の大量の巧みに作られた出版物が、我々の都市文化にいかに大きな悪影響を及ぼしたことか、それによって人がいかに自分で思考することが妨げられたことか、といったことを人は考えてみたことはない。そして建築家にとってある形態があまりに印象的で、脳裏に焼きついているため、それを頭に思い浮かべながらスケッチするか、あるいは「芸術的創造」の間中、参照する本を自分の手元に置いていなければ済まないか、二通りの場合があろうが、いずれの場合でも結果は同じである。効果は常に同じである。ひどいものだ。そしてこのひどさは無限に拡大していく。どの建築家も、自分のものが新しい出版物に掲載されるよう試みるし、多くの建築雑誌はこうした建築家の虚栄心を満たしてくれる。こうした事情は今日においてもなんら変りはない。

しかしながら建築家が建築職人を押しのけるのも、それだけの理由からではない。建築家は図面を描くことを学んだのであり、他に何も学ぶことがなかったから、図面を描くことくらいはできるようになった。職人にはこれができない。職人の手は重く、こわばってしまっているのである。また昔の棟梁が描いた図面の線も軽快ではない。工芸学校の生徒なら誰でも、それより上手に線を引く。そしていわゆる達者な図面描きが、建築設計事務所から求められ、支払われる給料も高いのである。

かくして建築は建築家によって、グラフィック美術に堕落させられてしまったのである。最も多くの設計の仕事を得るのは、最良の建築を建てる建築家ではなく、図面の上で最も見映えがよい仕事をする建築家なのだ。そしてこの両者はまったく相反するものなのである。

ここでいろいろなジャンルの芸術を一列に並べてみることとし、まずグラフィックから始めると、ここから絵画へ至る推移があることが分かる。そしてこの絵画の次に彩色された浮彫りがあり、そして彫刻、それに建築がある。グラフィック美術と建築とは、このように一列に並べてみると始めと終りの両端に位置する。

最も達者に図面を描く者も程度の低い建築家であり得るし、最良の建築家も下手な図面描きであり得る。また建築家という職業も選択する場合に既に、グラフィック美術の才能が要求される。我々の新しい建築はすべて製図板上において考えだされたものであり、陰影をもって立体的に図面に描かれる。それは博物館において展示物の現実感を出すため絵画を陳列するのと似ている。

昔の建築家にとって図面とは、実際に作業をする職人達に自分の意図を理解させるひとつの手段にすぎなかった。それは詩人が文字を通して自分のイデーを他人に理解させることと同様だ。だが我々は、ただ字が上手だというだけで、子供を詩人にするべく勉強させるほど、非文化的ではない。

さて、よく知られているように芸術作品とはすべて強い内的法則を有していることから、それが現象する形態はいくつもあるわけではなく、それ唯一のものである。ある長編小説があって、これから素晴しい戯曲が生まれるとしたなら、それは長編小説としても、戯曲としても、あまりたいしたものではない。これよりもっと不愉快な場合は、通常それらに共通する接点を見出せるにせよ、二つの異なるジャンルの芸術にまたがっても一向に平気であるようなものは、ろくなものではない。例えば、ある絵画があって、珍しい画を一堂に集める展覧会にでも出品できるものとしたら、その絵は程度の低い絵である。登山服を着てチロル人を装った人達が描かれた絵を博物館では見ることはできるが、モネの朝日やホイスラーの銅版画はそこでは見れない。そしてまた苦々しいのは、建築図面を石版や鉄板やガラス板の上に描いたり、表現方法の工夫によってグラフィック美術の作品とさせようとすることだ——実際に建築家の中にはグラフィック美術家が存在するのである。というのは、よく考えられた建築物に特徴的な点は、二次元的に表現されたものでは、その本当の効果を発揮できないということである。だから、例えば最も大きな建築上の出来事であるフィレンツェのあのパラッツォ・ピッティを我々の記憶から消し去り、これを最も達者な図面の描き手に描かせて、あるコンペに応募したとしよう。結果は明白である。審査員達は私を精神病院に閉じ込めようとするだろう。

だが今日においては図面が達者な建築家が幅を利かせている。形態をつくりだすのは、もはや職人の道具ではなく、鉛筆となった。よく観察する人は建築物を見て、プロフィール（コーニスなど壁面より突出した部分の断面形）や装飾の種類から、設計した建築家がどの硬さの鉛筆を使用したかといったことを言い当てることもできよう。そしてコンパスはなんとおぞましい悪趣味をもたらしたことだろう。また製図用ペンを用いての点打ちが流行っているが、これは正方形に取り憑かれる病をひき起こした。窓枠や大理石板を描いた縮尺百分の一の図面において、点打ちのないものはみられなく、れんが積み職人や石工はそうした「絵づら」のためだけで描かれたナンセンスを、額に汗して訂正しなければならないのである[1]。建築家という芸術家が筆を滑らしてちょっとした思い付きが浮かべば、鍍金職人もまた苦労をしなければならない破目に陥るのである。

そこで私は次のように主張したい。「本物の建築は二次元の図面上に描かれたものでは、たいした印象を与えないものである」と。そして私が設計した内部空間を写真に撮っても、その本当の空間効果はまるで発揮できないことは、私の最も大きな誇りである。私が設計した住居に住む人が、写真を見せられて、自分の住居かどうかはっきりと区別がつかないのである。モネの絵の所有者が、博物館に陳列されている自分所有の作品を自分のものとは分からないのと同じように。したがって私の作品がいろいろな建築雑誌に発表される栄誉を、私は諦めねばならない。そのようにして私の虚栄心を満足させることは、私には到底無理だ。

さてこのようにしてみると、私の活動自体は多分、たいした影響力をもたないだろう。人は誰も私のことについては何も知らない。だが、私のイデーの力と私の教えるところの正しさは証明されはじめている。建築の雑誌や書物などに発表されることのない私、その活動を人が知ることのない私、その私が何千人もの建築家の中で唯一人、本当に影響力を有する建築家なのだ。ひとつの例をあげよう。それは私が初めてものをつくることができた時のことだが——前にも述べたように、私が設計しようとするものはグラフィック的な図面上では表現することがなかなかできないから、それは大変苦労した仕事だった——、その私の仕事は多くの批難を浴びた。十二年前、ウィーンのカフェ・ムゼウムを設計した時のことである。他の建築家達はそれを「カフェ・ニヒリズム」などといって嘲《あざけ》った。だがこのカフェ・ムゼウムは今日においてもなお存在し、営業が行なわれているが、一方、同じ時期に他の多くの建築家の設計によって完成した近代的な内部空間の仕事は、もうとうの昔にガラクタの物置の中に捨て去られているのである。言い換えれば、建築家達はそれらの自分の仕事を恥じているのである。そしてこのカフェ・ムゼウムが、それ以前のどの仕事を合わせたものよりも、今日の内部空間の設計により大きな影響を及ぼしたことは、一八九九年にミュンヘンで発行された雑誌『装飾芸術《デコラティヴェ・クンスト》』を見れば分かることと思う——この雑誌には、確か編集部の意向に従って掲載されたと思うが、このカフェーハウスの内部空間の写真が載せられた。だが当時影響を及ぼしたのは、そこに掲載された写真ではない――むしろ写真は完全に無視されたままであった。作品自体の有する力が影響を及ぼしたのである。昔の建築家が有していたあの力と同じ力といってもよい。郵便も電話も新聞もなかったにも拘らず、あるいはそれだからこそといってもよいが、非常な速さで地球上くまなく影響を及ぼしたあの力と同じ力である。

十九世紀の後半は、我々には建築様式がない、といった非文化人の嘆きの声が多かった。なんと正しくない、間違った主張か！　まさにその時代こそ、昔のそれとははっきりと相違した様式を有していたのだ。それは文化史において前例を見ないような思い違いであった。だが誤った予言者達は、ものを、いろいろな種類の装飾を手懸かりにしてしか区別できなかったため、これらの予言者にとって、装飾が物神崇拝《フェティシズム》的対象となったのであり、これを様式と呼んだのである。本当の様式を既に我々はもっていたのである。そしてそこには装飾は無かった。ところでもし新旧を問わず、我々の建物からすべての装飾を取り除いてしまい、裸のままのれんが造の壁だけが残ったとしたら、十五世紀に建てられた建物か、あるいは十七世紀のものかを見分けることは、無論、困難であろう。だが十九世紀の建物は、どんな素人でも一見して見分けるだろう。我々が装飾を有していなかったのであり、彼らは、我々が様式を有していないとして嘆いたのである。そこで彼らは、過去の装飾をコピーし続け、その後ようやくその馬鹿さ加減に気が付いて、もうこれ以上続けるのは無理だと悟ると、新たな装飾を創意工夫したのだ。すなわち彼らは文化的に堕落しきってしまったのである。そして今や彼らは、二十世紀の様式を見出したかのように喜び勇んでいる。

しかしそれは二十世紀の様式とは違う。ところで、この二十世紀の様式を、純粋な形でもって示す沢山の例がある。それは、歪んだ教育を受けた者達がこれまで手出しをしなかった分野のものだ。それらをつくる職人にはまず、洋服の仕立屋がある。靴屋や鞄屋、それに馬具職人、楽器をつくる職人がある。それから、非文化人達の目にはその職種があまり上品に映らなかったため、その改革に手を染めようとしなかった、それ故に根無し草にならなかった他のすべての職種の職人達がそれである。これはなんと幸運なことだろう！建築家達が手出しをしなかったこれらのものを集めて、十二年前、私は近代的な内部空間の設計の仕事をした。建築家達が、職人達の仕事場に首を突っ込むようなことをしなければ、そのまま存続したような内部空間の設計の仕事をしたわけである。その場合、私のこの仕事への取り組み方は、芸術家のように、つまり自由気ままに想像力を駆使して（芸術家仲間の間ではこういう言い方をする）取り組んだのではないのだ。もしそうだとしたらとんでもないことだ。そうでなく、徒弟のように気おくれしながらその仕事場に出向き、畏敬の念を抱いて青い前掛けをした職人に対面した。そして、お前の秘密を教えてくれ、とお願いしたのだ。こういう態度をとったのは、建築家の目には気付きにくいが、まだまだ多くの仕事場の伝統が残っているからだ。さて職人達は私の意図を察し、私が製図板上の想像力でもって、自分達が愛する木材を台無しにしてしまう種類の人間ではないことを看てとり、また私が、自分達が畏敬する材料が本来有する気品ある色を、緑や紫色の塗料で目茶苦茶にしてしまう意志がないことを看た。やがて職人達の誇り高い仕事場の意識というものがその表情に表われ、注意深く奥に棲んでいた伝統が姿を表わしてきた。そして自分達を抑圧する者達への嫌悪感が口を突いて出はじめた。こうして私は、昔は洗面台の洗面器を隠すのに使われていた木製パネルに近代的な壁材としての可能性を見出し、またタンスには銀の金具が使われているところから、これを使った近代的な隅部のディテールの処理の可能性を見出し、そして鞄職人やピアノつくり職人のもとでは素晴しい錠前や金具類を見出したりした。私がそこで発見したことで非常に重要だと思ったことは、一九〇〇年頃の様式と一八〇〇年頃の様式の差異は、一九〇〇年頃と一八〇〇年頃の燕尾服の違い程度だということである。

これはそうたいした違いではない。一方は青色の布地で金色のボタンであり、もうひとつの方は黒の布地でボタンも黒色であるだけの違いである。黒色の燕尾服は現代のスタイルである。これについては疑問をさしはさむ余地はない。例の歪められて教育された者達は、そのプライドの高さから、我々の服装の改革については素通りをしてしまったのである。彼らは皆、そんなものとかかわるにはプライドが許さないと考える非常に真面目な者だったのである。かくして我々の服装はそのままの時代のスタイルで続くこととなった。

誇り高き真面目な男達をひきつけるものは、装飾の創意工夫だけだったのである。

ところで私にもやっとのことで、建築の内部空間のみの仕事ではなくてひとつの建物全体を設計する仕事が巡ってきた時、こう自分に言い聞かせた。建物の外観はせいぜいあの燕尾服が変わった程度しか変わり得ないのだ、と。すなわち、そう大きな変化はあり得ない。そして街へ出て、私は昔に建てられた建物の外観がどう変わったかをつぶさに観察した。そしてそれらの建物が何世紀もの前から、年々装飾から解放されていることを看てとった。だから私は、そうした進展が途切れた時点に遡って、そこに糸口を見出す他はないと考えた。そう考えるとはっきりした点はひとつあった。「そうした進展の連続線上にとどまろうとする限り、極力簡素なものを私は志向しなければならない」と。無論、金色のボタンは黒色のものと取り替えねばならないが、その建物の外観は目立たないものでなくてはいけない。近代的な服装をした人とは、最も目立たない服装をした人のことだ、と私は以前ある文章に書いたのではないか。このことは逆説的に聞えた。だが私の逆説的な思い付きを丹念に書き留めておいて、これを本にまとめてくれた親切な人達もいる。こんなことがしばしばあったので、人々も私のそうした逆説的な思いつきを、終いには本当と思うようになったのだ。

ところで、この「目立たない」という点についていうと、計算に入れておかなかった点がひとつあった。すなわち、服装において通用することが建築においては通用しない、ということである。そう、仮に建築というものが、歪んだ教育を受けた者達に余計な手出しをされずにずっとそのままであったなら、そのかわりに服装というものが劇場の衣裳かゼツェシオーン的に――そうした試みは確かにあった――改革されたなら、この間の事情は逆転していたことだろう。

どんなことになるか一度、想像してみるといい。人はそれぞれ、昔の服装や想像力豊かな遠い未来の服装をする。そこには大昔の服装をした男達がおり、髪を高く結い、パアーと花開くようなスカートをはいた淑女達、それにブルゴーニュ風のズボンをはき優美な服装をした紳士達も見かけられる。またそうした男や女達の中に混じって、紫色の半ズボンをはき、緑色の絹のジャケットを着、流行のアップリケをつけた珍妙な近代人もいる。さて、そこに質素なフロックコートを着た一人の男が登場する。この男は目立たないか？当然目立つ。それだけでは済むまい。周囲の怒りを買うのではあるまいか。やがて間もなく警官が呼ばれることだろう。警官は、怒りの原因となるあらゆるものを取り除くために存在しているのだから。

だが情況は逆だ。服装については正常であり、建築の世界が茶番なのである。私が設計した建物（ウィーンのミヒャエル広場に面して立つ「ロース・ハウス」のこと。この原稿が書かれた同じ年に完成した）は、まさに怒りを買い、警官がまっ先に建築現場に駆けつけたのだ。このようなことは個人の間で議論することであり、公共の場で議論する事柄ではない。

*

多くの人達にとって、私のこの文章の最後の部分に読み当って、疑念が湧いてくるであろうかと思う。つまり服装という問題と、建築という問題という二つの問題を同じ組上にのせて比較した点に疑念を抱くであろう。そして、建築はそうはいっても芸術なのではないのか、と。それには同意しよう。しばらくの間は同意しておこう。だが貴方には、人間の外観と建物の外観とが奇妙に重なり合う、これが気になったことが一度たりともなかったただろうか？　ゴティク様式の建築がなんと乗馬服に、そしてルイ十四世の頃流行した長髪の鬘《かつら》は、なんとバロック建築にピタリと合っていることか。だが我々の今日の建物が、我々の服装にピタリと合っていると言えるだろうか？　そして人は形態の単一性を憂慮しているのだろうか？　否、昔の建物はある時代において、そしてある国の中において、その形態は単一だったのではあるまいか。形態の単一性があったればこそ、その建築の様式や由来する国、あるいは民族や都市を推測することができたのではあるまいか？　日和見的な虚栄心は、昔の建築家達にとって無縁なものであった。形態は伝統が決めたのである。形態が伝統を変えたことはなかった。そうではなく、今日の建築家達はこのはじめから決まった神聖視された伝統的な形態を、どんな場合にも忠実に用いることができなかっただけのことである。建築に課せられた新しい課題が形態を変えたわけである。こうしてそれまでの規則が破られ、新しい形態が生まれたのである。だが当時の人達はその時代の建築になんら違和感を抱くことはなかった。新しく建てられた建物は当時の人達に気に入られたのだ。だが今日では、殆どの新建築はたった二人の人間に、施主と設計した建築家、この二人に気に入られるだけである。

　建物とはすべての人達に気に入られなければならない。このことは、誰にも気に入られる必要もない芸術作品と相違する点である。芸術作品とは芸術家の個人的なものである。ところが建物は違う。芸術作品は、それに対する必要性が何らなくとも、つくられ、世に送り出される。ところが建物は必要性を満たすものだ。芸術作品は誰にも責任を負う者はないが、建物は一人一人に責任を負う。また芸術作品は、人を快適な状態から引き離そうとするが、建物は快適性をつくり出すのが務めである。芸術作品は革新的であり、建物は保守的である。芸術作品は人に新しい道をさし示し、未来を考えさせる。ところが建物は現在を考えるのである。人間は自分を快適にするものなら、なんでも好きだ。そして自分をそうした快適、安全な状態からひき離そうとするもの、邪魔しようとするものなら、なんでも憎む。このようにみてくると、人は建物、家を愛し、芸術を憎むといってもよかろう。

　かくして、建築と芸術とはなんら関係がないのではあるまいか、そして建築を芸術の一ジャンルに加えることはないのではあるまいか？　事実、その通りなのだ。芸術に加わるのは、ごく一部分の建築でしかない。それは墓碑と記念碑だ。目的に従事するその他の建築はすべて、芸術の王国から締め出されねばならない。

そして芸術は、ある目的に適合し得るものであるといった大いなる誤解をいつの日にか克服された時にはじめて、また「応用芸術」なる嘘臭い言葉が国民のヴォキャブラリーからいつの日にかなくなる時が来てはじめて、我々は、我々の時代の建築というものを持つことになるだろう。芸術家は自分自身に奉仕するのであり、建築家は社会に奉仕するものだ。しかしながら芸術と職人の手仕事といった二つのものを混同することがこの両者に、そして人類につきせぬ害をもたらす結果となった。人類はこれによって、芸術とは何か、ということが分からなくなってしまった。意味のない怒りに駆られて人は芸術家達を批難し、これによってなんと芸術作品の創造を挫折させたことだろう。人々はこうしている間にも常に、再び償うことができない途方もない罪を犯しているのだ、すなわち聖なる精神に対する罪を。殺人や強盗、すべては償うことができる。だがあの素晴しい第九交響曲はベートーヴェンの曲だけに限らない。もし仮に人々の耳に翳りが生じず、芸術家を迫害したりしなかったならば、ベートーヴェンのものに劣らない他の多くの第九交響曲が誕生してもなんの不思議もないのだが、このことへの償いは不可能というものだ。神の手になる計画を無にした罪の償いはできない。

人々は今や、芸術の何たるかを知らない。「商人のための芸術」とは、最近ミュンヘンにおいて開催された展覧会のテーマであるが、この傲慢なスローガンを訂正させようとする者など一人もいなかった。そしてあの「応用芸術」という素晴しい言葉を聞いて、笑い転げる者は誰一人としていない。

だがしかし、芸術とは人間の幅をより広く、そしてその精神をより高いものとし、より神の似姿に近づけるために存在するということを知る者は、物質的な目的と芸術とのそうした混同を、最大の冒瀆とみなすであろう。人々は芸術家を大切にする心をもっていないことから、芸術家に自由な活動を許さないし、職人の手仕事は、理想主義的な要求が大きな重荷になって、自由に発展することができない状態となっている。そして芸術家は今日生きている人々の間では、優位に立つことはできない。芸術家の王国は未来にあると言わざるをえない。

また建物には趣味のよいものと、悪趣味のものとがあることから、人は一方は芸術家が作ったものであり、もう一方の建築は芸術家とはいえないような者が作ったものと受け取る。だが趣味のよい建物を建てるというだけでは、朝、歯を磨くということが大した手柄ではないのと同様、大した手柄でもなんでもない。ここでは芸術と文化とが取り違えられているのだ。過去の時代、すなわち文化が未だ存在した時代の建物で、悪趣味なものをいったい誰が私に教えてくれるというのだろう。地方都市の、どんな名もないれんが積み職人が建てた家でも趣味はよかった。無論、偉大な建築家も、名もない建築家もいたわけだ。

その偉大な建築家には大きな建築の仕事が与えられたのであるが、それは偉大な建築家はその高い教養のお陰で、名もない建築家達よりも、内的により密接に世界精神、時代精神と結びついていたからである。

建築とは、人々の心の中に感覚・気分を喚起するものである。したがって建築家に課せられた課題とは、そうした感覚・気分を厳密化することである。住まう部屋であれば居心地よく、そして家であれば住み心地よいような外観をしていなければならない。裁判所の建物は、隠れた犯罪に対して威圧的な表情をもっていなければならない。銀行の建物は街の人々にこう語りかけなければならない。「ここにお前の金が、誠実な者達の手のもとに、しっかりと大切に保管されているのだ」と。

建築家がこうしたことを実現し得るためには、今まで人々の心の中にそうした感覚・気分を喚起してきた建物を参照しなければならない。中国人の場合では、悲しみを表わす色は白であり、我々の場合は黒である。だから建築家が黒色でもって愉しい気分をつくりだそうとしても、それは無理な話である。

我々が森の中を歩いていて、シャベルでもって長さ六フィート、幅三フィート程の大きさのピラミッドの形に土が盛られたものに出会ったとする。我々はそれを見て襟を正す気持に襲われる。そして、それは我々の心の中に語りかけてくる。「ここに誰か人が葬られている」と。これが建築なのだ。

我々の文化は、何にもまして偉大な古代ギリシャ・ローマ文化の遺産の上に成立している。我々の思考方法は、古代ローマ人から受け継いだものである。またこの古代ローマ人から、我々は社会意識や精神の規律といったものも受け継いでいる。

その古代ローマ人が、新たな柱のオーダーを、そして新たな装飾を創り出そうとしなかったことは、決して偶然ではない。ローマ人はそれよりずっと進歩的であったわけだ。ローマ人はそれらをそのままギリシャ人から受容し、自分達の目的を達成するためにうまく利用したのであった。古代ギリシャ人は個人主義者であった。建物を新築するごとに、新しいプロフィールと装飾を工夫しなければ気が済まなかったのである。これに対して古代ローマ人は社会的な思考の持ち主であった。ギリシャ人は自分達の都市さえも満足に支配することもおぼつかなかったが、ローマ人は世界を征し得たのである。ギリシャ人は発明工夫の才を柱のオーダーに使い尽してしまったのだが、ローマ人はそれを建物の平面計画に費やしたのである。素晴しい平面計画を発展し得る者は、新たなオーダーを発明しようなどとは考えないものである。

古代ギリシャ・ローマの偉大さが認識されてからというもの、後の時代の大建築家達には、共通した思考の仕方を指摘することができる。すなわち彼らはこう考える。「私はこう建てようと思うが、古代ローマの建築家もきっと同じようにしただろうか」と。今日我々は、彼らのそうした考え方は誤りだ、ということを知っている。時代、場所、目的、気候それに環境が違うのだから、そう考えても無駄なことだ。

しかしながら、建築というものが、二流、三流の建築家や装飾家によって、偉大な古代の遺産から遠ざけられていく度に、それを再び古代へと遡って近づけようとする大建築家が出現してきた。南のフィッシャー・フォン・エアラッハ、それに北ドイツのシュリューターは、正しく十八世紀のそうした大建築家であった。そして十九世紀の初頭にはシンケルがいた。が、我々はこのシンケルを忘れ去ってしまっている。願わくはこの非凡な建築家の光が、我々の次代の建築家達の上に輝かんことを！

私の建築学校

仕事をしようと思っても機会が無くて、気持が落ち込んでいる時ほど、惨めなことはない。

十五年前のこと、ゼツェシオーン館の会議室——いずれにしても誰の目にもつかないし、費用もせいぜい数百クローネ程度しかかからない部屋の内装の仕事をさせて欲しいとヨーゼフ・ホフマン教授に頼んだのだが、けんもほろろに断られてしまった。

またW・エクスナーの仲介によって、技術博物館で開校中の裁縫師養成コースにおいて私が何回か講演をする予定だったところが、当時事務局にいた枢密顧問官A・フェッターの意向により、その講演が即刻中止となったこともあった。

私にとって、この後者の事柄の方がより悲しみが大きかった。私は建築という実例だけでなく、考え方によっても、人々に何かを分かち与えることができるのではないかと思っていたからである。だが、いくつかの公共性を帯びた仕事によって、私の設計した建物が広く市民に知られるようになると、私の芸術上のライヴァル達により私の設計が曲解され、私が本当に考えていることとまるで違って捏造《ねつぞう》されるのを知って、私の悲しみは大きな苦しみに変わっていった。

だが、一筋の光が私の人生に射してきた! ウィーン美術アカデミーにおけるオットー・ワーグナーのいく人かの教え子達が、私の見るところ、その中でも最も優秀な教え子達が、ワーグナーが停年退職した後の後任教授として、立候補するよう私に薦めてくれた。(1) 無論、そんなことをしても無駄であることは、私は十分心得ていた。だがしかし、そうした優秀な若者達が私に寄せる信頼は、私だけの学校を創ろうという勇気を私に与えてくれた。

このようにしてアドルフ・ロース建築学校が生れたのである。

過去の建築様式を今日の我々の生活の要求に適合させる一方、もう一方では新しい様式を追求するといった、我々の大学で教えられている建築思考に代わって、私の考え方を教える。それは伝統である。

十九世紀の初頭に、我々はこの伝統と訣別してしまった。私はそこに一旦戻って、受け継ぐようにしたい。

我々の文化というものは、何にもまして偉大な古代ギリシャ・ローマ文化の遺産の上に成立している。我々の考え方、感じ方といったものは、古代ローマ人から受け継いだもの

アドルフ・ロース建築学校のロースと生徒たち。

である。またこの古代ローマ人から、我々は社会意識や精神の規律といったものも受け継いでいる。

古代ギリシャ・ローマの偉大さが認識されてからというもの、大建築家達には共通した思考の仕方を指摘することができる。すなわち彼らはこう考える。「私はこう建てようと思うが、古代ローマの建築家もきっと同じようにしたのだろうか」と。こうした思考の仕方を、私の生徒達にも吹き込むつもりである。

今日のことは、昨日のことを土台として成立したものであり、これは昨日のことが、一昨日を基礎として築かれているのと同様である。

このことは変わることはなかった——また将来とも変わることはないであろう。そして、私は真実のみを教えるつもりである。だがあらゆる種類の学校や世論をとり込んだ誤った教えが支配的な今日をみると、私がこれから教える真実が勝利をおさめることを私自身が知る日はまず来ないだろう。では私の生徒達がそれを知る日が来るかといえば、それは彼らの能力にかかっている。だが彼らには、私の生徒になることは社会的な力を失うことを意味することだということを常々言ってきた。私の生徒達は、いろいろな組織や建築雑誌、それに新聞を通じて世論を牛耳っている交友関係などから締め出され、自分だけの道を歩まねばならない。国から委託される設計の仕事や教職の仕事は、彼らにはまずあり得ない。だが、自分の人生を人間の日々の生活の要求に捧げてきたという意識は、身分、肩書きや称号、それに官職といったものに対して十分匹敵するものを与えてくれるであろう。

私の生徒達は正規の学生と聴講生とに分けられる。正規の学生は私のアトリエで働いてもらう。そして聴講生は私の授業を聞きたい時に聞きにくればよい。ウィーンの両方の国立の建築学校である工科大学と美術アカデミーの学生達が、多数、私の授業の聴講を申し込んできたことは、私にはうれしいことだった。次の三つの点について講義、演習した。「建築を内部から外部に向かって設計すること、芸術史、それに建築の材料《マテリアル》についての知識」である。シュヴァルツヴァルト学校が、私の授業のために教室を快く貸してくれたが、その校長であるE・シュヴァルツヴァルト女史に、ここに私と私の生徒達の感謝の意を表わしたい。(2) 教室を提供してくれたこの学校も、そのためにきっといろいろと批難されたことだろう。だが私の授業を聞きに来る生徒達の数は多く、四十人が座れる一つの教室ではとても足りなく、それを二つ続きにして授業をしなければならない時もあった。ありとあらゆる階層の人達が、またウィーンに短期間滞在する外国の客達も私の授業を聞きに来たし、貧しい学生が王妃《プリンセス》の横に座ることもあった。

また工科大学のある教師が、学生達に大学における講義期間中に私の授業を聞きに行くことを禁止したこともあった。私はこの教師にお礼を言わねばならない。というのは、個性豊かな学生達だけが私の授業に残り、他の学生達から私は解放されたからである。

正規の学生は、たった三人だけであった。一人は工芸学校を卒業した者で、他の二人は工科大学で既に数学期の間学んでいたが、建築の技術的な予備知識さえも持ち合わせていなかった者だ。

私の教育方法は、すぐさまある設計演習にとりかからせ、それに即して技術的、建築デザイン的な細かな点を講義する方法である。建築の形態については、ウィーンの建築家達が伝統と訣別したその時点に戻って、以前の伝統を受け継ぐようにする。生徒達が自分のやったことを比較し合って、それぞれが他の生徒から学ぶようにしたが、これは学校本来のやり方である。建築の設計演習においては、まず内部空間から考え、それから外部へと設計をするようにする。床、壁、天井によって形成される空間についての思考が一義的であって、ファサードのデザインは二義的だ。また空間の軸線をよく考えること、それに正しい家具配置を考えること、これに最重点を置く。このような教え方によって、生徒達が、三次元的の空間において立体的にものを考えることができるようになる。このように考えることができる建築家は、今日殆どいない。その理由は今日では、平面的に考える訓練を課しただけで、建築の教育が終わってしまうからであるように思われる。

私は来年には、私の建築学校をより充実させたいと思っている。そして建築設備とそれに建築構造学も教えるようにしたいと思っている。そうすれば普通高等学校や実務学校の卒業生も入学し易いようになるであろう。それとまた、毎年、ウィーン市内に立っている建物の実測調査をさせたいとも思っている。我々がその伝統を受け継がなければならない時代の建物をどれかひとつずつ選んで、そうしたい。さしあたって来年は、ヘッツェンドルフ・フォン・ホーエンベルク(3)の主要作品であるヨーゼフ広場に面して立つパラヴィチーニ宮から始めたいと思っている。

ベートーヴェンの病める耳

十八世紀も終りになって、十九世紀にさしかかる頃、ウィーンにベートーヴェンという名のひとりの音楽家が住んでいた。人々はこの音楽家を馬鹿にして笑った。というのは、この音楽家は非常に気紛れな性格で、背も低く、おかしな顔形をしていたからである。また市民はこの音楽家が作曲した曲を好きにはなれず、受け容れようともしなかった。「その理由は」と市民は口々に言った、「その男の耳が残念なことに病気[1]だからです。その男が作曲した曲は聴くに堪えないひどい不協和音だらけです。だがその男が自分が作曲した曲は素晴しいハーモニーに満ちていると主張するところをみると、我々の耳が健康であることは証明済みでありますから、その男の耳が病んでいるとしかいいようがないわけです。残念なことです！」

しかしながら、この世で自分に与えられた権利だけでなく、義務をもよく心得ていた貴族達は、その男、ベートーヴェンの作曲した曲が演奏されるよう、金銭面での援助をした。

また持てる権力を利用して、ベートーヴェンが作曲したオペラ曲も、宮廷オペラ劇場で上演できるよう取り計らった。だが、劇場を埋めた聴衆の反応は非常に冷たく、以後二度と上演されることはなかった。

その後、百年という歳月が過ぎ去った今日、市民はこの病める狂気の音楽家が作曲した曲に、我を忘れたように聞き入る。ということは、市民は一八一九年当時の貴族達と同じように、貴族的な心情を抱くようになったというのだろうか？　そして、この天才に畏敬の念を抱くようになったというのだろうか？　そうではない。市民という市民、あらゆる市民が病気になったのである。あらゆる市民の耳はベートーヴェンと同じように病んでいるのである。一世紀にわたって、聖ルードヴィッヒの不協和音が、市民の耳を虐待し続けてきた。市民の耳はそれに耐えることができなかったのである。それで、耳小骨や蝸牛、それに鼓膜や耳管といった耳の解剖学的各部位が、ベートーヴェンの耳と同じように、疾患形状を呈するようになってしまったのである。またベートーヴェンのおかしな顔形を見て、街の腕白小僧共はおもしろがり、悪口を浴びせながら、ワイワイとベートーヴェンの歩く後をついて歩いたものだが、このベートーヴェンの顔も、今日では国民にとって世界中で最も知的な顔となった。

けだし肉体を形づくるのは、精神である。

カール・クラウス

カール・クラウス(1)は新しい時代へと変わる時代の節目にあって、神と自然とから遠く離れた存在となってしまった人類に対して、その歩むべき道をさし示す。その想像力を宇宙に飛翔させ、足を大地にしっかりと踏みしめ、クラウスは道を歩む。そしてその心は人類のさまざまな苦しみを思い遣り、悩み、責め苛まれている。そして人々に向かって、呼びかける。クラウスは世界の没落を予感して、それを怖れているのだ。だが、クラウスは呼びかけを止めて沈黙しようとしないのだから、まだまだ希望を捨てていないのだと私は思う。そして将来もクラウスは呼びかけ続けるだろう。クラウスの声は、来たるべき新しい世紀にも響き続けるだろう――それが聞きとどけられるまで。人類がやがていつの日か、カール・クラウスに感謝する日が来るであろう。

郷土芸術について

建築家達は、昔の様式を複製することに躍起となったが、うまくいかなかった。そして今日、現代の様式を見出そうとしたが、これもうまくいかなく、悩みの種となっている。ちょうどそんな時に、「郷土芸術」なる言葉が最後の救世主として登場してきた。だが私は、こんなことはきっぱりと終りにして欲しいと思う。悪の根源もこれでもってきっぱりと尽きて欲しいと思う。そうなって、遅ればせながらも自省し、本来の自分に返って欲しいと思う。

郷土という言葉は、美しい響きをもっている。また郷土の地方的建築を守るということは、誰もがうなずける主張だ。都市景観の中に、それに馴染まない異種な建物が入り込んではならないし、インドの寺院のようなものが、農村で我が物顔で幅を利かすようになっても困る。ところで、そうした問題は郷土芸術家によってどのように解決されるというのだろうか？　とりわけ技術的進歩といったものは、郷土の地方的建築にとって永久に無縁でなくてはならない、また新たな工夫や新たな経験も、——そう、——郷土の建築に相応しくないから、これを採り入れてはならない、と彼は言う。石器時代に人々がこのようなことを主張しなかったことは、郷土芸術家にとって真の幸福と言わねばなるまい。何故ならば、もしそうであったなら、郷土の地方的建築といったものは今日、存在しないわけであり、したがって郷土芸術家というものの存在価値はないのだから！　ところで画期的な発明の成果である大鋸屑《おがくず》モルタルとアスファルト防水による屋根は、もし十七世紀において発明されたとしたら、建築家達から喜んで採り入れられていたものだろうが、これは郷土芸術家からは否定されている。また他の建築家達もこの屋根にどう対処してよいやら分からないでいる。

三百年もの昔、イタリアの建築様式がアルプスを越えてやって来た時、ウィーンの建築家達にとっては、従来の柿葺《こけらぶ》き屋根をどうやって活かすかは頭痛の種であった。北国に特有の雪や雨を防ぐために瓦を用い、これをモルタルでシールしたり、あるいは屋根の妻側に偽の見かけだけの壁をたち上げ、そこにこれも偽の開口をつけたりした。かくして何世紀もの間、フラットな屋根に憧れを抱き続けたのである。ところがハンブルクが大火に見舞われた後、ドイツ、シュレージエン地方のヒルシュベルクという町に住むひとりの商人が、防火と防水性能を有し、且つ安価なフラットな屋根をどうつくるかという大問題に、ついに解決案を見出した頃には、その何世紀来の憧れもどこかに吹き飛んでしまい、この世紀的な出来事の瞬間も、本当に僅かな人達からしか気にも留められなかった。つまりはこのフラットな屋根は採り入れられなかったのである。このこと自体は不幸な事でもないかもしれない。だが、ドイツにおいて郷土芸術家達の圧力に屈して、この大鋸屑モルタルとアスファルト防水による屋根を法律で禁止してしまった為政者がいたということは、文化にとって不幸な事態である。それも美的な理由から禁止してしまったという。というのも、地方においては屋根材は瓦か天然スレートにせよ、としたのだから。

ウィーンにおいては、建築家達が、市の建築局から何もそうしろとは言われないまでも、都市の景観を駄目にしているのである——個々の自由に設計した建物によって。多くの偉大な建築は、それによってこの都市から姿を消してしまった。オペラ劇場の横手に立ち、シュヴァルツェンベルク広場に向かって目を向ければ、私はウィーン、これが人口百万都市のウィーンだ、偉大な帝国の首都ウィーンだ、と強い感慨におそわれる。だが環状道路《シュトゥーベン・リング》沿いの賃貸住宅群を眺めると、チェコの一地方都市の建物をそのままただ五階建てにしただけにすぎないといった感じしか持てない。

そこで、私はここに郷土芸術家達に対し、第一の問題を提起したい。貴方は大都市を小都市に、小都市を村にしようとするおつもりなのか？　と。しかしながら、我々は普通、これと逆の方向に向かって努力するものなのではないか。このことは、ある床屋の見習いが洋服を見立てるとする。その場合には、例えば伯爵に見えるようなつもりでするが、これが本当なのであって、これと逆に、自分の洋服を見立てるのに、床屋の見習いと間違えられるような洋服を見立てる伯爵などどこにも存在しない、ということとまったく同じである。これらの単純な原理、人類が原初より続けてきた品位とそして完全性へ向けての努力、こうしたものが我々の文化の今日の状況をつくり上げてきたのだといえよう。だが、郷土芸術家達はこれと逆行するようなことをしようとする。チェコの一地方都市によくある三階建ての建物に見られるものと同じディテール、同じ屋根の形や出窓、塔、それに妻壁の形を、今や首都ウィーンに建てる建物にそのまま使っている。

環状道路《リング・シュトラーセ》沿いに当時建てられた建築群も、建築的にはそれほど大したものでもない。石造の建築もセメントを流し込んで出来上がったり、外からボルト締めによって固定されたように見える。だが、こうした同じ誤ちを、新しく建てられる建物でも犯しているのである。ところで一八七〇年代の建物は、その形態をイタリアの貴族の邸館をお手本としたのだ。これは、十八世紀の建築家達がそうしたのと同じである。こうして出来上がったのがウィーンの様式、首都の様式である。ミヒャエル広場に面して立つ私が設計した建物は、良いとも悪いともいえるかもしれない。だが、あまり良い建築とは思わない人でも、少なくともこれは地方に立つような性格の建物ではない、という点については認める他はないだろう。——人口百万の大都市の中にだけに存在し得るような建物である、という点については。Right or Wrong, my Country! 良いか悪いか知らないが——私の都市よ！

ところでウィーンの建築家達は、ウィーンの建築様式というものになんの憧れをも抱いていないようだ。彼らは一様に、ドイツの建築雑誌を定期的に購読しており、その結果はひどいものだ。

最近のことだが、ウィーンの旧市街区に、ドイツのマグデブルクかエッセンからウィーンに直輸入されたかのような建物が建てられた。マグデブルクの市民達がそうした建物を気に入るかどうか、そんなことは我々の知ったことではない。だが、ウィーンに住む我々は、これにはっきりと抗議することは許されてよいと思う。

ところでこれらの建物すべてに共通するものがひとつある。それは建物の垂直性を強調する構成である。ドイツ人達はすべて、あのベルリンのヴェルトハイム百貨店の建築(1)に心を奪われてしまったらしい。際限なく続く街路をもった都市ベルリンでなら、こうした建築があって当然かもしれない。垂直性を強調した構成は、際限がなく続く街路の景観に節目を与え、眼はそこで一旦静止し、安らぎを与えてくれる。だがしかしウィーン——私はここではその旧市街区を問題にしているのだが——では、短い街路のこの都市では、眼は水平的な拡がりをもったファサードを要求する。そうした意味では、グラーベンの景観はハープスブルガー街と交差する街角に新しく建てられた建物によって永久に台なしになったと、ロバート・エルリィが以前主張したが、これは正しい。グラーベンには三位一体の記念柱(2)が立っている。そうした記念柱の背景になるものとしては、水平的な拡がりがあるものが必要だということは当然なことだ。ところが、シュテファン広場から歩いてきて、グラーベンに立つこのペスト記念柱のシルエットを見る者にとって、考え得る最も不利な背景を構成する建物を建ててしまったのである。また、反対方向のコールマルクトからグラーベンに足を踏み入れると、昔、トラットナーホーフの建物が立っていたところに、再び純粋にドイツからの直輸入建築を見る破目になるのである。

私は伝統的な建築を支持したい。例えばこのグラーベンに面して立つに相応しい建物として、銀行の建物を指摘したい。この建物が完成してからというもの、我々は伝統というものから離れてしまった。我々はこの伝統を受け継ぐ必要がある。その場合、なにか変更する点があるのかって？　勿論のことだ！　それは、新しい文化を創造する場合と同じ変更事項である。あるひとつの作品をもう一度つくれといわれても、それは誰にもできるわけではない。日々、進歩、変化していくわけであり、この日々新たに変わる人間に、昔の人がつくったものとまったく同じものをつくれと言われても困るというものだ。この人間は、自分では同じものをつくっているつもりなのだが、実際には幾分新しいものなのである。よく注意しなければ気が付きにくい新しさなのだ。だが百年も経てば明らかにその相違には気が付くのである。

では意識的に加える変更事項というものはないのだろうか？

それもある。これは私の建築学校の生徒達は皆よく知っていることだが、従来のものに対してその変更は、その変更が改良をもたらす場合に限って許される、ということだ。かくして、新たな創意、工夫が厚い伝統の壁に穴をあけていくのである、伝統的な建築様式に。電灯や、大鋸屑モルタルとアスファルト防水によるフラットな屋根といった新たな発明は、ある特定の地域のものではなくなり、地球上すべての地域の共有物となる。またこれと同じように、新たな精神の方向も、地球上のすべての人達が共有するものとなるのだ。郷土芸術の嘘の部分は、ルネサンスの建築家達には無縁であった。この時代の建築家達はすべて、ローマの様式で建てたのである。スペインにおいても、ドイツ、イギリス、そしてロシアにおいても。そして、それを通して自分の郷土の様式というものをつくりあげたのである。だが今日の人間は、こうしてつくりあげられた郷土の様式にこだわり、他のどんな発展も阻止しようとする。

無論、外国の建築家が建物を設計したとしても、それによって本物の郷土芸術に何ら不利な影響を及ぼすことはなかった。プラハのヴァルトシュタイン宮の庭園中にあるホールや、ベルヴェデーレ宮をドイツ・ルネサンスと呼ぶのは正しいし、ウィーンのブルク劇場の裏手にあるリヒテンシュタイン宮(3)はウィーン・バロックの中でも最も美しく、そしてモニュメンタルな例である。このことは、これらの建物がイタリア人の建築家によって設計され、工事もイタリア人の職人達によって進められたにも拘らず、そう言えよう。この点については、これまで心理学者の目に留まっていないから、いまだ解明されていないが、ミステリアスな心理の過程がある。すなわち、外国人の建築家もまた、都市中に建築を設計する場合は、自分自身の良心だけはどうしても守らねばならないと考えるが、その他の点は自分が呼吸しているその都市の空気に安心して任せることができる、といった心理である。

ところで、大都市の建築家が地方において仕事を頼まれたとしたら、どのように建築すべきなのだろうか？　郷土芸術家達は農民と同じように建てるべきである、と答えるだろう。

ではこの農民が家を建てる実際の様子を見てみよう。農民はまず家を建てる位置を決め、四隅に杭を立てて囲いをつくり、基礎のための根伐りをする。そしてれんが積み職人が来て、れんがを積み始める。そうするうちに、大工も来て、傍らに自分の作業小屋を作る。そして大工は屋根をつくり始める。美しい屋根か、それとも醜い屋根か？　大工は自分でも分からない。ただ屋根をつくるのだ！

そうこうする間に建具屋も来て、ドアや窓の寸法を測り始める。やがて他の職種の職人達も来て、現場の寸法を測り、自分の仕事場に戻って仕事を始める。やがて家が出来上がってくると、その農民は刷毛をもち出し、家を真白に塗りあげる。

建築家というものは、このように仕事をすることができない。ある決められたプランに従って仕事をするのである。そしてもし建築家が、この農民のような素朴さを真似ようとでもするものなら、田舎娘や、うっかり口を滑らしてしまう田舎の株屋と同じように、他の文化人達の恰好の笑い者になってしまうことだろう。

このように素朴さを真似る、意図的に他の文化レベルに逆戻りする、こうしたことはくだらない、おかしなことだ。だから、そんなことは昔の建築家達はしなかった。地方に立つ昔の貴族の邸館や教会を一度よく観てみるとよい。それらは都市の建築家の手になるもので、常に、建築家が都市中に建てたと同じ様式によって建てられているものだ。例えばウィーン近郊バーデンのヴァイルブルク城館(4)を、そして低オーストリア地方に十九世紀初頭に建てられた教会群を一度とくと見るがよい。それらの建物はなんと見事に自然の景観の中に溶け込んでいることだろう。それにひきかえ、急勾配の屋根や張出し窓、その他の田舎風の見掛けの形を操作することによって自然の景観に溶け込ませようとする過去四十年間の建築家達の子供じみた試みは、不名誉にも挫折してしまったではないか。あのフザーレン寺院でさえもウィーンの森風の性格を有しているといってもよかろう。だが丘の上に立ついかにも荒れ果てた古城風につくった展望塔は、どんなものでもその丘の景観を台なしにしてしまう。というのは、フザーレン寺院には真実の姿があり、荒れ果てた古城風に建てることには嘘があるからである。そして自然の景観を保全し得るのは、唯一、真実の姿だけであるからである。

しかしながら我々の文化や精神生活の最も新しい成果を、そして我々の新しい工夫や経験を地方に建つ建物に役立てるのでもなしに、郷土芸術家達は、地方の伝統的様式を都市の建物に実現しようとさえする。農家の建築は、こうした人達の目にはエキゾチックに映るらしいし、このエキゾチックという言葉を絵のようだという言葉と言い換えてもいい。だが農民の服装や家具、そして農家が絵のように映るのは我々の目にだけだ。農民達自身は、なにも自分が絵のようだとは思わないし、彼らの家もしかりである。農民達は自分の家を絵のように建てた覚えはない。しかしながら都市の建築家達は今や、これとまったくそっくりに建てようとする。絵のようだとは、不規則な窓であり、荒削りな仕上げであり、やや朽ち果てた壁であり、それにまた古びた屋根瓦なのである。そしてこうしたことが都市において、郷土芸術としてイミテーションされるのである。

また我々には、五階建ての建物を建てることが法的に許されている。だが、建物はそれ以下であるべき――地方の倫理的な感覚から――だと我々は思い込んでしまい、四階建ての建物にしてしまう。そこで五階のフロアはどうなってしまうかというと、それは屋根裏におし込めてしまう。すなわち屋根瓦でもって覆い隠し、ありとあらゆる工夫を凝らして、たとえ百年以上も長い間使用したとしても、そうでないかのように思い込ませようとする。本物の郷土芸術家といわれるような者もまた、そうした姑息な手段を採る。

だから私は、我々の商業建築や賃貸住宅が、それに劇場や音楽ホールもまた、柿葺きやわら葺きの屋根になる時が遠からず来るのではないかと思っている。ますます地方的なものが増加し、都市の景観を台なしにしてしまうのではないかと思っている。

今日、郷土建築なるスローガンのもとに、我々の都市や郊外に建てられているものはひどいものだ。我々の祖先がウィーン郊外の住宅地ヒーツィングやデーブリングにおいて建てたような上品な様式は忘れ去られてしまい、それにかわって、ロココのような装飾やバルコニー、珍奇な隅部の処理、出窓、妻壁、塔、それに屋根や風見鶏等々がごちゃまぜになって、そうしたものが一杯に詰まっているオモチャ箱から、都市の景観中にばらまかれたといってよい。

ある建築家はアメリカの建築雑誌を定期購読しているものだから、切石による石造建築を設計する。それもその切石は無論、ロッキー山脈産のものではなく、某宮廷御用石工に頼んで、アメリカ西部の石のように粗野な仕上げとしたものだ。あるいはもう一人の建築家は例のイギリスの美術雑誌『ザ・スタジオ』誌を定期購読しているものだから、いわゆる鳥小屋といわれる、遠くからちょっと見ただけでも平面プランの細かいところまで分かってしまうような透明な建物を設計する。そして誰もが最もやりたいことは、わら葺きの屋根だ。それは「最も郷土的」なものだからだ。それはまた、最新流行のものでもある。

数日すると、ヒーツィング地区[5]の典型的な住宅で、おそらく今日まで残されているものの最後の住宅のひとつが、取り壊されることとなっている。それはパルクホテル・シェーンブルンに隣接する住宅で、ホテルの拡張工事により、この住宅の敷地が必要となったためである。だがこの住宅には、なんと文化の香りが漂っていたことだろう。そして上品さが支配していたことだろう！　そしてなんとウィーン的で、オーストリア的で、人間的であったことだろう。だから、なんとヒーツィング的であったことだろう。人が伝統を守ろうとすると、役所はこれを嫌がろうとする。ところでヒーツィング地区に典型的な家のファサードは、ご承知のごとく、そう大袈裟なものではないが、この点が人に好かれない。他人が成金趣味の家を建てるとこれを真似したがる、つまり皆、目立ちたがり屋なのである。

ところがこの夏になって、私の設計によってこのヒーツィングに建てる予定の一戸建て住宅の建築許可申請が、次のような理由書が付けられて却下された。「この住宅のファサードは絵画的な造形がなされていない。この地区においては、絵画的な効果が屋根や塔、それに出窓や妻壁によって意図されているのが通常だ。こうした考慮が不十分な故に、建築許可は出せない」。

無論、役所でもこれよりも上級の局の人達は、この点についてこれと異なった考え方をするものだが、建築家は郊外に設計する建物の件などで、いつもこうした上級の役所に訴え出るわけにいかない。

といって、最近みられるようにベルリンの住宅地グリューネヴァルトあるいはミュンヘン郊外の住宅地ダハウ等に典型的な様式《スタイル》で建てるのも、正常なこととはいえない。ウィーン的とは程遠い。我々はアルプスを越えて来たイタリアの空気を十分吸ってきたのだから、我々の祖先と同じように外に向かって堅く閉ざした様式で建物を建てるべきだ。建物は外に向かっては沈黙を守り、これに対して内部においては豊饒な世界が展開するようにしたい。こうした建物はイタリアの建物（ヴェネツィアの建物まで）だけでなく、ドイツの建物もそうだ。ただ、我々の建築家達にとって常に気になる存在であるフランスの建物は違う。そこでは平面計画に自由さが乏しい。

ところでオーストリアにおいては、建物の屋根勾配はできるだけ緩くすべきだ。アルプスに住む人達は、風と雪を考慮して、その屋根の勾配を非常に緩くする。だが郷土芸術家がこれらの人達のために建てる建物の屋根の勾配は、非常に急だ。急だから、少しでも雪が降ると、屋根から滑降する雪は地上にいる人達にとって危険な存在となる。また建物の勾配が緩いと、山の景観がより美しくなる。これと逆に急勾配だと、その興も殺《そ》がれる。内面の真実が美的にも正しいことを示す興味深い例である。

なおマテリアルについて付言する必要があろう。ミヒャエル広場に面して立つ建物を私が設計した時のことだが、私がその郷土的な面、つまり土地と建物の関係を強調したにも拘らず、建物のマテリアルとしてギリシャから大理石を取り寄せて使ったではないか、といった批難が、ある権威筋より私によせられた。考えてみれば、ウィーン料理は、遠い東洋の国からきた香辛料を使用するにも拘らず、ウィーン的であるわけだし、またウィーン

ヒーツィングに立つ住宅外観。アドルフ・ロース設計, 1912年, ウィーン。

同住宅内部。暖炉があるアルコーブと居間。

の建物は、その銅葺きの屋根材としての銅がアメリカからきたものであっても、本物であり得る。すなわちウィーン的であり得る。だが、そうした批難に応えるのも、そう簡単なことではないことは確かだ。ウィーンにおいて、例えば建物の外装をれんがとしようとしたら、それは誤りだろう。理由は、我々にはれんががないからというのではなく(実際には、れんがはある)、より良いものが、つまり漆喰塗りというより良い外装材があるからである。北ドイツのダンツィヒにおいて、私はそうした塗り技術を使うこともできよう。だがウィーンにおいては、れんがが造に仕上げをしないで、むき出しのままにすることは許されない。このようにマテリアルは世界中のどこからでも取り寄せ、使うことは許される。そして技術についても、いつの時代でも、常に古い技術に替わってより進歩した技術を利用することが許されるのである。

「郷土芸術」のような嘘臭い掛け声に惑わされ、これに追従するのではなく、そろそろ私が常に主張してきた唯一の真実に、伝統にたち戻ることを決心すべきであろう。そしてかつて我々の父達が建てたと同じように建てることを習慣づけるべきである。またそうすることで非近代的になることを恐れる必要はない。農民達よりは、我々は進んでいるのである。農耕機械だけでなく、我々の建築についての知識や経験を農民達は大いに利用しなくてはならないのだ。建築に関しては我々は、農民達の指導者であるべきで、彼らの猿真似ばかりしていては駄目だ。

農民劇に見られる嘘臭い大袈裟な仕ぐさ、それも色とりどりの農民服に身を包み、また自由に声を出すかわりに無理やりに陰にこもったような喋り方をするあまりにも不自然なナイーヴさ、そして無邪気な仮装（このことだけで、張りぼての岩と布地で作った牧草地をもてはやす人達の指導の下に、我々の工芸学校が運営されていることが証明される）による大袈裟な仕ぐさ、これらすべて郷土芸術の名のもとで行なわれる子供じみた行為、こんなことはもうやめようではないか。

ほんの一瞬たりとも形態について考えなくとも、我々は最良の仕事ができるのである。我々の身の周りには、素晴しい形態がいくらでも存在しているのだ。つきつめてみればそれが他人の手になるものだとしても、それを利用することを恐れてはならない。常にオリジナルなものを求める者なんか、もう沢山だ！　いつまでも、我々自身がやったことを繰り返し続けよう！　他と同じように建物を建てよう！　『ドイツの芸術と装飾』といった雑誌に自分の設計した建物が掲載されることはないかもしれないし、工芸学校の教授にもなれないかもしれない。だがそうすることで自分が生きる時代に、自分自身に、国民に、そして人類に最も貢献するのだ。また自分の郷土にも！

ペーター・アルテンベルクとの別れにあたって

親愛なるペーター(1)

君は死んでしまって、この世にはもういない。で、君について何か書けと頼まれた。こう人が頼むからには、私から勿体ぶった、君の偉大な面を伝える美辞麗句を期待している。友人が友人の死に直面して通常語るような……。

だが、ペーター、君が私からそんなことを期待しないことは、私にはよく分かっている。君自身、勿体ぶったことはなんでも、嫌いだった。君が書いた本の中では、読者にとって君はしばしば悲愴的とも映る。だが一度でもいいから君の声の響きを聞いたことがある者なら――なんて美しい声を君はもっていたことだろう――、君の書き方は、最も自然な書き方、直接的な無頓着ともいっていい自然な書き方だと思ったことだろう。

そう、ここで多くの人達に、君がどういう人間であったかを話しておく必要があるように思う。君について多くの人達が知っていることといえば、昼間は寝ていて、夜に起き出しては、歓楽街の店でたむろしている、ということだけだからである。

というと、君は、自分の金を無駄使いするルンペンということだろうか！　とんでもない、そんなルンペンではなかった。君は倹約家の中でも、最も倹約家であった。毎朝、べ

アドルフ・ロースとペーター・アルテンベルク。

ペーター・アルテンベルクの墓。アドルフ・ロース設計，1919年，ウィーン，中央墓地内。

ッドに就いて寝る前に、君は手持ちのお金を数えたものだ。一グロシェンのわずかな金でも、どこでどう使ったか君は答えることができた。そして倹約したお金は、たとえどんな少額でも、郵便貯金局に持って行き、貯金した。ある時――それはグムンデンでの出来事だったが――ホテルに強盗が押し入ったニュースを耳にすると、自分のポケットに残っていた小銭も、郵便貯金局に貯金した。そしてその後、君の兄弟に次の様な電報を打った。
「ゲオルク、私に少々、金を送ってくれ、自分の金はあらいざらい郵便貯金してしまったため、今では餓死寸前だ」。

となると、君はたいへんな吝嗇家だったということだろうか！　とんでもない、そんなケチではなかった。君はいつも、新聞で親から虐待された子供達について読むと、そうした子供達にお金を送っていたのだから。ペ《P》ーター・ア《A》ルテンベルク氏――十クローネ。これは、子供保護救済協会の記録帳に常に記載された記録である。そしてレストランのボーイなり、そこにあるビリヤードの採点係の男なり、あるいはウェイトレスにでも聞いてみるがいい。P・A《ペー・アー》ほど気前よくチップをはずむ男は、どこを捜してもいなかった。また誰かに自分の素直な気持を一時でも速く伝えたい時には、自分が住んでいるホテルのポーターを真夜中でもベルを鳴らして呼び、十ページもの長文の電報を打ちに中央郵便局に行くよう頼むのだった。その電報代は、ポーターへのチップを含めて、百クローネはしたものだった。そして電報の文の内容と言えば、お前が好きだ、といったものだった。無論、アルテンベルク一流の書き方ではあった。

　というと、君はやはり浪費家だったということだろうか！　いやいや、とんでもない。この二年間、君が食べていたのはジャガイモだけ、日に三皿のジャガイモだけだった。理由は、肉スープに十クローネもの金を出すのは、馬鹿げた浪費だと君は思っていたからである。

　となると、君は、食べ物なら何でもいいと粗食に耐える男だったということだろうか！とんでもない、そんな男ではなかった。君のような微妙な味の差を感じ取る美食家は世界中、何処を捜しても他にいなかった。店頭に並べられている沢山のリンゴの中から、最も美味なるものを必ず選び出すことが君はできたが、それも手に取って選び出すのではなく、眼で見れば分かることだった。一目見れば蟹が新鮮なものかどうか、肉も軟らかなものかどうか、見分けることができた。それに、肉を食べるのでも、最も消化がいい部分、すなわちヒレ肉しか君は食べなかった。鷓鴣《しゃこ》やキジを食べるにしても、胸肉しか君は食べなかった。他の部分には、いっさい手を付けなかった。アスパラガスを食べるにしても、土から頭を出す直前の、最も上等なものしか食べなかった。また君が焼肉の焼き方にクレームをつけ、三回もボーイを呼んで焼き直しをさせた後、もうこれは駄目だ、自分の思いどおりにはならないと諦めた時には、その焼肉をもういいとそのままにして、代金は払って、自分は何も食べずに腹をすかしていた。「ペーター、何も食べないでいいのか？」と聞くと、「いいんだよ、食べないでおく。今日のための予定の金は、もう使い果してしまったからね」と君は答えるのだった。

となると、君は快楽主義者だったということだろうか。というのは、ジプシーが音楽を奏で、シャンペンが開けられ、それに踊子達が踊るところに居るのが、君が一番好きだったからだ。となると、君は大酒飲みだったということだろうか。いや、とんでもない。君ほど酒を心底から嫌いだった者はいない。ちょうど子供が苦い薬を飲むのを嫌がるように、君はワインやブランデーが嫌いだった。その嫌いな酒が沢山、君のナイトテーブルにあったが、それは、眠れるように何杯もグラスを重ねるためだったのだ。だが、レストランの席では、君に一杯のリキュールさえも勧める者はいなかったろう。それとも、ビールかシャンペンだけは飲んだというのだろうか？　君にとってビールが眠り薬——一夜のために二十四本ものビールを飲んだこともあった——となってしまった時、それまではかたくなまでに通い続けていたその店に行くことを止めてしまった。

となると、つまりある特定の店に熱心に通ったということは、店の女の子達が君を魅きつけたということだろうか？　だが君は店の隅に座って、一緒の友人達と話し込み、女の子達にはとんと関心を示さなかった。そしてワルツを君は好まなかった。ただ、アメリカやイギリスのメロディが鳴り出すと、君はたいへん熱心に耳を傾け、そして一緒になって口ずさむのだった。君の声はオーボエのように響いたものだ。だがたまには君にも、女の子が気に入ることもあった。そんな時にも、君はその女の子と話をしようとはしなかった。話をするのではなく、眼でもって君はその女の子と愉しもうとする――その女の子が発する一語一語が君をがっかりさせることをよく知っていたからである。

となると、君は女嫌いだったということだろうか？　その通りでもあり、その通りでもなかった。君の本の読者は、君が最後の恋愛詩人であったことを、君の本を読んで確かめようとした。だが、君が話をするのを聞いた読者達はなんとがっかりしたことだろう。というのは、君は女性をよく知っていたし、男である君の肉体に、女心を持っていたのが君だったからだ。無論、それは倒錯した女心であったから、他人はそのことをそんなに心配する必要もなかったのだが――。ただ子供達に対する君の関係については、読者達は誤解したに違いない。それが女性的・母性的関係であったことを、読者達は知らなかったのである。

女性的といえば、君の徹底した整理好き、ものに対する潔癖性がそうだった。君の住居はそうした意味から、感動的であるとすらいっていい。だから私はウィーンに、ウィーン市当局に、この住居を市立博物館に保存・展示することを提案する。P・Aが住んだその住居ぐらい展示する余地はいまだ十分あると思う。アルテンベルクが買い求めた壁紙など、今ではあちこち捜さないと、なかなか見付からない代物である。もし新しいものととり替えるとすれば、同じものとしなければならないだろう。そしてその部屋の保存・展示をする際には、聖水盤から、バラの花環、それに君が住んでいたホテルのメイドが巡礼地マリアツェルで買い求めて君に贈った安物の聖母像を含めてすべて、もとどおり、もとあった場所におく。

メイド達といえば、ウィーンの都心にあるグラーベンホテルのメイド達は皆が皆、今日、悲しみのあまり泣き暮れていることだろう。ホテルのボーイ達も皆同じだろう。P・Aは大威張りの暴君であった。だがP・Aほどの暴君であっても、これほど皆から好かれた例も少ない。それはP・Aがそうした暴君の中でも、最も人間的であったからである。

この小文で、君のことを人々に理解《わか》ってもらえただろうか？　私には自信がない。もしそうだとしても、声を大にして、ウィーンの市民の頭の中に記憶しておいてもらわねばなるまい、グリルパルツァー(2)以来の、それに劣らぬ偉大な作家が今日、埋葬されたということを。

住まうことを学ぼう！

この都市の住民達をまるで熱病のごとく襲いつつある新しい運動、つまり郊外の集合住宅地建設運動には、新種の人間が要求される。それはどんな種類の人間かというと、偉大な庭園家L・ミッゲがまことに的を射た言い方をしたごとく、近代精神を有した人間である。

ところで、そうした近代精神を有した人間がどういった人間なのか、それを語るのはそう難しいことではない。そのために我々の想像力を飛翔させて、あれこれ思い巡らす必要もない。そうした人間は既に出来上がって、存在しているのである、無論オーストリアではなく、もう少し西の方にある国に。アメリカ人が今日有している精神を我々は持ちあわせていない。我々の子供の代になるまで待たねばなるまい。

我々と違ってアメリカ人の場合は、都市に住む人間か、あるいは農村に住む人間かといったはっきりした区別はない。どんな農民でも、半・都市住民であるし、都市に住むどんな人間でも、半・農民である。アメリカの都市住民はまだまだ自然と密接な関係を保ちつつ暮らしている。これはヨーロッパの都市住民、あるいは厳密に言えば、ヨーロッパ大陸の都市住民と相違するところだ。というのは、イギリス人もまた本当の農民であるからである。

このふたつの国の国民、イギリス人とアメリカ人はひとつの屋根の下で、他人と一緒に住まうことを決して愉快なことだとは思っていない。だから貧しい人でも、金持ちでも、誰もが自分達家族のためだけの独立住宅を持ちたがる。例えばそれが垂れ下がった藁屋根に覆われた半分壊れかかった山小屋《コテイジ》のようなものでもである。劇場などの文化施設がある都市に建てられる賃貸集合住宅中の個々の住居は二層《メゾネット》になっていて、自分達だけが使う木造の階段があり、その上下階を結んでいる。こうした住居は、まさに山小屋《コテイジ》が二つ、上下に積み重ねられたものだともいえよう。

こう見てきてはじめて、私がここで主張する第一の点に行きつくことになる。それは住宅においては、二層になっているということである。そこでの生活は、はっきりと二つの部分に分けられている。すなわち昼間の生活と夜の生活、つまり昼間の活動と夜の就寝という、この二つの生活に分けられているのである。

こうした二層の住居に住まう生活が、あまり快適とはいえないのではないか、と思ったりしてはいけない。それに寝室についていえば我々が普通にイメージするようなものでは、無論ない。寝室としては部屋はごく小さいし、それに快適でもない。寝室に置かれた家具といえば、白く塗装がされたスチールか真鍮製のベッド、これだけだ。だからナイト・テーブルすら、捜しても見付からない。そして棚・タンスの類の家具にかわって、「クロゼット」すなわち壁に造り付けられた収納戸棚がある。こうした寝室は、まさにただ寝るためだけの部屋なのである。それに掃除が簡単でもある。こんな寝室であっても、我々の寝室よりも進歩的な点がひとつある。それはこの寝室へのドアがひとつしかないこと、だから他人《ひと》が用もないのに部屋を通っていく、つまり部屋が廊下がわりに使われるようなことはまったくないという点だ。朝になると、家族の者全員が同じ時間に階段を降りて下階の部屋に集まってくる。乳幼児もまた下に連れてこられ、日中はこのままずっとこの居間で、母の傍で過ごす。

またどの住居も家族全員が食事の時に集まって周りに座れるテーブルをもつ。すなわち、農民の家と同じである。こんな当り前のことをいうのはウィーンでは、今日たった二十パーセントの市民だけがこうして食事ができるからである。ではいったい残りの八十パーセントの市民達はどうしているのだろうか？　そう、家族のうち一人はカマドの傍に座り、もう一人は手に丼を持っている、そして三人はテーブルの傍に座っている、そして残りの者達は窓枠に腰かけている、これがそうした家族の食事の光景だ。

さて、かくして自分達の住居を持つことになった家族には、農家のテーブルと同じように、居間の隅にそうしたテーブルがなければいけない。農民と同じようにである。これだけで、住居の中に素晴しい革命が起こることだろう!

だがこのテーブルについては賛成、反対と、さまざまな意見が聞こえている。「駄目、駄目、そんなことは我々はもうしなくなったのだから。そうそう、それと同じものを田舎の農家で見たことがある。そこでは、家中の者がテーブルを囲んで、ひとつの同じ皿から食べていたものだ。我々はそんなことに慣れていないものだから、見て驚いたものだ。我々は銘々、それぞれの皿で食べるのだから」。これを聞いていたある心配症の父親はこう言う。「なんだって。皆がテーブルを囲んで、食べるっていうのか。そんなことになったら、子供達が街の酒場に入り浸りになってしまうよ!」

そこで私は、そうしたテーブルがもつ意味を語り出すのだが、それを聞いて人々は大笑いをする。私も一緒に笑うのだが、心の中では、この人達は何も分かっていないのだと、泣く。

こうしたテーブルの是非についての論議はもう止めにしよう。だが、家族全員で一緒に朝食を食べれば、お金を節約することができるといった点については、誰もが合点がゆくことと思う。ところがウィーンの朝食——カマドの傍に立ちながらの一杯のコーヒー、それにパン。その半分は階段を昇り降りする時に食べ、残りの半分は街の通りで歩きながら食べる——こんな朝食では、午前十時になったらグラーシュのスープが欲しくなる、すなわち空腹を一時しのぎにまぎらわすのである。またそのグラーシュのスープにはパプリカが沢山入っているものだから、じきに喉が渇き、ビールを飲むことになる。この午前十時の食事は、イギリス人やアメリカ人はその名前さえ知らないものだが、我々はフォーク《ガーベル》を使った朝食《フリューシュトゥック》と呼んでいる。何故そう呼ぶかといえば、ナイフとフォーク《ガーベル》を使って食べるからだということは明らかである。とはいうものの必ずしもナイフとフォークを使って食べることもない――「だが、後に残ったソースをどうやって食べるというのだろう⁉」

　勤めにでかける父親が、家で朝食にブラック・コーヒーだけで満足しなければいけない限り、そうした第二の朝食はとらねばならないだろう。だが家の主婦なら、その第二の朝食に支払うお金でもって、家中の皆にアメリカ風な朝食を作ってやることができるし、そうした朝食をとれば満腹し、昼食まで何も口にする気にはならなくなる、といったことはすぐ分かるだろうと思う。アメリカの家庭では、朝食は最も素晴しい食事の時間である。十分な就寝の後だから、すべては新鮮に見え、食事する部屋も風が通されており、また暖かく気持良い。テーブルの上には沢山の食事が用意されている。まずリンゴを食べる。それを食べ終ったら、母親が皆にオートミールを分ける。これは素晴しい食物で、アメリカが偉大になったのも、そして福祉国家になったのも、それにエネルギッシュな人達が多勢いるのも、みなこのオートミールのお蔭だと言ってもよい。もっともそのオートとは燕麦《カラスムギ》を意味し、またミールとは食事のことだと私が教えると、ウィーン市民達はなんだかがっかりしたような顔をする。けれどもウィーンの郊外のレストランなどへピクニックがてらに出掛けてきた人達に、アメリカ風に料理した燕麦の粥を出したらいいと思う。そうしてウィーンの市民全員が燕麦を食べるのが好きになったらよいと思う。我々が常日頃、自慢している美しい馬は、この燕麦の餌を喰べた結果といってもいいが、これらの馬は我々にとって何の役に立っているというのだろうか！　我々人間もまた、「冷静な」頭と表情豊かな顔を持ちたいものである。

貧しくとも、金持でも、アメリカの家庭では、朝食のテーブルにこのオートミールは欠かせぬ存在である。他の食べ物については、例えば安い魚か、あるいは高価な仔牛のカツレツにするかといったことは、それぞれの家庭の事情による。それに無論、ティーとパンは必ず出される。とはいえども、おかしなことは、このティーとパンが昼食にも夕食にも出されることである。

ところで昼食はというと、これは全く簡単に済ましてしまう。父親は勤めに出ていて家にはいないし、母親も午前中は家の中を掃除したり、片付けをするのに忙しい。お手伝いさんが家にいないからである。そしてこのお手伝いさんが家にいないことから、食事の仕度は居間でやることとなる。というのは、主婦には自分の時間を厨房においてではなく、居間で過ごす権利というものがあるからである。

だがこのようなことが可能となるための条件としては、食事の仕度という仕事が二つの作業にきちんと分けられている、ということが必要である。ひとつは火を使う作業、つまりカマドで煮炊きする作業であり、もうひとつは、料理の下拵えなどの準備作業と食器洗いなどの作業である。はじめに指摘した煮炊きする作業は、カマドが置かれる居間において行なう。無論、このためにはカマドの存在が住まい手にあまり気にならないように、その配置の仕方やかたちについては十分注意する必要がある。

アメリカでは、こうした問題を解決するために、なんといろいろなやり方が工夫されていることだろう！　最近私はある雑誌において、そうしたことを示す一枚の写真（むしろ二枚の写真というべきか）を見たことがある。一枚目の写真は、壁が奥まったアルコーブのクック・テーブルに収納されている状態を示し、二枚目の写真は、その同じ場所に仕事机があることを示すものだ。それは同じ壁のアルコーブなのである。つまりボタンを押すとまるで町の掛け小屋の回り舞台のように、必要に応じてそれが電動仕掛けで動くようになっているのである。

だがこのように居間にカマドを置いて煮炊きするようなことが可能となるためには、それを可能とする技術というよりも、それ以上のものが要求される。例えば、火を使って料理するのを真近に見て、なんの驚きを感じない人間が要求されるのである。我々は皆、火を使って料理するのを真近にして、やや恐怖感を抱くが、こうした感覚は農民やイギリス

集合住宅内の居間食堂。ウィーン郊外の低所得者層のための集合住宅地フリーデンスシュタット，アドルフ・ロース設計，1921年。

人、それにアメリカ人にはないものだ。だから我々は、食事をする客の目の前で料理が作られるような食堂が、ホテルの中で最近続々と登場する現実に、目を白黒させるばかりである。こうした食堂は戦時中、本来の外来語としての英語でなく、ドイツ語《ロストラウム》で呼ばれていたが、今では再び本来の英語でグリル・ルームと呼ばれるようになっている。郊外の集合住宅地に住むようになる新たな住民には、そうした部屋が与えられることとなろうが、グリル・ルームという名ではなく、居間食堂《ヴォーンキュッヘ》あるいは料理部屋《コッホツィマー》という名で呼ばれることとなろう。そしてこの部屋はイギリスの貴族の居間のように気品がそなわるだろう。あるいはオーストリアの農民の居間のように、ワイワイガヤガヤのなごやかなものとなろう。

このように郊外の集合住宅地に移り住もうとする者は、学び直さねばいけない。いままで住んでいた都市の賃貸住宅における住まい方を忘れ去らねばいけない。都市から郊外に移り住もうとする者は、農民を訪ねて教えを乞わねばいけない。そしてその農民達がどうやっているのか、しかと見ることだ。我々は住まうことを学ばねばいけない。

シカゴ・トリビューン新聞社社屋——柱《コラム》としての建築

設計するにあたって設計者が特に注目し配慮した点は、「世界で最も美しく、最も印象的な事務所建築を建設したい」という設計競技の応募要項中に謳われている点である。これは言い換えれば、絵なり写真なりで、あるいは実際に一度でも眼にしたら、決して記憶から消えることがない建築物を建設したい。またサン・ピエトロ聖堂のクーポラとローマ、あるいは斜塔とピサの関係と同じように、シカゴという都市のイメージと永遠に切り離すことができないようなモニュメントを建てたい。それに「シカゴ・トリビューン」紙とすべての知的市民達とを強く結び付けることができるような建物を建設したい、ということになろう。

ではいったい、こうした意図はどうしたら達せられるのだろうか？　世界で最も高い建物を、あのウールワース・ビルより高い建物を建てればいいというのだろうか？　四百フィート以下にするという建物の最高高さを規定する高さ制限が謳われているから、それは不可能というものだ。では周囲に立つ建物より低い建物を建てるといった「ニューヨーク・ヘラルド」社屋や「モーガン・ビル」と同じトリックを使えばいいのだろうか？　設計競技の応募要項中に謳われている課題主旨からすると、そうした二番煎じもやってはいけないのだ。では、ドイツやオーストリア、フランスの建築家達が使いたがる一八四八年に流行ったベルリンのキュービスムやベルギーにその端を発する、伝統とは無関係な新しい建築形態を選べばそれで事足りるのだろうか？　そう、そのような伝統とは無関係な形態というものは、たとえ出現したとしても間もなく否定され、また新しい形態がそれに代わって登場するのは目にみえていることである。つまり、そうした建物の所有者は、自分の建物が時代遅れなものになったことにすぐ気が付くことになる。そうした形態は婦人の帽子と同じように、目まぐるしく変わるものだからである。

こう考えてくると、ひとつの典型としての、アメリカ的な超高層ビルを建てるしか他に方法がないといえよう。だがここで考慮に入れておかねばならないことは、超高層ビルの建設ブームが起きた初期の頃には、代表的な超高層ビルなら誰でも簡単に見分けることができたのだが、今日では既に、一般の市民にとっては、絵か写真を見て、その建物がサンフランシスコに立っているのか、それともデトロイトに立っているものなのか見分けが付かなくなってしまっている点である。

こうした点を十分考慮して、設計者は建物の設計にあたって柱の形態を選択した。独立して立つ巨大な柱なるモティーフは、なにもこれが初めての試みではない。あのローマに立つトライアヌス帝の記念柱は、パリのヴァンドーム広場に建てられたナポレオンの戦勝記念柱のモティーフであった。

こうしたアイデアに対し、いったいその中で人が住んだり、活動するような柱を建てることは許されることだろうか、といった建築的、美的な疑念が直ちに湧いてくる。こうした疑念に対しては、メトロポリタン・ビルが古代のマオウソロ王の霊廟をモティーフとし、それにウールワース・ビルがゴティクの教会の尖塔をモティーフとしたことからも分かるように、超高層ビルのこれまでの最も素晴しい造形モティーフは、同様に人がその中で住んだり、活動しないモニュメントであったのであり、これに対しては今日まで誰も疑念を抱いたりはしなかった、と答えておかねばなるまい。

それにしても、私のこうした考え方を公表するということは、私にとって大きな犠牲となることは確かだ。というのは、他の建築家にはなんの問題もなく許されることが、徹底した厳格さでもって名をなした私の場合においては、私が標榜してきた基本的な考え方から逸脱したという誹りを免れ得ないからである。とはいえ、私はそうした私の基本的な考え方に決して反してはいないし、私の応募設計案には十分自信を持っている。私自身、単に建築家であるに止まらず、文筆家でもあり、近代的な芸術雑誌の寄稿者でもあり、それに若い頃には、ニューヨークの新聞でジャーナリスト（芸術評論家）として働いた経験があるといったように、新聞社の仕事とは少なからぬ関係を保ってきた私は、新聞社の社屋の設計にあたって、いったいどの程度まで建築造形的な扱いができるのか、といった点についてはよく心得ているつもりだ。この私の設計は「シカゴ・トリビューン社」に相応しい案であると胸を張って言える。だがこれがもっと小さな新聞社のためのものであるとし

シカゴ・トリビューン社計画案。アドルフ・ロース設計，1922年。

たら、不遜というものだ。

私の計画案に対して非難があるとしたら、その殆どは、その無装飾性に向けられてのものだと私は思う。従来の装飾というものは否定され、それに代わるものとして高貴なマテリアルが登場するだろうという、私の年来の主張は、ここでは壮大ともいえるかたちで実践されている。すなわちここではたったひとつの種類のマテリアル、磨かれた黒い花崗岩しか使用されていない。

それにしても、この柱が有する効果を伝えるには、どんな図面表現でも不可能というものだ。キュービックな形態である低層部分の平滑な磨かれた面と、これと対称的に柱部分の深く彫り込まれたフルーティング《溝彫り》は見る者を圧倒しないではおかないだろう。そしてそれ自体、この近代の退屈な時代にあって驚きとセンセーションをまき起こすことだろう。

この建物は高さ制限によって規定された高さより高くはないが、柱頭上部のアバクス（冠板）がもつ遠近法的な効果によって、実際よりもよほど高く見えることになろうと思う。

またこの計画案においては、空間を贅沢に使った。天井高の高い入口玄関ホールや広くゆったりとした階段等と考えていけば了解されるように、象徴的《モニュメンタル》な効果は空間を贅沢に使うことによって獲得されるといえよう。また建物の品格といったものも、建物のケチケチした使い方によって生まれるものでもなく、まさにこの逆のことをすることによって、人々の脳裏に焼き付いて離れない強い効果が得られることに、一度考えを巡らせていただきたい。こうしたことは「ニューヨーク・ヘラルド社」の建物や「モーガン・ビル」が証明しているところでもある。

また巨大な柱が乗った低層部分と隣接する既存建物との間の部分、いわば正面入口から見て建物後方の部分はれんがとテラコッタ仕上げとするが、ただ屋階に立つ列柱とその上の桁・コーニスについては、他の主要建物部分と同じ材料《マテリアル》とする。この新しい建築物が周辺の建物群の中にうまく溶け込むには、この方法が最良だと思う。

それと、正面入口部分の二本の柱の上部にある巨人像についてだが、これはシチリア、アグリジェントのゼウス神殿を支えていた巨大な男像柱や、アテネのディオニュソス劇場にあるうずくまる像などを参照してこれに拠っている。

また建物の最高高さを四百フィート以下にするといった現行の高さ制限が将来なくなった折には、柱状の主要建物の上部に、古代ローマの護民官《トリビューン》の座像を配置してもいいと思う。

こうした巨大な柱というものは、これまでローマ様式のものに限られ、ギリシャ様式のものでは実現したものがなかった。これについては、なんとかしたいといった気持が従来、建築家達にあったのだが、長い間実現に至らず、やっとここにおいて日の目を見たといえる。

巨大なギリシャ・ドリス様式の柱は、いつかは建てられるものである。たとえシカゴでなくとも、他の都市において。また、たとえ「シカゴ・トリビューン」新聞社の社屋としてでなくとも、他社の社屋として。それに、たとえ私の手になるものでなくとも、他の建築家の手によって。

アーノルト・シェーンベルクと同時代人達

「『グレの歌』と最近作曲された曲！　そのあまりに大きな相違には、いったいなんと説明がつくというのだろう？　シェーンベルク[1]が本当に晩年の黄金の活動期に入ったとするなら——これは疑いようもない事実だが——、今日のシェーンベルクと『グレの歌』との関係は、いったいどうなるのだろう？　シェーンベルクはこの歌を、若気の至りの作品だと否定する必要がないのだろうか？　だが最近、これと逆のことを知った。こともあろうに、シェーンベルク自身がその歌の演奏会にでて指揮棒をふったのだ。それも楽譜も見ないで指揮したのである。この矛盾をどうぞ私達に説明して下さいな！」

　音楽を愛する皆さん、貴方達の考えは間違っている。シェーンベルクがそれらの曲を作曲したことには、疑いをさしはさむ余地はない。街の職人が作曲したものでもないし、画家が作曲したものでもない。靴職人が作曲したものでもないし、また他の音楽家が作曲したものでもない。同じ作曲家がこんなにも作風の違った曲を作る、といった音楽ファンが指摘する点は、作曲家に潜在するものである。否、作曲家に限らず、ものを創り出す者すべてに潜在するものである。靴職人が十年前に作った靴はとても素晴しいものであった。何故、靴職人が今になってその靴を作ったことを恥じる必要があろう？　何故、今、それを作ったことを否定する必要があろう？「そんなくだらないものを見ないで下さい。十年前に作った私の昔の作品ですから！」といった言動は、建築家だけにしか言い得ない言動である。もっとも、ご承知のように私は建築家というものを、人間の一員として加えていないのだから、それもいいが――。

職人は形《かたち》というものを無意識のうちに、つくりだすものである。形《かたち》は伝統をとおして継承されるのであり、職人が年齢を重ねると共に、形《かたち》も僅かずつ変わることが認められるが、こうした形《かたち》の変化は、職人の意志とは無関係なのだ。それに職人に靴を注文する客も変わっていく――年齢を重ねる――のだが、この客が職人に形を変える契機にもなるのである。といったように、消費者にも、生産者にも意識されない相互作用があるのだ。かくして職人がその晩年に作る靴は、若い頃作ったものとは相違する。これは職人が書く字が、五十年も経てばまったく変わってくるのと同じことである。そして職人が書く字ばかりでなく、あらゆる人々が書く字が同じように変わっていくのとまったく同じことであり、また昔から時代を経るにつれ人々が書く字が同じように変わってきたこととまったく同じことでもある。だからこうしたことから、字の形を見ればその字が何世紀に書かれたのかが推測することができるほどである。

芸術家の場合、これとは事情が違う。芸術家には注文主が存在しないのである。注文主が存在するとすれば、それは芸術家自身であるといえる。

芸術家の処女作とは、常にその環境と意志の産物であろうと思う。そして本当の耳を持ち、眼を持つ者にとっては、そうした芸術家の処女作において、その芸術家の生涯の全作品が内在していることをみてとれるのだ。

ワニ達は人間の胎児を見て、「これはワニだ」と言う。人間達は同じ胎児を見て、「これは人間だ」と言う。

『グレの歌』を聴いてワニ達は、「これはリヒャルト・ワーグナーの曲だ」と言う。ところが人間達は曲の出だしを聞けば、たちどころに、聴いたこともない新曲だということに気付き、「これはアーノルト・シェーンベルクの曲だ」と言う。

こうしたことは、いつの世になっても変わることはない。どんな芸術家でも、その人生はそうした誤解に晒されてきたものだ。芸術家に最も個性的なものは、同時代の人達にとっては理解しかねるものであった。同時代の人達はそうした芸術家の神秘的な面を、なにか見慣れぬものとして感じ取るのだろう。はじめはそれと相似《アナロジー》するものを見つけて理解しようとする。だがそうするうちになにか新しいもの、芸術家の自我といったものがはっきりと意識されるようになると、自分が劣っているということに気付き、そうした自分を

左よりココシュカとシェーンベルク夫妻とロース。ベルリンのバーにて。1927年頃。

大げさに笑い飛ばすことでごまかそうとする。

我々はレンブラントの作品については、子供の頃の作品でも高く評価している。レンブラントは当時一世を風靡した画家であった。ところがあの「夜警」の絵を描いたのである。人々は驚きどよめき、「何故、今になってあんなに前とは違った絵を描くのだろう？　……あの絵は、あの有名なレンブラントのものではない、身の毛がよだつような代物だ！」と口々に言う。当のレンブラントはというと、これには自身も驚き、人々が何を思っているのか、とんと合点がいかない。人々が見たものが、レンブラントには見えなかったのである。レンブラント自身、なにも変わっていないし、新しい突飛なものを描いたわけでもない。――かくして人々がそのレンブラントの絵に共感を抱くようになるまでには、その後三百年を要した。

確かに、それは新しく変身したレンブラントではなかった。ただ前よりよくなった、より偉大にそしてより力強くなったレンブラントであったのである。ところで、レンブラントの筆使いについては、その同時代の人達はレンブラントの絵を見て鋭く嗅ぎ分けたものだが、レンブラントの画集をペラペラとめくって見る後世の人々には、それがまったくできない。少年の頃に描いた画に、既にレンブラントのすべてが内在していることも。それでもレンブラントの絵の革命的な面が、こうも矛盾なく人々に受け容れられるようになったのは如何にして可能だったのかと、我々は驚きをもって自問するのだ。だがいずれにしてもワニにはワニだけしか見えなかったのである。

さて、もっと別の例をあげて話さなければいけないだろうか？　例えば、ベートーヴェンの作曲家としての生涯を？　その第九交響曲は、当初つまらぬ曲だと人々に槍玉にあげられたが、聾になってしまったベートーヴェンが作曲したものだから、それもいたし方あるまいと片付けられたという事実があったことを、もう忘れてしまったのだろうか？　またもし当時、フランス人達がこの「気が狂った」ドイツの大作曲家を擁護しなかったとしたら、この曲も多分、永遠に忘れられた存在になってしまったであろう、という事実をもう忘れてしまったのだろうか？

アーノルト・シェーンベルクの同時代人達が何故、シェーンベルクのやることに首を傾《かし》げ、理解できなかったのか、これを人が首をひねって不思議に思うようになるまでには、多分、数百年を要するだろう。

近代の集合住宅

私がこれからお話ししようとすることが、この講演会場にお出での皆さんの考えている集合住宅というものと完全に一致するものかどうか、私には分からない。というのは、私はシュトゥットガルトにおいて、ある集合住宅に案内され見てまわったことがあるが、私が今日、集合住宅としてお話しするものと似ても似つかぬ集合住宅であったからだ。私がそこで見たものは、たいへんに美しい市民的住宅が立ち並んだものだった。だが、私がこれからお話ししようとするものは、工場で働く労働者のための住居のことである。

一八六〇年代のこと、ドイツのライプツィヒに、ある人道主義的な医者がいた。ダニエル・シュレーバーになる医者である。この医者は労働者階級の子供達の健康状態が悪いことに気付き、親達が話し合って、そう十から二十家族が都市郊外にある小さな芝生が生えた土地を共同で借り受けたらどうかと考えた。そして、その芝生を子供の遊び場とする。

またその周りに親達はそれぞれ小屋を建て、夕方仕事を終えた後、皆揃ってその小屋で憩うようにする。そうすれば、都市の貧しい悲惨な街で夕方を過ごす必要もなくなり、父親も家族から逃げるようにして近くの居酒屋に入りびたりになることは避けられるのではないかと考えた。

こうした医者のアイデアは実現される運びとなった。だが実際に何が起きたかというと、父親は鋤を手にとってその芝生を耕し、子供の遊び場を破壊し、野菜や木を植えたのである。それはいわば破壊する事への純粋に悪魔的な喜びからそうしたのである。父親は子供達から遊び場を奪い取っても平気であったのだ。ここで問わねばならないことは、この父親はなんと奇妙な悪魔に魅入られたことか、ということだ……。

人間の仕事はいずれの仕事にせよ、二つの部分から成っている。いずれの仕事でも、ということではない――その表現は誤りだ――、だが殆どの人間の仕事は二つの部分、すなわち、破壊、そして建設するということ、この二つの部分から成り立っている。そしてこの破壊という部分の占める割合が多ければ多い程、極端に言うと、人間の仕事が破壊という行為だけで成り立っている場合は、それは本当に人間的な仕事、自然な、高貴な仕事ということとなる。ジェントルマンという概念は、次のごとくでしか、他に説明のしようがない。つまりジェントルマンとは、破壊という助けを借りてのみ、仕事をする人である、と。ジェントルマンは、農民達からの食糧を仰がねば生きていけないからである。農民は破壊的な仕事しかしない。そして低級な仕事をする人、普通の、そして人が嫌う汚れた仕事をする人に栄光があるというものだ。鉱山に働く人、太陽の光から遮断されつつ、この最も低級な仕事をする人、この鉱夫はつるはしを手にもって、母なる自然の大地から一片一片、鉱石、塩、あるいは石炭を採り出す。特にドイツの詩歌においては、この鉱夫は他の誰よりもまして、最も高貴な種類の人間として讃えられているようだ。これに対しフランス人はこの鉱夫という者の存在を、ドイツの人のように詩歌において讃美するというようなことはしない。

だが社会主義思想家で政治家でもあったジャン・ジョレスが死んで、パリのパンテオン内の霊廟に葬られる葬儀の時のことだが——私はたまたまその場に居合せた——、故郷から多数の鉱夫達が葬儀に呼びよせられた（ジョレスは鉱業が盛んな地方の出身であった）。多数の鉱夫達は棺が納まっている巨大な葬送台を霊安室からサン・ジェルマン大通りを経て、パンテオンまで担いでいったのである。その葬送台は高さはおよそ十メートル、大きさは私が今話しているホール位の巨大なものであった。こうして棺を担いだのは鉱夫達であったわけで、馬の姿はどこにも見られなかった。見物の人達は、この奇妙な葬儀の列に狂喜した。それは、また今まであったうちで最も大きなそして感動的な国民的行事であった。百万のパリ市民が「戦争を止めよ」と叫ぶ叫び声で街中が満たされた。棺を担いだのは鉱夫達であって、洋服屋でもなく、靴屋でもなかった。

貴族は農民から食糧の供給を受けねば生きていけないが、その農民は鋤でもって大地を掘り起こし、そして種を蒔く。やがて鎌でもって永遠なる自然の恵みを収穫する。そしてその場合、建設的なことは一切しないのである。農夫が刈り入れする姿を、皆さん誰でも見たことだろうし、そして自分もまた鎌を手にとって報酬なぞ問題にしないで、その刈り入れの手助けをしたい衝動に駆られた経験があることだろう。また同じように皆さん誰でも、鋤を手にとって大地を掘り起こしたい気持に、あるいは街路の清掃人から箒を奪いとって、街路を清掃する気持に駆られた経験もあることだろう。また皆さん誰でも、なにかものを壊したい気持に駆られた経験があることだろう。そしてれんが積み職人——私も公式証書に、この職業に属していると登録されているが——にとっては、斧でもってれんがを壊し、それを踏みつぶすことができた日に幸せな気分に浸れるのだといえよう。十二時に笛が吹かれるか、あるいは鐘が鳴らされるかして昼休みの時間が告げられると、れんが積み職人達はちょうど手にしていたれんがを元あった所に戻して、食事にかかる。だが斧でもってれんがを壊していた職人は、同僚達に呼び止められることはない。他の同僚達は、食事をとりに既に食堂の中に入っていたからである。そしてその職人を見ると少しの間そこに居残って、れんがを満身の力を振りしぼって、こなごなにしようとしている。

また洋服の仕立屋は鋏でもって裁断する。それは洋服の仕立屋の仕事のうちでも、品の良い人間的な部分である。そして布地を裁断すると、次の仕事は裁縫だ。あまり愉快ではない、根気が要る、非人間的な仕事、つまり建設的な労働である。我々は、今日では裁断師と裁縫師とがいることを知っている。裁断師はその破壊的な仕事故に、ある社会的地位を得ているが、裁断テーブルの上にあぐらをかいて座ってただ裁縫をするだけの人は、そうした社会的地位を得ていない。

さて、私はここまで何をお話ししてきたのだろうか。そう、仕事の分業の始まりのことである。こうした分業によって、ある階級の人達全員が、ただ建設的な仕事だけをするように宿命づけられることとなったわけだが、こうした人達は精神的に破滅していくに違いないだろう。

かくして子供達の遊び場を破壊した父親は、人間自身を救う衝動に駆られてのことというわけである。

ところで、都市の郊外にそうした小さな庭《シュレーバー・ガルテン》を所有する労働者が、この庭のすぐ近くに住むようになる。すなわちそこに自分の家を建てるようになるのだが、これもごく自然の成行きであろう。ここで私はひとつのおかしな主張をすることとなる。すなわち家と庭とを所有する権利をもつのは、すべての労働者ということではなくて、庭をもち、それを耕したい強い意欲をもつ労働者だけに限られる、と。多分、皆さんの中には、労働者があたり一面芝に埋め尽くされ、バラの花が咲き乱れる小さな庭をもつことに、そんなに厳しく禁ずる理由はどこにもないのではないか、と反論する方もおいでだろうと思う。だがこの点に関して、私がそれほど厳格にしなければ、近代精神は守れないように思う。十八世紀における最も近代的人間であったルソーは、例の教育小説『エミール』において、当時の——すなわち百五十年前の——青少年をいかに教育すべきかを描いている。エミール少年には一人の家庭教師がつき、この家庭教師が少年を最も近代的な方法で教育するのである。だが、そうした教育方法は今日の我々にとって滑稽とも思える。それは近代の概念からすると、ひとりひとりの少年に家庭教師をつけて教育することなど不可能な話であるからだ。子供達は学校で授業を受けるようにしなければいけない。自分の子供を学校に通わせず、一人の家庭教師、あるいは多分二人の、それとも三人の、否、四人もの家庭教師かもしれない。いずれにしても家庭教師をつけて教育を受けさせるのは、近代の精神に反するというものだ。近代精神とは社会的精神である。反社会的精神は断じて近代的精神とはいえない。これとまったく同じことで、自然と親しむ喜びというものは、個人の人間が庭を所有することで、それでよしと満足し得るものでもない。ひとりひとりの人間に庭を、あるいは一本の木でさえも分配することなど、今日の我々にとって無理なことである。子供達が学校に通わねばならないのと全く同様に、人間誰しも戸外の自然に親しみ、これを享受せねばならないことは確かだが、そうするには公園や森へ行けばよい。こうした理由から、個人がそれぞれ庭を所有することは、反社会的なことであるといいたい。

こうした考え方には、今日ここにお出での皆さんの中には理解しかねる方もあるかと思うが、五十年なり六十年後にはまったく当り前の考え方となって、このようなことは話題にもならないようになると思う。私のように革命を避けたいと思う者、ないし進歩主義者は、個人がそれぞれ庭を所有するということが、今後、社会を扇動するひとつの要因となるに違いないということを、常に頭の中に入れておく必要があるだろう。そしてこれに同意しない者は、将来、革命あるいは戦争が勃発するようなことがあったなら、これに責任の一端を負わねばなるまい。

さて、庭を所有するのは、それを菜園として耕したいという強い意欲をもつ人間だけに限るべきだ。すなわち都市郊外にシュレーバー・ガルテンを所有する労働者に限るべきだと、私は前にも述べた。それにしてもこうしたシュレーバー・ガルテンを所有する労働者は幸福だ。日々の厳しい労働で疲労困憊した身体を癒すすべをもっているからである。精神的にも再び人間的に回復することができるからである。だがシュレーバー・ガルテンを所有する、あるいはそれを菜園として耕すこと、これがすべての人達に可能というわけではない。こうした菜園に携わることを不可能とする職業も多い。例えば、精密機械工は鋤を手にしてはならない。そうすれば手を傷めてしまうからである。またヴァイオリンの演奏家も鋤を手にしてはならない、同様に手を傷めてしまうからである。同じように多くの精神労働を要求する職業は、シュレーバー・ガルテンの所有者としては不適格である。だから私はウィーン市の集合住宅局の主任建築家として主張したことは、庭付住宅を所有することが許されるのは、庭を菜園として耕すことができることを長年実績として示し得る者に限るということであった。というのは、皆誰でもそうしたいのだが、本当にそうできるのはごく少数の人達だけに限られるからである。だが八時間の労働を終えた後でも、自由意志によって、なおも食糧を栽培し収穫することを誠実に実行する人達には、庭付住宅を建てる可能性だけは確保してしかるべきである。その場合、そうした庭付住宅は公的資金でもって建てるべきではない。それはこの人間社会において、甘い汁を吸う寄生者があってはならないと思うからである。私の考えでは、こうした資金問題を明快にするためには、土地については公庫が融資した金でもってこれを獲得するが、住宅は自力でもって建てるべきだと思う。こう主張すれば、無論、持ち家制度を否定する社会民主党と私との間に軋轢が生じるだろう。だがそんなことは、私にとってどうでもよいことだ。私はもともと特定の政党に属さない主義の人間である。

それとまた私の考えでは、労働者達にも二つのタイプの人間があるのではないかと思う。ひとつは週給の一部を手にして市場に野菜を買いに行くタイプの労働者、もうひとつは野菜栽培などの庭・畑仕事に大いに喜びを感じ、そうして得たお金を貯金するタイプの労働者、この二つのタイプの人間がいるとすると、後者のタイプの労働者が住宅を自分のお金で建て、貯金を庭づくりに費やすことを誠実に実行することとなるであろう。

ではそうした集合住宅地の住宅は、いったいどのような形態をとるべきであろうか？

まず庭の問題から始めるとしよう。というのは、庭が最も重要な点であって、住宅は二の次だからである。さて、その庭はできるだけ小さなものでなければいけない。一人の住人が庭・畑仕事で手に負えるのは、どう考えても最大二百平方メートルの広さであろう。庭の広さがたった百五十平方メートルの広さであったとしても、むしろその方がいい。というのは、庭は大きければ大きい程、庭・畑仕事の方法はそれだけ非合理に、そして非近代的になるものだからだ。庭が小さければ小さい程、より経済的に、そしてより近代的に庭・畑仕事が進められるというものだ。大きな庭は、庭・畑仕事における進歩の敵だと言っていい。そして例えば「羊のために草地が必要だ」とか「ジャガイモを植える必要がある」といった、この庭の広さに対する住人の苦言は許されない。そうした羊のための乾草は買ってくればいい。ジャガイモにしても買えばいい。というのはジャガイモを大きくして収穫するには、丸一年の歳月を必要とするから、これをしたら、こうした庭に必要な多毛作が出来なくなってしまうからだ。庭・畑仕事が合理的になればなる程、一年の収穫回数も多くなるというものだ。我々の気候では、その収穫回数は十～十四回にしなければ駄目だ。となると、皆さんはこうした庭・畑仕事がどんなに大変なものか、十分想像できるのではないかと思う。

またこうした庭をもつ集合住宅地の住人は、気候や土地、その敷地自体とは無関係である。ドイツ、ブレーメンの偉大な庭園技術の改革者であるレベレヒト・ミッゲが語った言葉に、「土地と気候というものは、庭・畑仕事をする人自身がつくりあげるものだ」というのがある。これはおかしな逆説的な言である。だが、土地に関して言えば、土地それ自体では、つまりこれに手を加えることをしなければ庭・畑仕事には適さない。何年にもわたって肥料をまき、新しい土と腐植土を加え、土地が肥沃になってはじめて、役に立つ土地になるのだ。ということは皆さんも当り前だと納得されることと思う。パリの花屋は、パリという都市が発展・拡大する度に、常に郊外へ、郊外へとその花庭を移さねばならないのだが、その場合、家財道具等の全財産と一緒に、土をも車に乗せて引越しをするのだ。クロポトキン公も、そうした引越しの場合、それまでの庭の腐植土をわざわざ製粉所に運ばせ、そこで細かくして、これを新しい庭に使ったという。

だが、土地に関してはそうだとしても、気候はどうだろうか? ご承知のように、太陽は庭にとって最大の敵である。太陽はこれまで多くの災害をもたらしてきた。チグリス河とユーフラテス河にはさまれたメソポタミアの地からシリアやヨルダン、エジプトへと連なる地域、そしてアフリカ北部の全地域は世界中でも最も素晴しい楽園のような美しい地域であったが、太陽の光の犠牲になってしまった。不毛の地になってしまったのである。しかしアラブ人達はこれに対処する方法を知っていた。何千年もの庭園文化の伝統を誇るオリエントでは、庭園の周囲に塀を廻らし、風や太陽の強い日差しを避けたのである。

ウィーン郊外の集合住宅計画。庭側の景観。アドルフ・ロース設計，1920年。

間口7メートルの集合住宅計画案。アドルフ・ロース設計，1921年，ウィーン郊外ヒルシュシュテッテン。

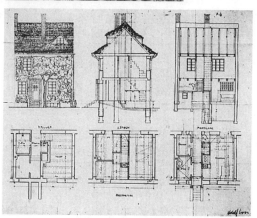

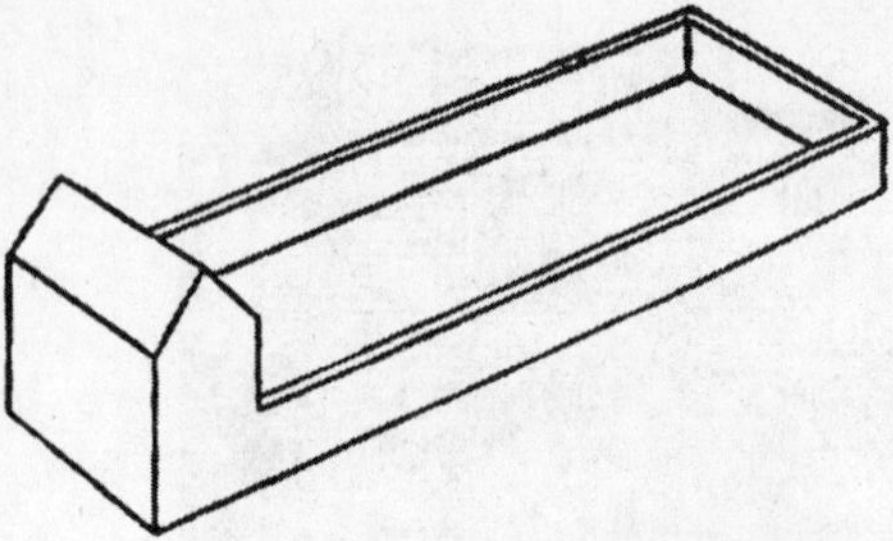

さて我々の集合住宅地の住人達は、そうした問題をどう解決したらいいのだろうか？　ひとつの解決案は、上図のごとく敷地の周りに、つまり庭の周りにそうした塀を廻らすことである。

家庭の主婦ならだれでも、風通しがよいところでは、洗濯物がはやく乾くことは知っている。だが、洗濯物がはやく乾くことなど庭をいじる者にとって必要ではない。庭には湿った温かい空気が欲しいのである。土がすぐ乾燥してしまうのであったら、仕事が何倍もの量になってしまう。土は常に湿気を含んでいなければいけない。そうでなければ土中の微生物は死んでしまうのだ。というのは、土を微粒子にする仕事を黙々と続けるのがそうした微生物で、庭の土にとって不可欠な存在物だからである。いわば例のクロポトキン公が庭の土を運ばせた製粉所と同じ機能を有するものだと言ってもいい。

ところで例のミッゲは、昼の十二時ごろには太陽の光が庭全体を照らすように、つまり太陽の高度が最も高いこの時間帯に、庭に陰をつくる部分がないようにしなさいと言う。

そうすれば庭のどの部分においても、均等に太陽の光の恵みを受けることができる、というものだ。こうしたことから導き出せる結論は、左上図に示されるごとく、庭の部分はすべて北向きに配置しなければいけない、ということである。

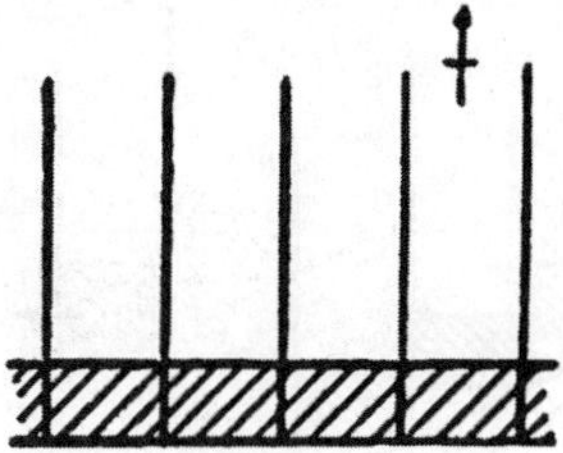

こうすれば、昼の十二時ごろ、どの庭にもさんさんと太陽の光が輝くこととなる。そしてこの庭をはさむように両側には塀が立っている。また二人の住人が本来なら別々の庭であるところを、中央にくるべき塀をなくしてそれを一緒にして、ひとつの庭として使うといった場合には、一方の人の庭は朝方太陽が昇って塀の陰の部分になったとしても、隣の人の庭は太陽の光をいっぱい受け、夕方になるとこうした関係は逆になる、といった具合となる。こうした塀には、果実を実らせる蔦状の植物が植えられ、塀を這う。

また樹木についていうと、樹木は庭にはいっさい植えてはならない。樹木というものは非社会的なものである。樹木は、陰を欲しいという当のものには陰を落とさず、その欲しいというものの隣に陰を落とすからである。そして庭の樹木は不幸をもたらし、隣同士の喧嘩の種ともなる。またドイツ人には樹木を伐り倒すことを嫌がる傾向がある。この点ドイツ人は、果実の収穫が減ってくるとどんな樹木でも伐り倒してしまうアメリカ人とは違う。皆さんが、ライプツィヒという都市の郊外を通りがかるようなことがあれば、沢山のシュレーバー・ガルテンが目に付くことと思う。そうした庭は、果樹が生い繁っており、庭を埋め尽くさんばかりの様相を呈しているが、その殆どは実がならず、収穫がないのだ。それらは、もはや庭といえるようなしろものではなく、その庭から得るものは何もないのである。そうした庭には、たいていはプラムの木かリンゴの木が植えられており、もっとさまざまな庭・畑仕事ができるはずのシュレーバー・ガルテンは、そうした樹木に占拠され、他に何もする余地がない。こうなると、人は庭の中に足を踏み入れる気が起きず、放置する。それはもはや藪野原といっていい。こうした理由から庭には樹木を植えてはならない。植えたとしても、せいぜい塀を這う蔦状の果樹にとどめたい。

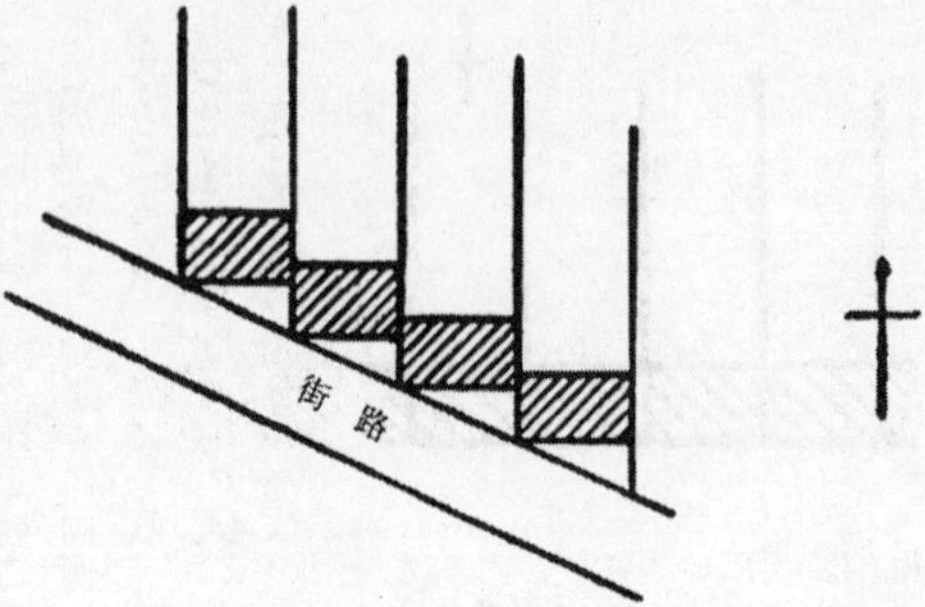

なお地区計画によっては、街路がすべて厳密に東西に走るとは限らないが、そうした場合でも庭はすべて南北軸をとるようにする。この場合、住居部分は街路に沿って雁行した

形で連続する配置となる。

さて、こうした集合住宅地の住居の計画についていうと、まず庭の計画から始めて、この庭を手懸かりとして住居部分を計画する。というのは、我々が忘れてはならない点であるが、庭があくまでも最も重要な点であり、住居は二の次であるからである。

ではこのような住居には、どんな部屋がなくてはならないか、といった問いから始めるとしよう。

なによりもまず、排泄物を肥料として利用する便所が欠かせない。こうした集合住宅地においては、水洗便所は駄目だ。理由は、人間の排泄物を含めてこの住居から出る塵芥類は、庭の土の滋養として必要なものだからだ。また一種の桶に一時ためる方式を採ること、決して大きな肥溜にためてはならないこと、この点は重要である。大きな肥溜は避けるべきであって、またそうした方式を採るとしたら非常に反社会的なものとなろう。そうした肥溜が半年の間に一度程度しか総ざらえされないとしたら、肥溜の所有者だけでなく、その集合住宅地の住民全員が耐えられないようなもの凄い悪臭がそこから発生するだろうことは、皆さんも十分想像できることと思う。そしてたとえ各住民がもう少し頻繁に肥溜をさらったとしても、この哀れな集合住宅地は悪臭から逃れることはないだろう。そうではなく、肥桶を用いてこの肥桶の中身を毎日、混合肥料の堆積の上に捨て、シャベルでもってかき混ぜる。こうすれば、集合住宅地のどこにおいても悪臭は見当らない。そして、その混合肥料は一年間放置し、醱酵させる。肥桶の中身の処理はこのように、決して野菜に直接かけてはならない。もしそうすると、特にカリフラワーのような場合には、強い臭いが残るからである。

こうした理由から、便所は決して住居の内部に配置してはならない。また便所の中に住居の内部から入ることを禁ずる法律は、いまだドイツの法律にはないが、イギリスの法律にはある。厳密に言えば、便所は平面プラン上では住居内にあってもいいが、そのドアは戸外へと通じていなければならない、と思う。そしてこの便所へと通じる通路の上に簡単な庇を設けるか、あるいは二階部分が張り出た状態にすることによって、雨に濡れないようにすれば、その方が住民にとってよほど好都合だ。だとしても通路は吹きさらしだから、風邪をひいてしまうのではないかといった心配や、都市の住民であったなら不安がるいろいろな点は、ここでは滑稽なことである。アメリカ人の八十パーセントは、このようにして便所を使っている。それも非常に寒い地域においてもである。寒い地域にも拘らず、住民達は自然に根ざした生活様式を維持しているのである。こうしたことからも分かるように、集合住宅地の住民が自ら生産する貴重な肥料を下水に流してしまうようなことは、禁止しなければならない。そして日本人は食事に招かれた際、食事を堪能した証しとして、またそれに報いるものとしてそこの家の便所に一度は通うというが、我々もこのくらいの心構えを持つようにならなければならない。

さて、集合住宅地の住居に欠かせないものとして、まず便所を指摘したが、次はこれも裏庭に面して立つ物置小屋が必要である。それに家畜、すなわち数匹の兎のための小屋も必要である。この兎は非常に経済的であり、通常なら捨ててしまうような野菜の屑を喰べるのだから、兎は是非飼うべきである。そして鶏も同様である。この鶏に対しては、できるだけ広く鉄線で囲った遊び場をつくってやるようにする。

こう考えてみると、直接住居と庭とは接しているのではなく、その間に物置と家畜小屋が左右にあるサービスヤードが必ず配されることとなる。そして住居に一番近い庭部分は、塀に沿って混合肥料が堆積した仕事場となる。この仕事場には、作業テーブルと、種々の野菜のためのそれぞれ適した庭土を入れる容器類が必要となる。

また住居部分からサービスヤードに突き出したかたちで、ベランダをつくる。このベランダはサービスヤードのレベルから数段、階段を上った高さとし、一部は屋根で覆う。ここは主婦の仕事場ともなる。またこれと洗い場とは直接通じるようにする。それにしてもこの洗い場とは、奇妙な近代的なものだ。その名称からして、ここでは火を用いて料理を作るところではなく、その料理の前後の作業や洗濯を行なうところであることが分かる。

さてここで、厨房のあり様《よう》について、それ自体独立した厨房か、あるいは居間・食堂と一体となった厨房か、どちらがよいかといった大問題をとりあげよう。この問題については、私は純粋に進歩主義的、近代的な観点から、文句なく居間・食堂と一体となった厨房の方に味方をしたい、ということをあらかじめ言っておきたいと思う。

居間・食堂と一体となった厨房について、これを嫌う点は、きまって居間・食堂にはいやな臭いがこもらないようにしたいから、といったことである。ではそうした悪臭はどこからくるのかと問えば、煮炊きの料理からだと、私に答える人が大部分である。そこでだ、いやな臭いがしないように煮炊きをすればいいのではないか。事実、やりようによってはそうした居間・食堂と厨房とが一体となった部屋で、いやな臭いがこもらないように煮炊きをすることは可能である。それよりも食べものが何故いやな臭いを、不快な臭いを放たねばならないのか、私は理解に苦しむのである。

それに上流の家庭では一般家庭よりも、食卓で調理しながら食べることがずっと多いといえよう。朝食なぞは、すべて食卓でつくられる。アルコールか電力を利用したクック・テーブルを用いて、目玉焼きとかの卵料理、あるいは卵とハム、あるいはビーフステーキなどがつくられる。――ちなみに、これらはみな食欲をそそる心地良い匂いを発するものだ。前日に、尿瓶に入った尿がかけられたカリフラワーやキャベツなどは、必ずしもここで食べなくてはならないものでもない。それにレストランでは、厨房部分が前面にでてきて、食堂の一角を占めることがだんだんと多くなってきたし、また近頃では肉をローストする大きな装置が食堂に備えつけられ、コック達が客の目の前で忙しくたち働き、客はどのように調理するのか、その調理の様を見ることができるような新しいかたちの大レストランも建てられるようになった。このようなレストランができると、客も多い。客は調理する様子を見て愉しむのであり、だから将来、どの家庭でも厨房が食堂と一体となる日が来るだろう。

ちなみに、フランスでは既に調理ができるようになった食堂をもつ家庭が多数ある。婦人服のファッション・デザイナーであるポアレもまた、自分の住居でそのような食堂をつくらせているし、私自身もまた、肉、その他を焼くことができる大きな暖炉を備えた住宅をいくつかパリに設計しつつある。ただ、前仕度に長い時間を要する料理だけは前もって厨房でつくり、出来上がったものを食卓に出す。高級レストランでは、客が座る食卓の脇に控えの小テーブルが並べられ、これがアルコールを燃やすクック・テーブルとなり、この上で調理をしたり、肉を焼いたりする。すなわち、これでいえることはできるだけ食卓の傍で料理をつくるということであり、理由はそれを眺めるのが愉しいからである。繰り返し言うならば、レストランの格が高級になればなるほど、それだけ食卓の傍で調理されることが多くなる、ということである。

ここで私が不思議に思うのは、労働者達がこんな素晴しいものと無縁のままでいいのか、という点である。一千年以上も前の昔には、ドイツ人は誰でも厨房で食事をしたものだ。クリスマスともなると、そのお祝いは厨房で行われたのであり、厨房がこのお祝いごとに最も相応しい、素晴しい部屋であったのだ。こうしたことが、なお今日まで行われているのは、イギリスの貴族の館である。このことはPickwickiernというクリスマスのお祝いを表わす昔の言葉を思い起こすだけで、納得されよう。それに子供達が家中の部屋の中で最も好きな部屋は厨房だということは、誰もがよく知っていることである。火は素晴しいものである。火が有する熱は部屋中、家中を廻り、暖かみが失われることはない。厨房は家中を暖めてくれる、火は、——本来そうあるべきことだが——、家の中心的存在となる。イギリス人は火の傍に座って時間を過ごすのが好きだ。暖炉の傍に集まって座り、薪が次々と燃えて尽きていく様を眺める。イギリス人をそうさせるのは、例の破壊の喜びでもある。

こうした理由から、私は居間・食堂と厨房が一体となった住居を設計する。それはまた、主婦のためにもよい。その労働を軽減するし、また食事の仕度の時間を厨房中において隔離されて一人ぽつんと料理仕事をするよりも、こうして皆が集まる居間で仕事をする方がよほどよい、ともいえる。

また私が先に提案した洗い場では、食器や野菜等を洗ったりする。庭の方から直接、家の中に足を踏み入れた場合、すなわちこの洗い場の中に入ったら、必ずしもこのドアを閉める必要はない。気候が暖かい時期には、厨房の仕事は戸外の庭で行なう。テーブルを持ち出して、その上で豆を洗い、サラダを作り、カブを細かく切る。ドアは多分、日も夜も開けたままである。こうした理由から、洗い場は必ず庭に面していなければいけない。ところで、この洗い場は必ずしも南向きである必要はないが、居間・厨房は日照の理由から、必ず南向きにしなければいけない。だから最もよいのは、家を街路の北側に建て、そして居間・厨房は南面させる。これと逆に洗い場は庭に面して、すなわち北向きに配置することである。

　だがその街路をはさんで、反対側にも家を建てねばならない。そこで分かることは、地区計画を立案する者は、南側の敷地の間口幅を北側のそれよりも広くしておかねばならないという点である。というのは、この場合、街路は北側にあり、庭は南側に位置することとなり、居間は明るく、太陽の日射しがなくてはいけない。それに洗い場は庭と直結していなくてはならない。となると、この両方の部屋が南面する必要が生じ、地区計画を立案する者にとっては、次の点が重要となる。つまり、「街路の北側に位置する敷地の間口幅は、五メートル程度で十分であるが、これに対し街路の南側に位置する敷地の幅は、洗い場と居間とが並列しても十分な大きさとしなくてはならない」ということである。

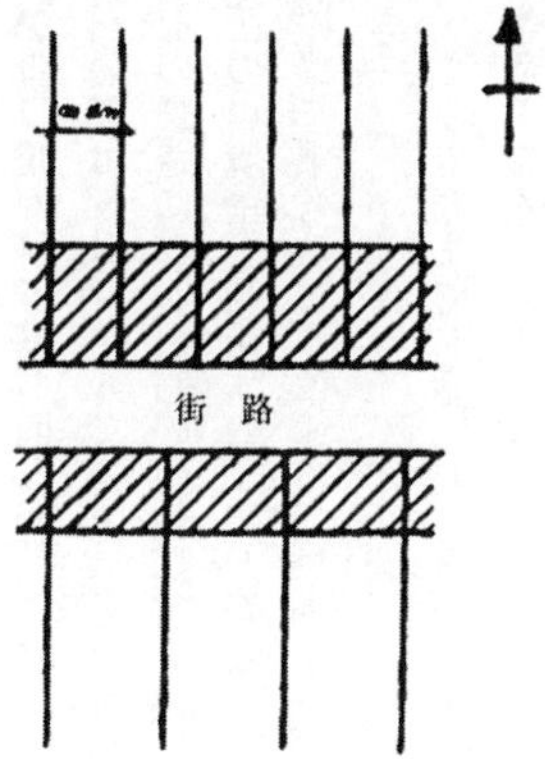

　また建築家の方は、これでもうお分かりのことと思うが、街路の北側に家を建てる場合は梁

が間口間の戸境壁の間にわたされる構造となる。この梁の最適長は、私が思うにドイツにおいては五メートルであり、そうすれば無駄なく木材を利用できる。そして間口がこれ以上の長さになる街路の南側に家を建てる場合は、梁は南北の外壁にわたすか、あるいは東西の戸境壁を利用する。但し戸境壁を利用する場合は、その中央部に桁を走らせ、その上に梁を乗せるようにする。このように単純な考え方をすれば、多くの無駄を省くことができる。

　ここで今までお話ししてきたことをまとめれば、まず初めに便所が必要となる。そして物置と家畜小屋が必要となる。そして、水洗い場と、居間と、そして忘れてはならないのは、果物や野菜を貯蔵しておくためのできるだけ大きな食品庫である。それに街路からの出入口も必要だ。これらの部屋が揃えば、一階部分はこれで十分で、話は終りとなる。地階はつくらない。地階はまったく余計なもので、家の建設工事費を非常に高価なものとする。このことは、これまでの経験が示すところのものである。また地下室とは、中世の遺物といっていいものである。人々は燃料の石炭や、食料のジャガイモは地下室に貯蔵しておくのが一番よい、と信じ込んでいる。だが上階に貯蔵しても同じことだ。それに洗濯室は暖房がされてなくじめじめ湿っていて不健康な地階よりも、上階にある方がよほどよい。

　ところで人が寝る部屋を考えると、私がまず指摘しなければならない点は、寝るところと居間とは分離させるべきだということだ。寝るところと居間と一緒にしてはいけない。寝るという行為は、あまりこれを重視する必要はない。すなわち寝室は最小限の広さ、最小限の天井高で十分だ。寝室は、人が日中そこで過ごしたい気持を起こさせるようなものであってはならない。寝室では、服を脱ぎ、ベッドに入り、寝る。朝になって起床し、また服を着る。これが寝室における行為のすべてであって、日中は再びこの部屋に入ることはない。ところでこの寝室と居間とを分けないで、一緒の使い方をすることは、ドイツやオーストリアでは一般的である。それに食堂のドアは二重ドアになっているにも拘らず、開け放しにされていて、両親のダブル・ベッドがある寝室が丸見えになっていることも度々ある。アメリカでは、ドア一枚を隔てて、寝室と居間とが隣り合っているような、低級な、惨めな、野蛮な住まい方などしない。

イギリスでは、古い家でたまにはそうしたことが見受けられるが、アメリカではそんなに古い家はないから見られない。本来、寝室とは他の部屋とはコンタクトをもつべきものではないのである。だから寝室はどれも、ホテルの客室のようなものだと考えていい。またイギリスでは、子供達は皆、自分の個室をもっているが、我々の国では親が子供たちをいつも見守れるように、その寝室の中をのぞけるようになっていなければならない、と親は主張する。これは間違いだ。幼児の時から一人で寝ることができたなら、ドイツ人の性格ももっと強くなり、子供達にももっと自主性が生まれることだろうと思う。子供達を夜中に監視する必要など、まったくない。

となると、上階には、両親、男の子、女の子のためのそれぞれ独立した寝室というように最低限三つの部屋をつくる広さがなければいけない。ただ子供がまだ幼いか、あるいは他の理由で一緒の寝室にした方がよい場合などは、寝室の数が少ないだけ広くすればよい。だが、私達には男の子達しか子供はいない、あるいは女の子達しか子供はいない、とは誰も断言し得ない。そうはいっても、なんらかのかたちで家族の数が増えることもあり得るのではないか。したがって、こうした集合住宅地の住宅は、将来の住まい方の変化に対応し得るものでなければならない。間仕切り壁は当初からつくる必要はない。部屋は当初、少し大き目につくっておいて、子供がある年齢に達したら、両親は、間仕切り壁をつくることを考えたらよい。こうしたことから、上階の壁が下の一階のそれとまったく関係がなく上階の部屋割りを考えるようにする。またそうした間仕切り壁は、家具を利用しての間仕切りでもいい。それにその間仕切りにドアをすぐ取り付けることも必要ない。多分、初めの頃はカーテンで十分である。これは家が時と共に、一軒、一軒と増えていく状況と似ている。時と共にだんだんと整っていくものだ。だから家具を含めて、なにからなにまですべてが整い、完成した家をつくり、そこに入居者を迎え入れるようなこと、また家具の設計を一人の建築家に任せるようなことは、まったく間違いだ。これとまったく逆に、家具などは後で、自分でゆっくりと調達するように、入居者に委ねるべきである。家とは、

《これで完成》というべき性格のものではない。常に、何がしかのものを付け加えることができるような可能性がそこになくてはならない。

第一次世界大戦後、パリにおいてドイツ語で出版された私の著書の中に、一九〇〇年に書いた「物質的には貧しいが、精神的には豊かなある男」の物語が載っている。その中で、私はある住宅について語っている。それはある建築家によって設計されたもので、住宅内のこまごましたところから家具類に至るまですべて整い完成し、お膳立てが揃っているため、もうなにも新しいものを買う余地がないような住宅である。住宅とはそうあってはならない。私にはまだ子供がいないが、子供がいたとしても、まだ年端もいかない子供をもっている若い夫婦の住宅の場合、その上階まで家具類を含めてなにからなにまで整い、完成させるようなことには賛成しかねる。建築家は点線でもって、いろいろな間仕切りの可能性を示す、これだけで十分ではないか。住み手は初めのうちは、窓辺のアルコーブであるとか、ドア等が必要と思われるとしても、カーテンで代用しておけばいいのであって、後になって本当に必要ならば、それに応じてそれらをきちんと建て付ければいい。だから後に生じるであろうこうした目的のために、上階の床組の構造は、たとえれんがの間仕切り壁であっても、その荷重に耐えうるような、十分な強さをもつように前もって考えておく。

ではこうした上階の部屋に行くには、どのような方法をとったらいいのだろうか？　こうした問題に対し、再び次のような問いかけが考えられる。この上階には直接、街路から階段を上っていくようにするのか、それともいったん居間、すなわち厨房と一体となった居間に足を踏み入れて、そこから上階に行くようにするのか、どちらにするのか、といった問いである。これに対して、私はいったん室内に入って、そこから上階へ行く方法を採ることを主張したい。それはドイツにおいて一般的な、街路から玄関ホールを経て、寝室へ入るといった方法は、私は誤りだと思うからである。それだと、上階の部屋を賃貸したくなる誘惑の危険性が大き過ぎる。だが間借人がいったん、家族の団欒の間である居間を通らねばならないとなると、上階の部屋を賃貸しようといった思いつきは起きようがない。家主は、他人が自分の部屋を通り抜けることなど好まないからである。

これだけではない、他の問題も考えられる。もし居間に階段を設ければ、すなわちこの居間を階段ホールと考えてもいいが、そうすれば大きな吹抜けの空間が得られる。そして就寝する少し前に、前もって寝室のドアを開けておく。そうすれば一階の居間の暖気が寝室に入っていき、上階の寝室の暖房がされる。無論こうしたことは、どんな賃貸住居でも、就寝前に行なわれていることだが……。さて、上階の寝室のドアを開け三十分もたてば、団欒のテーブルから離れて、暖かくなった寝室に行くことができる。そこでは特にこの部屋のための暖房は必要がないわけだ。またそうすれば生活の向上にもつながるともいえよう。ところでここにおいでの皆さんは、誰でも同じような思いをしたことと思うのだが——

—中流階級に属するがその中でも裕福な人達でさえも、戦時中は同じような体験をしたわけだが、夜も更けて悩むのは暖房の石炭をもっとくべるのか、あるいはもう終りにするのか、といった問題である。夜の九時か十時頃となると、月末になって来るであろう暖房用燃料の石炭代の請求書を思いやって、人は皆、この時間になって石炭をくべても無駄だろうと自答したものだ。かくして人は皆、寒さに凍えたのである。だが暖房されている居間の熱が朝までずっと有効であり、他の部屋にも行きわたり、無駄にはならないことを知っていたとしたら、必要な間中、石炭をくべて暖房をするであろうと思う。それによって温もりのある居心地よい生活が可能となり、家族の皆が就寝時間までずっと一緒に居られるからである。

またなによりも重要なことは、一階居間の天井の構造仕上げは、あまり厚くしてはならないということである。そして二階床梁、捨て板上にモルタル層を敷くことがあるが、この場合は必要ない。一階部分の暖房された熱がこの二階床を伝わって、上階の寝室を暖めてくれるからである。これに異論を唱える人は、きっとそうしたモルタル層をやめてしまうとすると、防火性能が低下してしまうのではないか、と言うに決まっている。だが、家が火事にでもなって燃えはじめたら、もう手の尽くしようがなく、どうやっても燃え尽きてしまうものである。家が燃えはじめたら火勢は強く、二階床梁まで火の手が廻れば、もう手の尽しようはない。二階床の構造は梁の上に、床板が釘止めされる構造となるわけだが、この床板の厚さは多分、三センチ程度のものでよい。となると、上階で人が歩けば、居間にいてぎしぎしと物音は聞えることとなろうが、そうだとしても、そんなに苦にはならない。否、それどころか家族の皆はその物音を聞いて喜んで、こう言うだろう。「あっ、あれはベッドに寝に行くお父さんだよ」。そして朝には、「ほら、お父さんがようやく眼を覚まして起きてきた……」、などと。

今日、皆さんにお話しした私のとりとめのないいくつかの観察は、私とそうたいした大きな意見の相違がないと思われる建築家には、なんらかの役に立つことと思う。それ以上のことは、私の意図するところのものではない。

追記・聴衆の質疑に答える

質問一・その集合住宅には、浴室もあるのですか?

答・私はそのようなディテールには、立ち入って話をしなかった。私の考えでは、浴室とはたいへん高価につくものである。風呂を浴びるのは、洗い場ですればいい。洗い場の洗濯桶にフタを付けて、家族はそこで入浴すればいい。またそのフタは、厨房のテーブルとして使うこともできよう。このようにすれば、どの家庭でも安い費用で入浴の設備が実現されよう。また、やろうと思えば無論、上階の廊下に浴槽を設置することも可能である。そうすれば、冷水でも、湯でも入浴が可能となる。

質問二・フラットな屋根ですか、それとも勾配のある屋根ですか？

答・こうした問題に関しては、まず、何故我々の家の屋根には勾配があるのか、と問わねばならない。それはロマンチックな、美的な問題だろうと多くの人達が思っている。しかし、それは違う。どんな屋根材を用いても、ある特定の勾配が要求されるからである。屋根の勾配は、どんな屋根材を使用するかによって決められることは、建築の知識がある者なら誰でも知っていることである。

ところで昔、我々は雨や雪、それに嵐などから庇護する屋根材として、天然スレートとか陶土とか、あるいは木からつくった小さなプレートを重ね合わせる方法しか他に知らなかった。無論、最良の屋根とは小さなプレートの寄せ集めではなく、一枚の大きなプレートで屋根全体を覆えるものだということは分かっていたことだ。そうした屋根材を用いると、雨水を自然に排水させるに最小限必要なだけの勾配をとってありさえすればよい。ところでドイツの都市ハンブルクは昔、大火に見舞われたことがあったが、これに懲りた市参事会は耐火性能を有する屋根材のアイデアを広く募った。これには世界中からアイデアが寄せられたが、ホイスラーなるドイツ、シュレージエン地方ヒルシュベルクという町に住む一商人で、建築にはずぶの素人がひとつのアイデアを送ってよこした。屋根全体を一枚の大きなプレートで覆う、すなわち大鋸屑《おがくず》モルタルにアスファル

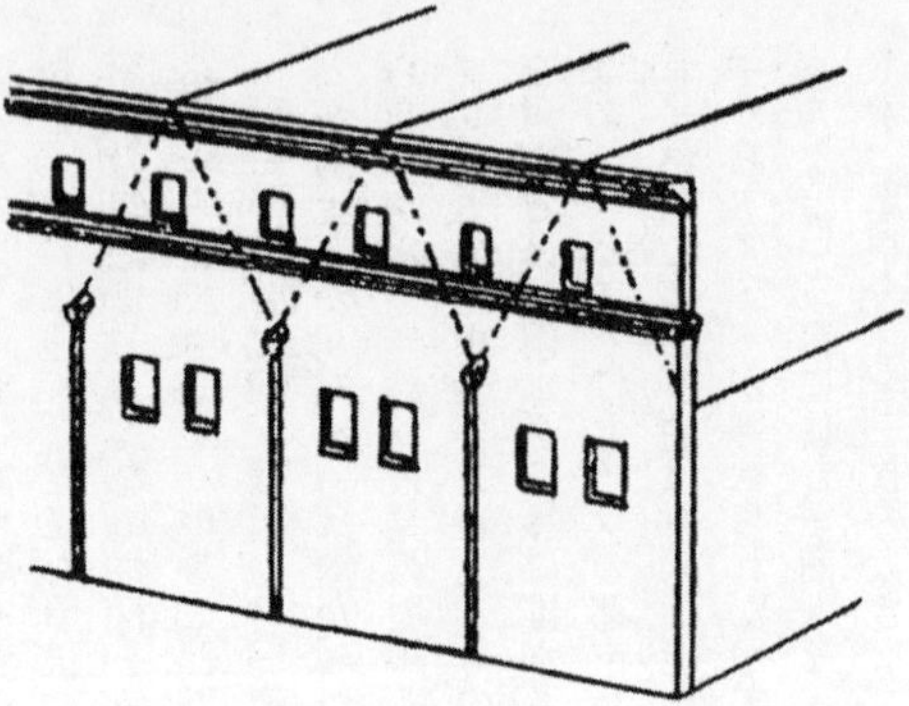

ト防水で屋根を覆うというものである。こうした屋根葺きの方法は、この数千年来の建築界における最も偉大な発明というべきものである。だがシュレージエン地方ヒルシュベルクという町に住むこの男は、自分のアイデアを喜ばない人種がいることに気付くこととなる。それは、急勾配の屋根をもつ家は美しいといった考えの持ち主のロマンチスト達である。屋根勾配が大きければ大きいほど、家はより美しくなる、と考えるのである。かくして屋根が突然、美の問題、それも十九世紀の美の問題となったのである。というのは、ルネサンス初期の建築技術者、棟梁、あるいは建築家達が仮にフラットな屋根を実現し得たならば、こうした問題は、シュレージエン地方のどこにもいるようなこの商人の勝利となったことであろう。だが、なんと馬鹿げた論争が行なわれたことだろう。勾配をもった斜めの線と水平線との間に、論争が続けられたのである。

他所《よそ》の国ではどうなっているのか、私には分からない。少なくともオーストリアでは、フラットな屋根に見せかけるルネサンス様式のファサードをどこでも建てたものである。つまり、見かけだけのもので、背後には勾配のついた切妻屋根が存在したのである。そして上階にある窓は偽物であったのだ（切妻屋根の妻壁部分の窓は本物だとしてもだ）。

当時、大鋸屑モルタルにアスファルト防水とで屋根を覆う方法があったなら、こんなことにはならなかったろう。

ところで一八四〇年代につくられたそうしたフラットな屋根は、一度も修理することなく、今日でも機能している。そもそも大鋸屑モルタルとアスファルト防水による屋根にすると、修理がまったく必要なくなるのである。もし建築のハンドブックかなにかの本の中で、そうしたフラットな屋根葺き技術に問題があると指摘されているとしたら、その著者は正しい屋根葺きの知識がなく、間違ったものを見て、これを指摘しているだけだ。この屋根葺き技術で最も重要な点は、屋根全体を一枚のプレートで覆うこと、この場合プレートと木造屋根の構造体とは固定しない、ということである。というのは、木は大気の乾燥や湿気に敏感に反応し、伸縮するからである。だからこれと切り離したかたちで、プレートを覆わねばいけないのであり、また一方ではこの屋根被覆の下では、木が伸縮できるようになっていなくてはいけない。だがこれが誤って木にしっかりと接着、固定されてしまうと、無論、屋根被覆は破れてしまい、修理不能となってしまうことは当り前のことだ。どこかに雨漏りしていることに気付いたとする。よくよく見ても、

雨漏りが原因となるようなところには穴はない。それはまったく違ったところにあるのが普通である。侵入した雨水は屋根の木部を伝わり、どこかで再び姿を現すからである。こうなったらもう修理はきかない。破損した穴を見付けるために、顕微鏡を持ちだすわけにはいかないからである。だがこうした場合は、間違って取り付けられた大鋸屑モルタルにアスファルト防水による屋根被覆部分は、すべて新しいものと取り替えた方がいい。大鋸屑モルタルとアスファルト防水による方法は非常に費用が安いからである。またこうした方法を採れば、屋根を勾配が殆どないフラットなものとすることも可能となるし、また最上階においても傾斜天井ではない水平な天井で、天井高を十分に確保した部屋をつくる、といった数千年来、夢見てきたことも可能となるのである。

ところで、私が提案する集合住宅地の住民達は、「我々は屋根裏の空間が必要である。干草をそこに置いておく必要があるからだ」と言うだろう。まあ落ち着きたまえ。干草にとっては、屋根裏でも、あるいは他の空間でも、どちらでも同じことだ。馬鹿げたことだが、これに対し、「それはそうかもしれないが、屋根裏の空間をそうして利用できるのは、一階分得したことになり非常に安価で、経済的ではないか」とも住民達は反論する。だが、それは本当に、安価で経済的なのだろうか？　一階建ての平家の家を建てる場合、いったい誰がそれを屋根裏の空間のようにつくるだろうか。確かに安い費用で経済的かもしれない。だがそのような（図示したような）かたちをした家に、私は今までお目にかかったことがない。

質問三・農民は、リンゴ酒をどこに貯蔵したらいいのでしょうか？

答・それはたいへん重要な質問である。フランスの農民はそのための貯蔵室をもっているが、それは地下室ではない。どんな貧しい農民でもリンゴ酒を入れておく樽をもち、またこの樽を貯蔵する小さな室が一階にあるわけである。そしてこの樽に入れたリンゴ酒を一、二年かけて飲むのだが、このようにフランス人はリンゴ酒を壜詰にして飲むことはない。またフランスではリンゴ酒を冷暗所に置いておくこともしない。いずれにせよ、醱酵しているものである。

そしてリンゴ酒を醱酵させるにはどのようにしてやるのかは、この集合住宅地に住む住民達の社会的協働の問題である。例えば皆が共同して、そのための地下室をつくるのもよい。また集合住宅というものは、本来、そうした社会的協働が可能となるようでなければいけない。この点について、例のミッゲはもっと進んだ考え方を示し、混合肥料をつくるための施設を皆で共同してつくり、運営することを主張している。私の考えでは、そうした肥料を各人の必要に応じて分配する時期が、あまりにもまちまちなため、そうした共同施設の実現には、まだ時期尚早なのではないかと思う。だが農民達もまた将来、より強い社会的連帯を志向するようになるだろう、という点をここで皆さんに指摘しておきたい。だんだんとフランスやスイスと同じような状況になるであろうと思う。ところで農民達の社会的連帯への志向は、チーズをつくっているかどうかをみれば最もよく分かる。チーズは一人でつくることはできない。皆と協働してつくらねばならないからである。ドイツのバイエルン地方には、そのように協働してチーズがつくられる大きな工場がいくつもある。これとは反対にチーズをつくらないところでは、余分なミルクはブタの餌となるほかないのだが、これは許せない浪費というものだ。さて、これまでみてきたようにリンゴ酒は、このように共同でつくればよいし、そうしてできあった酒は樽に入れて、一階の倉庫に入れておくのがよい。

なお言い忘れたことだが、食品庫は特別大きなものでなければいけない。都市の住居の食品庫よりもずっと大きなものでなければいけない。私が計画した集合住宅地の住民が、自分達が考えた住居のプランを私に見せに来た時、私は食品庫が小さいことを指摘し、そのプランをつき返して考え直すように言った。この食品庫というものは、いくら大きくとも大き過ぎるということはない。

質問四・この講演で話された集合住宅の計画にあたって考慮すべきいろいろな条件・要求は、都市に立地する中層の賃貸住居においてはどのように実現されるのでしょうか?

答・私は今まで、そうした賃貸住宅の計画は一回しか機会がなかったが、計画案はウィーン市当局から受け容れられなかった。そこで私が提案したものは、二層からなる住居、すなわちメゾネット住居である。これは私の発明でもなんでもない。イギリスやアメリカでは、十階から二十階建てという高層の建物の中に、そうしたメゾネットの賃貸住居を有するものがある。イギリス人やアメリカ人は、居間と寝室とが隣合せになることを好まない。つまり寝室は上階に配し、内部階段で行けるようにするのが普通だ。こうすると、誰もが自分達だけの家を持っているような気持を抱く。価値観が上がるわけだ。こうみてきて初めて、なぜイギリス人やアメリカ人が夕食の前に衣服の着替えをするのか合点がいく。もし住居が一層のみで、食堂・居間と扉一枚を隔てて寝室があるとしたら、夕食のために着替えをする気分など起こらないだろう。ある保養地のホテルに宿泊したとしたら、夕食の前に軽く着替えをする。それはホテルの上階の二階か、三、四階かの部屋に泊まっているから、そうした気分になるのだともいえよう。夕食を待っていて、その合図のドラが鳴る。あるいはホールでくつろいでいると夕食の準備ができたと呼ばれる。それを聞くと、着替えにとりかかる気分になるのだ。だが扉一枚を隔てて寝室があるような食堂をもつ住居の場合など、夕食のために着替えをしなければならない気分など起こらないだろう。中央アフリカへ旅行したイギリス人は、夕方六時にスモーキングに着替えて、食卓につくというが、これでよく理解できる。また、仕事の都合でオーストラリアへ行って帰ってきた人から聞いた話だが、ある日砂漠に住むイギリス人の家族に夕食に招かれた時、非常に驚くことがあったという。主人はスモーキング、主婦は舞踏会用の服に身を包み、正装して食卓に現れたというのだ。それで他の機会にそこに住むいろいろな人達に聞いてみると、自分たちはいつもこうしなければいけない、これが文化というものと関わり合う唯一の方法なのだ、と彼らが語ったという。私が思うには、そうすることによって、自分たちが教養ある人達に仲間入りしていることを示す必要があったのだ。

私は、労働者もまた、夕食時には着替えをすることが大切だと思う。肉体労働者は、ホワイト・カラーよりもずっと、着替えをすることによる気分転換が必要だ。そうすれば食事の前に自分の手を洗うようにもなるだろう。そうなればしめたものだ。一日中、木靴を履いて庭・畑仕事をしていた集合住宅の住民達は、外出する時は靴に履き替え、また帰宅して家の中に入る時は、同じように靴をぬぐ。特に夕方にはそうするようにする。こんなことは、イギリス人なら誰でもしていることだ。夕食前に着替えなどしないイギリス人でさえしていることだ。日中、外で履いていた靴をぬぎ、室内用の靴に履き替えるのである。ついでにフロック・コートも着替える。

こうした理由から、二層からメゾネット住居がよいと思うし、そしてその住居の玄関は、直接街路とつながるようにする。

ところで私の考え方を更に押し進めたそうした都市の中・高層集合住宅とは、テラス・ハウスのようなものである。階段が外部にあり、その屋外階段を利用して上階のテラスに行ける集合住宅である。そしてこうしたテラスを階上の街路と呼んでもいい。この階上の街路に面した各住居には、それぞれ自分の玄関口と小さな前庭がある。そしてここで夕方、座って憩うこともできる。また階上の街路は子供達の遊び場となる。ここでは車などが走らないから安全だ。労働者のための住居として、こうしたテラス・ハウスをつくるのが長い間の私の夢だった。両親が働きにでかけて留守の間、部屋に閉じ込められている子供達が外に出たくて窓をよじ昇ろうとし、窓から落ちて死んだニュースをなんと度々新聞で読むことか。幼児達のなんと悲しい運命か。私のテラス・ハウスのアイデアの出発点はこうした悲しいニュースだった。車などの危険がない静かな階上の街路があれば、隣近所の人達が子供達に危険がないかと見守ることができる階上の街路があれば、子供達は一日中、自由に外で遊べる。このように子供達に喜んでもらえるように考えたのである。

ヨーゼフ・ファイリッヒ

あの老いたファイリッヒが死んだ。昨日、墓地に葬られた。私を知っている者なら、私が誰を指しているのか分かるだろう。私の顧客であった者なら彼を知っている。彼の死によって、人間の住居に大きな変化が生ずることになるだろう。何故そうなのか、これを説明するには、彼について昔のことから詳しい話をせねばなるまい。

住居の問題において、やれ芸術だ、芸術が大事だと騒いでみても――これはどんな国でも同じことだが――その芸術は犬一匹、暖かに燃えさかるストーブから引き離すこともできないこと、またさまざまな組織や学校、教授達、あるいは雑誌や展覧会等々の試みも、なにも新しい刺激を与えることができなかったこと、これらのことは誰もが知っていることだ。また近代の職人の手仕事はつまらぬ発明・工夫といったものに影響されずに発展を遂げてきたが、この職人の手仕事も一人の男の双肩に担われてきたことを知っている。そしてそれは私だ。と言うと、人は驚くかもしれない。ということは、人はそのことを知らない、といってよかろう。私がこう言うのも、私が死んだ後、私の略歴を述べる際にこのことを忘れては困る、ということではない。この点については、この際自分ではっきりと言っておく。

ところで私の書くこの文章がまだ私が生きている間に活字になるとしたら、多くの人達を憤慨させることとなるだろうことは、私自身よく承知している。だが、親愛なる読者諸君、この数年を振りかえってみてどういった家具が、どんな住宅の調度品が諸君に気に入ったのか、思い起こしていただきたい。買ってたった十年しかたっていないものが、どれもまるで女性の帽子のように、美的にはまったく我慢がならない代物（諸君はそれを「非近代的」という）になってしまったのではなかろうか。「あんなくだらないものは見ない方がいい。あれは私がもう三年前につくった代物だから」と言ったのはある近代建築家であるが、この言い草によって偉大な人物と称賛されたものだ。つまり三年毎に自分自身を克服できる人物であると。職人にはそのような言葉を吐くことは及びもつくまい。だが、そのような人生観を持つ者に限って、自分を芸術家などと思い込むものである。

こうした事情が変わるには、人類によって芸術と職人の手仕事との間に明快な一線が引かれ、ペテン師と野蛮人とが芸術の殿堂から駆逐される日が来るまで、一言で言うならば、私の年来の主張が実現される日が来るまで待たねばなるまい。

ところで、既にそうした道を歩みはじめていることが分かる。そのまず第一段階は、一八九九年のこと、ゼツェシオーンの美術展に参加するよう求められ、私が次のごとく答えた時のことである。「W社の鞄とF店の服が展示されることになったら、私も展示に参加する」と。人はこれを聞いて非常に憤慨した。だがパリでは、三年前に「芸術品」の中に混じって、ある真面目な革製品業者がつくった旅行鞄が展示されたことがある。無論、その旅行鞄は通常の形と異なり、それをもってホテルの玄関前に立つなんてやや気恥ずかしい気がするものだが、他方そうした試みがなければ、出展を許可されなかったとも言えよう。

次はウィーン工房が設立された年のことである。「諸君には、いくばくかの才能があることを認めないわけではない。だがその才能は諸君が思っているものとは違った分野にある。つまり諸君は婦人服のデザインに素晴しい想像力をもっているのだ。だから諸君は婦人服のデザインをしていた方がよほどよい」と私は言った。ここでも、これを聞いて人は憤慨した。ところがその数年後には実際、このウィーン工房に婦人服デザインの部分が併設されたのである。因みにこの婦人服デザインの部門のみに限られ他の部門がなかったとしたら、ウィーン工房ももっと健全な経営ベースで運営されたろうと思われる（芸術家がこれを聞いたら身震いするような、恐ろしいことではないか！）程であって、よく吹聴されるように、ウィーン工房の顧客達への単なるサービスのためだけにあるのではないのだ。

ところで芸術家と称する人達がこのように絶えず自己を克服していくことと、我々の日用品とは何ら関係がないし、その形態がよりよくなるものでもないのである。だがそれを待ち望んでいるのも、偽らぬ人の気持だとも言えよう。だが私はそうした無意味な試みには手を染めないようにしてきた。これに対して、私が負け惜しみを言っている、と言う人もあろう。これは、ある意味では真実である。というのは、かつてシュトゥットガルトの住宅展において、私もある住宅を設計・出展しようと試みたことがあるのだが、けんもほろろに断られた経験があるからである。(原註1)私が出展しようとしたものは、住宅の部屋割りを従来のように、各階ごとに平面で考えるのではなく、三次元の空間、つまり立体において考えたものであった。その時にこのような考え方を広く示すことができたとしたら、人類の発展のために多くの無駄な労力と時間を省くことができたと思う。(原註2)

しかしながら、一度解決がみられたものには、以後なかなか発展がないものだ。新たな工夫が考え出されて、従来のものが無用の長物となってしまった場合、あるいは新しい文化の形態となって、根底からそれを変えてしまうような事態がくるまでは、何世紀にもわたって変わらずに同じ形態を保ち続けるものである。(原註3)

食卓について座って食事をする、あるいはナイフ、フォーク、スプーンなどの食器を使うなどは、この二百年来なにも変わっていない。これと同じように何世紀にわたって、ネジをとめたり抜いたりすることは同じで、なんの変りがないのであって、だからネジ廻しにしてもなんら変わっていないのである。この百五十年来、我々はまったく同じナイフ、フォーク、スプーン類を使っているのである。またこれと同じように、この百五十年来、我々が座る椅子は変わっていない。だが無論、我々の周りにあるもので、変わったものも沢山ある。床に砂を撒く代わりに絨毯を敷くようになったが、それは我々が床の上に座るようになったからであり、天井にしても絵を描いたり装飾豊かな天井の代わりに、白いプレーンな天井になったが、それも天井ではなく、壁に絵を掛けて絵を鑑賞するようになったからである。またろうそくの代わりに電灯が登場し、腰壁板にいろいろな装飾を施す代わりにプレーンな板材を、あるいはお金の余裕があれば大理石板が使われるようにもなった。——ところで昔の椅子をコピーしたもの（手本となるものが一ヶ月前に出来たものにせよ、百年を経過したものにせよ、職人的手仕事はどれをとってもコピーである）は、どんな部屋にも調和する。これはペルシャ絨毯をどんな部屋に敷いてもおかしくないのと同様である。ただ、愚か者は他とは変わった自分だけのものを欲しがるものである。そういう類の愚か者はたくさん存在する。

新しく食堂の椅子をデザインすることなど私は馬鹿馬鹿しいことだと思う。時間と労力の浪費につながるもので、まったく余計な、馬鹿げたことである。チペンデール(1)が生きていた時代の食堂の椅子は、完璧なものといっていい。それはひとつの完璧な解決案だったのである。以来この椅子を超えるものは出ていないのだが、これは我々が使っているフォークや、あるいはサーベルやネジ廻しと同様である。ネジ廻しを用いてネジを抜き取ったことがない人、フェンシングをやったことがない人、あるいはきちんと食事作法ができない人、こんな人達は気軽に新しいネジ廻しや、新しいサーベルや、それに新しくフォークをデザインして平気な顔をしている。これらの人達は——彼等のいう言葉を借りれば——芸術家の想像力によって、デザインするのである。だが私が知っている馬具職人は、馬の鞍を新しくデザインして、それを自分に見せた芸術家に向かってこう言ったものだ。「親愛なる教授殿！　貴方のように馬のことや乗馬について、それに馬具職人の仕事や革について何の知識も持ち合わせていないのなら、私にだって貴方のような想像力が湧いてくるだろうと思いますよ！」と。

　ところでチペンデールの椅子は文句のつけようがない程、完璧なものだ。だからその椅子はチペンデールの時代以降に作られたどんな部屋にも、すなわち今日あるどんな部屋にも調和する。ただ、この椅子を作れるのは椅子作り専門の職人だけであり、家具職人には無理というものだ。ところが今日、新しい椅子は家具職人によって作られるのである。椅子作り専門の職人も家具職人も、木からものを作る。鞄職人も馬具職人も、革でものを作る。だが乗馬をする人は、鞄職人が作った鞍を出来がよくないからとつき返す。何故か？それは乗馬をする人は、乗馬についていくばくかの知識を持っているからである。

　これと同じように、食卓について座るのにはどうするのが最もいいのか、ということを

ファイリッヒが作ったチペンデールの椅子のコピー。

アドルフ・ロース設計による曲木の椅子。1899年。カフェ・ムゼウムにおいて使われた。

よく心得ていた時代に作られた椅子のよさを理解する人なら、椅子の幻影といってもよい今日の椅子は出来が良くないからとつき返すだろうと思う。そして昔の椅子のコピーを選ぶだろうとも思う。だがそうした椅子は、戸棚を作る家具職人には手に負えないものであり、これを作れる椅子作り専門職人は死に絶え、これを受け継ぐ人がいないものだから、私は度々、「ファイリッッヒ老人が死んでしまったら、いったい、どうするつもりなのか？」と、人に聞かれたものである。

昨日、このファイリッヒが埋葬された。私の設計になる住居の食堂の椅子はすべて、ファイリッヒが作ったものである。三十年間にわたって、仕事上の私の良き協力者であった。第一次世界大戦前までは、手伝いの使用人一人を使っていて、その腕をファイリッヒは高く買っていたものである（そして今の人達のことは、あまり良く言わなかった）。だがその使用人は大戦において戦死してしまった。それからというもの、ファイリッヒは使用人を雇わずたった一人で工場をきりもりした。一人になってもそれまでどおりのできるだけ良い椅子を作ろう、それでいてあまり高価なものにならないように、と心掛けた。

だがたった一人であっても、充分な仕事がない時もあった。そんな時には、外国で仕事をしている私の教え子達がファイリッヒに仕事を持ってくるのだった。ファイリッヒは若い頃、パリで働いたこともあったという。またファイリッヒは、私と同じようにひどい難聴であったが、だから私達二人はお互いよく理解し合えたものである。そしてファイリッヒは椅子を作る時、どの椅子のどの部分にはどの木が一番良いのかと、どれほど慎重に木を選んだことか！　木の幹の根元に近い部分から取った部材は後ろの脚として使われたが、その年輪にしても、その椅子の形とうまく合っていなければ気が済まなかった。それに――いやいや、止めておこう。何故ここで、今はもうない工房の秘密を漏らす必要があろうか？

死亡通知にはファイリッヒは七十六歳で死んだ、とある。病気になって床につくまで、ファイリッヒは大きな工房の中で、たった一人で働いていた。一日中、一人であくせく働いた。安い金と引き換えに、どんな素晴しいものを手に入れたかといったことなどまったく分からない人達に最高の椅子を作ろうと、日夜思いを巡らしていたのである。私に仕事をくれた私の数少ない施主達に、私が感謝の気持として何かお返しをしたいと思う時、ファイリッヒを紹介して彼に椅子をつくってもらう、これに勝るものはなかった。そうした施主達の子孫は、今度はそれに対して感謝しつつ、私を思い出してくれることだろう。

このようにして私と連れだって椅子を注文しにきた人は、ファイリッヒから生涯忘れられない印象を受けた。殆ど耳が聴こえないこの職人はたった一人、大きな工房で働いていた。従順な奥さんが、話しかけられた言葉を通訳するのだった。この夫婦は金婚式を祝った仲の良い夫婦だった。こうして職人夫婦を工房に訪れた者は、眼に涙なしには帰ることはできなかった。

私を心配する施主はいつもこう尋ねるのだった。「ファイリッヒが死んだら、いったいどうするつもりなのか?」と。椅子作りの専門職人が死に絶えてしまった今では、椅子、木の椅子も絶えてしまう他はない。ものとはこのようにしてこの世から絶えてなくなってしまうものだ。そして将来、ああした椅子を本当に必要とする人が出てくれば、それを専門に作る職人も育ってくるだろうと思う。

ところで、木の椅子に代わって登場するのはトーネットの椅子だろうと思う。このトーネットの椅子については、もう三十一年前にもなるが、私は唯一の近代的な椅子であると言ったことがある。ジャンヌレ(ル・コルビュジエ)もまた同じような見方をして、自分が設計した建物にこれを使用している。ただ残念なことは使ったトーネットの椅子が偽物だということだ。

またこのトーネットの椅子と共に登場するのは、籐椅子だと思う。私が設計したパリの洋服店のサロンには、赤く塗装した籐椅子が置かれてある。また私が最近設計した住宅——ウィーンのシュタルクフリート街の住宅[2]だが、その住宅の食堂にはトーネットの椅子を使っている。

死んでしまったマイスター！　君には心からお礼を言いたい。我々二人がこの世で知り合ったのは、お互いにとって幸せだった。私と知り合っていなかったなら、仕事がなくて食うに困っただろうし、私にしても君がいなかったなら、あんな素晴しい椅子を使うことができなかった。言葉を換えて言えば、よしんば使ったとしても、私の客である施主に到底、薦めようもない法外な値段であったと思う。君が作ったものより三倍の値段はしたろう。君が、ことお金に関してはあまり欲がなかったものだから、そんな低価格で済んだのだといえよう。

社会と国民経済を考える人間なら、何故、次の時代の椅子がトーネットの椅子と籐椅子であるのか納得しよう。それにしても、ファイリッヒ老の死には、深く哀悼の意を表したい。埋葬の際には、長年愛用した仕事道具を遺体の傍に添えた。

【原註】

1　私の参加を断った理由の説明については、この住宅展の主催者側の間でも、意見の一致が見られなかった。シュトゥットガルトでは、市長が私の人格に疑念を呈した、という人もいた。市長が私を嫌って、私の参加を認めないというのだ。また私が参加し、出展するには場所がもう足りない、という人もいた。だが、私の参加を望んだ人がいたにも拘らず、建築家ブルジョアの参加が最後の最後になって決まったというのだから、話がおかしい。またドイツ工作連盟のフランクフルト支部の幹事が言うには、私がドイツ国民としては資格が十分ではないからだ、という。その人が言う意味においては、まさにその通りである。こうした人達の間では、「何故パプア人には文化があり、ドイツ人にはないのか」といった私の発言が、反ドイツ的、ないし非常に悪い冗談と捉えられているのである。私のそうした発言が、真のドイツ人が抱いている心のうちをぶちまけたものだということを、こうしたドイツ人達に理解してもらおうと、いくら努力しても無理な話というものであろう。

2　部屋割りを三次元の空間中において考える。これは建築における偉大な革命だ！　哲学者のイマヌエル・カント以前においては、人間はまだこのように立体的にものを考えることはできなかった。だから建築家は仕方なく、便所の天井高を大広間のそれと同じように馬鹿高くしてきたのだ。この天井高を半分にするだけで、上部にもうひとつの天井高の低い部屋をつくることが出来たのだが、そこまでは考えが及ばなかった。そしてチェスを平面上でなくて、三次元の立体格子において遊び興ずることが将来は可能となるであろうが、これと同じように、建築家もまた将来は、部屋割りを三次元の空間中において計画することとなろう。

3　この部分の文章の攻撃的《アグレッシブ》な調子を理解できない門外漢に説明すると、私と他の人達との間の差異はこうである。使い方への要求が文化の形態を、ものの形態をつくりだしていく、と私は主張する。これに対して他の人達は、新しくつくられた形態というものが、文化の形態（座り方、住まい方、食べ方等々）に影響を及ぼし、これを変えていくことができる、と主張する。

オスカー・ココシュカ

私が彼と初めて会ったのは一九〇八年のことである。当時、彼はウィーンの「美術展」のためのポスターを描いていた。そして彼が「ウィーン工房」に雇われた画家で、扇子に絵を描いたり、絵葉書の絵を描いたり、ドイツ流の画家の生活の仕方——商人の依頼に従って芸術の仕事をする——をしている、とも聞いた。これを聞いて、一人の天才に対して、ひとつの大きな犯罪行為が行われていることが、すぐ私の頭にピーンときた。そこで私はココシュカ[1]を私のところに来るように呼びにやらせた。こうしてココシュカは私のもとに来るようになったのである。

ところでそのココシュカは現在、何をやっているのかって？　今、彼はある胸像の彫刻の制作をしている（彼の頭の中では完成しているのだが、実際の彫刻はまだ未完成だ）。そしてその彫刻は既に私が買っている。値段はいくらかって？　ココシュカは、タバコだけでいい、という。よし分かった、それに決めよう、と私は言う。私はこうしたことで駆け引きはしない男だ。だが最終的には、五十クローネの値段で二人は一致したのであるが——。

当時、例のウィーンの「美術展」にココシュカは、ゴブラン織りのために等身大の絵を完成し出展した。その絵は出品作品中、最も出来栄えの良いものだった。が、ウィーンの市民はその絵を見ると皆、腹をかかえて大笑いをするのだった。私はそれが欲しくてたまらなかったのだが、所詮は「ウィーン工房」のものだった。そしてその作品はその後どうなったかというと、展示会が終ると他のゴミ屑と一緒にどこかに捨てられてしまった。

ココシュカに会った私は、ココシュカに、「ウィーン工房」をやめてきちんとした仕事をすれば、同じ収入が得られるだろうと約束し、ココシュカのために絵の制作依頼を捜した。そこで思い付いたのだが、当時スイスで療養生活を送っていた私の妻のもとにココシュカを行かせ、すぐ近くに住んでいるフォレル教授に頼んで、その人物画をココシュカに描かせた。絵が完成すると、私はそれを持ってベルンの美術館に行き、二百フランで買い上げるよう頼んだが断わられた。そこで私は、その作品をウィーンの芸術家協会の展示会に持ち込んだ。ここでも断わられた。そこでローマで展示会の開催を予定しているクリムトのグループに持ち込んだ。ここにも反対する人達がいて、すげなく断わられた。こうした紆余曲折を経て、この作品をようやく買い上げてくれたのがマンハイムの美術館である。

その絵をたった二百フランで売ろうとした——だが当時それを買おうとする人も、美術館も見付からなかったのである。

アドルフ・ロース像。オスカー・ココシュカ筆, 1910年。

またウィーンのミヒャエル広場に面した私の設計になる建物が完成した当時、ココシュカに対する一般の評価はそんなものであったにすぎなかったから、私がココシュカを高く評価するということは、私はたいした人物ではない、絵を見る眼がないとも人に言われる破目になった。

だが、今日ではどうか？

当時、ココシュカの面倒をみる仕事を私に代わって引き受けてくれる人を、そして絵を二百クローネの値段で買ってくれる人を私がウィーン中くまなく捜し求めたにも拘らず、皆にすげなく断わられた事実があるものだから、後になってココシュカが描いた絵の値段が高くなればなる程（当時の私の説得の仕方が足りなかったと）私に対する怒りも大きくなっていったようである。

ココシュカと私は、そうした苦難の時代をよく耐え抜いてきたものである。

私の六十歳の誕生日に、ココシュカはお祝いの手紙を書いて送ってくれたが、その手紙に書いてある内容を読むと、偉大な芸術家であるためには、豊かな人間性というものが欠かせない条件であることが改めて分かるような気がした。

訳註・解説

本書は『アドルフ・ロース著作集』、(A)『虚空に向って語る(——語るも反響なし)(Ins Leere gesprochen)』一九二一年に発刊されたものの再刊(一九八一年)、(B)『ポチョムキンの都市(Die Potemkin'sche Stadt)』(一九八三年)、(C)『にも拘らず(Trotzdem)』一九三一年に発刊されたものの再刊(一九八二年、ともにウィーンのG・プラハナー社刊)所収の論文の翻訳である。(A)(C)はそれぞれ単行本として出版されたものであり(A)はパリとチューリッヒのジョルジュ・クレ出版社、(C)はインスブルックのブレンナー出版社)、両方共、一九六二年にウィーンのヘロルド社から出版された『アドルフ・ロース全著作集1(Adolf Loos : Sämtliche Schriften in zwei Bänden, 1)』に収められている。ただ(B)に限っては、この『アドルフ・ロース全著作集1』(2は結局出版されなかった)において、「一八九七年から一九〇〇年にかけて書かれたその他の論文」と題して収められたものを、補完・充実させたものである。だから(B)には、「一八九七年から一九三三年にかけて書かれたが、分散されたままになっていた文章」といった副題が付けられている。

それぞれの単行本(A)(C)は、とうの昔の出版であることから無論、絶版であり、また『アドルフ・ロース全著作集1』も絶版であり、今日では入手困難なことから、プラハナー社が『ロース著作集』、三部作として再刊した。

なお各著作集の題名について言うと、(A)は虚空に向かって語る、つまりロースが主張しても、「風に向かって叫んでいるようなもので（五二ページ、「建築材料について」中におけるロースの言）」、あるいは暖簾《のれん》に腕押しのごとく、まったく反響がない、の意である。(B)は、いくつかの文章中その代表的な文章「ポチョムキンの都市」を採用したものであり、(C)は、ニーチェの言葉「決定的なものは、なんだかんだと言っても（にも拘らず）生起する」から拝借した（とロースはその本の序文で示唆している）ものである。

＊

「ウィーン・プラターの旧万国博覧会、ロトンダ展示会場において展示された室内空間について」

(Die interieurs in der Rotunde) 一八九八年。『ロース著作集』(A)所収。初出は新聞『新自由新報《ノイエ・フライエ・プレッセ》』一八九八年六月十二日付。

一八九八年はフランツ・ヨーゼフ皇帝が即位して五十年目にあたる年で、これを記念してこうした展示会のほか、各種の行事が催された。ロースはこの展示会の開催を機に、関連したテーマについて十八以上もの記事を同じ新聞紙上に五月から十月にかけて書いた。この文章はその中のひとつ。

なお一八七三年に万国博覧会がウィーンのプラター公園にて開催されたが、その時、博覧会場のほぼ中央に円形の大展示ホールが建設された（設計はカール・ハーゼナウァー。鉄骨造、最高高さ八四メートル、スパン一八〇メートルの大建築）。ロトンダ（円形）展示会場とはこの展示ホールである。

【訳註1】オットー・ワーグナー（一八四一～一九一八）。ウィーン工科大学とドイツ、ベルリンの王立建築アカデミーに学んだ後、ウィーン美術アカデミーにて〈ウィーン宮廷オペラ劇場〉の設計者でもあるジッカルッブルクとファン・デァ・ニュルに学び、卒業。初期の建物には、他の建築家と同じように、歴史・折衷主義的傾向を示していたが、こうした初期の頃にも、「今日の我々の種々の状況、それに材料や構造についての近代の成果を十分考慮したやや自由なルネサンス様式の建築こそ、現在、将来にわたって唯一正しいものだと思う」といった文章を書いているように、徐々に近代を意識した建築を志向していった。この場合、ウィーンにおいても〈ブルク劇場〉その他を設計したゴットフリート・ゼンパーの影響（芸術は唯一人の主しか知らない、それは必要性だ等々の発言）が強かったと思われる。一八九四年、五十三歳のワーグナーはウィーン美術アカデミーの教授となり、この年の講義録が翌年、近代建築を明快に標榜する建築書として有名な『近代建築』として出版される。その前後から、〈ウィーン市営鉄道駅〉、〈ドナウ運河カイザーバート水門監視所〉、〈アム・シュタインホーフの教会〉、それに〈ウィーン郵便貯金局〉等々の名「近代建築」を設計する。近代建築を志向したが、他方、「趣味性」や古典建築への執着など「歴史と離れられない」といったウィーン的相貌があることは否定しえない。

またワーグナーは一九一二年まで、十八年間、ウィーン美術アカデミーの教授として教え、多くの有能な建築家を育てた（ワーグナー派《シューレ》を形成した、ともいう）。ワーグナーの停年退官後の美術アカデミーにおける後継者を決めるという後任教授人事は、ワーグナーが大建築家でもあり、また有能な弟子が多かっただけに、難航したらしい。ワーグナーは当初、ホフマンを推薦したが当局に受け容れられなかった(ワーグナーは先年、美術アカデミーの教授のポストが空席となった折、オルブリッヒを推薦しているが、これも当局から否定されたという)。またルドルフ・シンドラー(後年アメリカにわたり、ライトの事務所で働き、のち独立して多くの珠玉の住宅建築を設計した)を中心としたワーグナーに学ぶ学生達が、ロースに後継者として立候補するよう働きかけたことは、本書所収「私の建築学校」からも読み取れよう。ワーグナーは弟子達の作品展を開き、そこでヨーゼ・プレチニクを選んだが、これも当局から拒否され、結局、ワーグナー・シューレの理論家と目されていたレオポルド・バウアーが推薦され、当局からも受け容れられた。だがワーグナー・シューレの建築家達の設計における表層の戯れの傾向等に批判的だったバウアーは、教授に就任して美術アカデミーにての授業に向かうも、この人事に反対する学生達の阻止に遭ったという。そして終局的にはあのペーター・ベーレンスという大物建築家をドイツのベルリンから呼ぶことで、この人事もようやく落着したという。

ところでワーグナーの建築を受け継いだ、いわばウィーンの正統的建築家としては、ワーグナーの最も有能な弟子の一人ヨーゼフ・ホフマンが長らく考えられてきた。ブリュッセルの〈ストクレー邸〉等を設計、それにウィーン工房をコロ・モーザーと共に創設・運営したあのホフマンである。ホフマンは事実、オーストリア、ウィーンを代表する建築家として、これをリードし活躍した。ル・コルビュジエが一九〇七年と一九一一年の二度にわたってウィーンに旅した折のレポートには、ワーグナーやオルブリッヒ、それにホフマンのことばかりが報告され、ロースについては一言も触れられていないことからも分かる。なおウィーンのグラーベンに面して立つ紳士服店クニーシェ（一九一〇年）をル・コルビュジエは見て、ロースの設計とは知らず、「非常に美しい店舗」といい、スケッチを描いている。

だが近年では、建築思考においても、残した建築作品からいっても、このホフマンではなく、ホフマンと同年でライヴァル関係にあったロースこそがオットー・ワーグナーの建築思考を受け継いだ建築家である、といった見方が強い。これも当然と思われる。ゼンパー、ワーグナー、ロースという近代建築の系譜につながる太い線が存在するといえよう。

ところでロースは本文章からも分かるように、ワーグナーの建築を高く評価していたが（例えば住宅の設計において、何から何まですべて一人の建築家がデザインするのではその住空間は退屈で困る、といった苦言を呈している点を別として）、ワーグナーはロースをどう評価していたかという点になると、あまりよく分からないということが、今までのところ本当のようだ。自分の親しい弟子であるホフマンをあれ程まで個人攻撃するロースを、ワーグナーはあまり快く思わなかった、ということは充分考えられよう。

ワーグナーがロースの建築について述べているもので、よく知られたものがひとつある。ミヒャエル広場に面して立つ、ロース設計になる建物に関してだが、そのあまりに無装飾性故に大変なスキャンダルを起こしたこの建物について、新聞記者がワーグナーに意見を求めた時のものである。「我々（ワーグナーはウィーン市建築諮問委員会のメンバー）は批難の矢面に立っているこの建物を公式に擁護することは止めにした。その理由は、我々もまたこの建物にまったく問題がないとは思っていないからである。だがこれだけは私は言える。他の多くの建物の設計者などよりも、この建物の設計者の方がよほど芸術的資質がある。他の建物は、この建物とは違って、工事中止命令など当局から出ず平穏無事に実現されるが、それはそうした建物には何も主張するところが無いからである」。

＊

「デラックスな馬車について」(Das Luxusfuhrwerk) 一八九八年。『ロース著作集』(A)所収。初出は新聞『新自由新報』一八九八年七月三日付。

前出文の訳註・解説の項参照。

＊

「建築材料《マテリアル》について」(Die Baumaterialien) 一八九八年。『ロース著作集』(A)所収。初出は新聞『新自由新報』一八九八年八月二十八日付。

前出文の訳註・解説の項参照。

【訳註1】 ヨーハン・ベルンハルト・フィッシャー・フォン・エアラッハ(Johann Bernhard Fischer von Erlach 一六五六～一七二三)。ウィーン・バロックの代表的建築家。グラーツに生まれ、十四歳の頃、宮廷彫刻家であった父と同じく彫刻家を志してローマへ修行に行く。建築もその際に学んだ。十六年間にわたる修行の後、三十一歳で帰国。ウィーンの宮廷にて彫刻家として働きはじめるも、挫折、建築家への転身を図る。シェーンブルン宮計画案にて建築家としての才能を認められ、その後ウィーンで建築家として活躍する。その建築は傑作

のひとつ、ウィーンの〈旧宮廷図書館〉のように、非常に緻密な空間効果の計算のもとに、ダイナミックな内部空間の展開を示す一方、その多くの建築の外観はフランスの古典主義的な格調を示し、表層の造形も驚く程簡素で、禁欲的であるとさえいえる。ザルツブルクにある〈大学教会〉は内外ともその典型だが、他にウィーンの〈カール教会〉のような、神聖ローマ帝国の首都ウィーンの教会にふさわしいシンボルとイコンを総収集して、歴史のフラグメントから自在に抽出し建築的構成をした興味深い傑作もある。ウィーンの建築家に特徴的な世界性を有する一方、常に歴史から離れられない思考は、古今東西の建築を集めた世界で初の世界建築史図集ともいうべき『歴史的建築の構想』(一七二一)の著作にも表れている。

＊

「被覆の原則について」(Das Prinzip der Bekleidung)一八九八年。『ロース著作集』(A)所収。初出は新聞『新自由新報』一八九八年九月四日付。

前出文の訳註・解説の項参照。

【訳註1】〈パラッツォ・ピッティ〉(Palazzo Pitti)。イタリア、フィレンツェにあるピッティ邸館。ルネサンス時代、フィリッポ・ブルネレスキ設計(一四四六年)とされる。

【訳註2】〈パラッツォ・ファルネーゼ〉(Palazzo Farnese)。ローマにある邸館。現在フランス大使館となっている。ルネサンス時代、アントニオ・サンガロ・イル・ジョヴァネの設計にもとづき着工、後にミケランジェロが受け継ぎ完成(一五四七年)。〈パラッツォ・ピッティ〉と共に、ロース好みの簡素でモニュメンタルな、堂々とした建物。

【訳註3】フリートリッヒ・シュミット（Friedrich Schmidt 一八二五〜一八九一）。ネオ・ゴティク様式の〈ウィーン市庁舎〉（一八八三年）の設計者として知られる建築家。南ドイツに生まれ、ドイツ・ケルンのゴティク聖堂にて石工として修行。ウィーンに来て、シュテファン聖堂の石工の棟梁としても活動。ウィーン市庁舎やウィーンの中・高校《ギムナジウム》等も設計したが、その経歴に符合するように教会の設計が多い。ロース自身、父親は石工であったこと、建築家としての仕事もまた、職人のように建築現場での経験・仕事を大事にしたことから、石工の棟梁であり建築家でもあったこのシュミットに親近感を抱いていたようだ。

【訳註4】テオフィール・ハンゼン（Theophil Hansen 一八一三〜一八九一）。デンマーク人で、コペンハーゲンの美術大学を卒業後ギリシャに渡り、兄ハンス・クリスチャン（アテネ大学を設計した）と共にギリシャで活躍した。アテネの美しい建築である科学アカデミーや国立図書館等を設計した。アテネ工科大学の教授でもあったが、一八四〇年代にウィーンに招かれ、この地に移り住み、リング・シュトラーセの建物群を設計した。ギリシャ神殿をモティーフとした〈国会議事堂〉はハンゼンの作で、リング・シュトラーセにおける典型的な歴史主義建築の代表格である。代表作に〈楽友協会コンサートホール〉、〈ウィーン美術アカデミー〉、それに〈証券取引所建物〉の建物等がある。それらの内部空間は気品があり、美しい。また古代ギリシャに学び、実践したハンゼンの思考と建築はウィーンの建築家達に大きな影響を及ぼした。

ロースはこの〈ウィーン美術アカデミーの建築〉について「リング・シュトラーセとの位置関係も良い。ここから見ると、壮大でモニュメンタルな感覚を覚える」、それに「この建物の傍を通る度ごとに、感嘆の念を禁じ得ない」とまで高く評価する発言をしている（ロースが一九一三～一四年に催した建築見学会の際の発言を参加者が記したもの）。

なおこのハンゼンとオットー・ワーグナーとの関係は深い。ワーグナーが幼い時、父が亡くなり、母は賃貸住宅建設を企み、ハンゼンに設計を依頼している。それ以来、ワーグナーがウィーン工科大学に学んだ後、ベルリンの王立建築アカデミーで学ぶことを薦めたり、ハンゼンはワーグナーの良き相談相手だったようだ。また後年ワーグナーはこのハンゼンに仕事の上で協力した〈〈エプシュタイン邸〉（一八七一年）〉ことも知られている。

【訳註5】ハインリッヒ・フェルステル（Heinrich Ferstel 一八二八～一八八三）。ウィーンに生まれ、その美術アカデミーにて、ファン・デァ・ニュル等に学ぶ。ハンゼン、ゼンパーと共にリング・シュトラーセの主要建物を設計した。皇帝フランツ・ヨーゼフが暗殺から免れ、神への感謝の念から建てたといわれる〈ヴォティーフ（奉献）教会〉をネオ・ゴティク様式で設計、その後はルネサンス様式（代表作は〈ウィーン大学〉、それにホフマンが教師をしていた〈ウィーン工芸学校（現、応用美術大学）〉等々）で設計するというように、歴史主義的傾向が濃厚だった。

【訳註6】ゴットフリート・ゼンパー（Gottfried Semper 一八〇三～一八七九）。近代建築の論理的先駆者。ハンブルクに生まれる。古典ギリシャ・ローマ建築、彫刻の彩色についての論文がシンケルの目にとまり、シンケルの推薦でドレスデンの美術アカデミーの教授となる。このドレスデンでは機能が明快に形態に反映した傑作、〈旧宮廷劇場〉（一八四一年完成、これは後年火災で焼失し、その後同じゼンパーの手で設計、実現された〔一八七八年〕）。この

いわば第二の〈旧宮廷劇場〉も第二次世界大戦の戦禍に遭ったが、これも近年再建された）や美術館等を設計した。だが一八四九年に起きた人民蜂起に自ら参加して市民に混じってバリケードを築き、この市民革命の挫折後、国を追われパリ、ロンドンに亡命した。その後スイス、チューリッヒの連邦工科大学の教授となり、その〈工科大学棟〉、〈ヴィンタトゥールの市庁舎〉等々も設計した。ウィーンには晩年の一八七一年頃になって、ハープスブルク朝の王宮の整備計画の問題に関する顧問として招かれ、これをきっかけとして〈新王宮〉、〈自然史博物館〉、〈美術史博物館〉、それに〈ブルク劇場〉等を設計した（協働者としてカール・ハーゼナウアーを選んだが、あまりうまくいかなかったともいわれる）。いずれもルネサンス、古典主義的傾向を示す。

これらの建物群によってリング・シュトラーセの偉容の形成に貢献したが、ゼンパーの果した大きな意味は、なによりも、その建築思考、理論によってオットー・ワーグナー、ロース等の近代建築を切り拓いた建築家達に大きな影響を及ぼした点であろう（著書に『科学と産業と芸術』（一八三四）、『テクスタイル芸術について』（一八五九）等多数ある）。「芸術の主は唯一人、それは必要性だ」というテーゼを前提とし、「建築家にそれぞれ課せられた課題に最も適した材料《マテリアル》を使用する」と、まず材料の選択にも、そして形態もこの材料と密接な関係がある、といった主張において、目的合理主義的思考を鮮明にする。ワーグナーも、そしてロースもゼンパーについてしばしば言及し、二人はその主張においてもゼンパーの言をそのまま踏襲した、といっても過言ではない程である。またこの文章からも読みとれるように外気候から人間を庇護する空間の材料《マテリアル》の最初のものとして、テクスタイルを規定するゼンパーにロースは強い共感を抱いたのだが、ここにもゼンパー、ワーグナー、ロースを結ぶ近代建築を拓く太い系譜が認められるといえよう。

ロースはドレスデン工科大学において学んでいる。ゼンパーもかつてこの都市の美術アカデミーの教授であり、いくつかの建築作品を遺していることからも、ロースはゼンパーに一種の親近感を抱いたらしい。またこれがロースの建築思考形成へのモーメントとなったことも十分考えられる。またロースは自分の建築学校の授業の一環として、ウィーン市内の建築見学会を催したが（一九一三年）、そんな時にも、ゼンパーの建築には非常に好意的で、他方、協力者のハーゼナウアーをなじりあまりよくいわなかったといわれる。〈美術史博物館〉〈自然史博物館〉についてロースは、「ルネサンス以来建てられたウィーンの建築のうちで、そのコンセプトにおいても、仕上げにおいても際立って素晴しく、そして気品ある建築である。特に一階部分の開口の上部にあるコーニスは非常に素晴しい。だからこの建築を眺める度に、ベートーヴェンの音楽を聴く時のように心が高揚し、弾む」と述べている。

*

「ポチョムキンの都市」（Die Potemkin'sche Stadt）一八九八年。『ロース著作集』(B)所収。初出はゼツェシオーンの機関紙「聖なる春《ヴェル・サクルム》」一八九八年七月号。

【訳註1】グレゴリ・アレクサンドロヴィチ・ポチョムキン（一七三九〜一七九一）。ロシアの将軍、政治家。エカテリーナ女帝（二世）の寵臣として、内外の国政に大きな影響力をもった。なおポチョムキンの命によって巨大なキャンバスに描かれた村とは、エカテリーナ女

帝のクリミア旅行（今日のウクライナ地方、一七八七年）、中のことと思われる。

＊

「女性と家」（Die Frau und das Haus）一八九八年。『ロース著作集』(B)所収。初出は新聞『新自由新報』一八九八年十一月三日付。

＊

「建築における新・旧二つの方向――最近のウィーンの芸術思潮を十分考慮した上での比較検討」

(Die alte und die neue Richtung in der Baukunst ―― Eine Parallele mit besonderer Rücksicht auf die Wiener Kunstverhältnisse) 一八九八年。『ロース著作集』(B)所収。初出は雑誌『建築家《デア・アルヒテクト》』。

この文章はヘロルド社刊『ロース著作集1』（一九六二）には収められていなかった。なおこの文章は、雑誌『建築家』が発表した同じテーマについての懸賞論文へのロースの応募論文。ロースの応募論文は二等賞。一等賞はヨーゼフ・フォン・ダーレン、三等賞はレオポルド・バウアー。なおこのバウアーはオットー・ワーグナーの弟子で、ワーグナー・シューレの理論家と目されたが、そのワーグナー・シューレの建築家達が表層の戯れに陥いる傾向に批判的でもあった。なおこのバウアーとワーグナーのウィーン美術アカデミーの後任教授の人事については、訳註オットー・ワーグナーの項（二九三ページ）を参照。

【訳註1】アンドレアス・シュリューター（Andreas Schlüter 一六六〇～一七一四）。北ド

イツの都市ダンツィヒともポーランドの生まれともいわれるが、不詳。その生涯についても不明な部分が多い。三十歳前後にワルシャワにて彫刻家として働き、三十五歳頃ベルリンに招かれ、はじめ彫刻家として活躍し、その後建築家としても名を馳せた。一六九八年ベルリンの兵器庫の工事監督官に就任し、そして王宮建設主任建築家としてプロイセン王国のベルリン王宮の増改築（一六九八〜一七〇六）を行ない、彫刻群で飾られた壮麗、且つ力強い建築でドイツ・バロック建築の代表作といわれた。

【訳註2】アントワーヌ・ル・ポートル（Antoine Le Pautre 一六二一〜一六八一）。フランス・バロックの建築家。パリの〈オテル・ボーヴェ〉の作品等が知られている。それと自身の『作品集』の出版で、大きな影響力をもっていた。

【訳註3】エリアス・ホル（Elias Holl 一五七三〜一六四六）。南ドイツ、アウグスブルクの建築家で、十七世紀ドイツの建築界をリードした。イタリアに旅し、パラディオの建築に影響を受けた。代表作はアウグスブルク市庁舎（一六二〇）で、他に兵器庫、病院等多数の作品がある。

＊

「馬具職人」（Der Sattlermeister）一九〇三年。『ロース著作集』(C)所収。初出はロース自身の編集になる小冊子『他のもの。西欧文化をオーストリアに移入するための小冊子』第一号。

この小冊子『他のもの。西欧文化をオーストリアに移入するための小冊子』は、ロース自身が書き、広告の部分までも編集したもの。クラウスの『炬火《ディ・ファッケル》』誌を思い起こさせる個人誌で、ペーター・アルテンベルクが編集していた半月刊雑誌『芸術《クンスト》』の附録として発行、発売された。だが二号でもって廃刊となった。なおオーストリアは西欧の国であるのに、何故「西欧文化をオーストリアに移入する」必要があるのか、といった点についてだが、当時先進国であり、都市化が進んだ他の西欧の国々（特にイギリス、それにアメリカも含めて）の生活を見聞したロースの眼には、「周縁」に位置するといってよいオーストリア（ドイツ語で東方の国《エスターライヒ》）は文化の面でまだまだ後進国と映ったからであろう。この二号発行された小冊子において、ロースは、食事の際のマナーの問題、服装の問題、料理の問題等々、日常生活のこと細かな点について考察をし、オーストリアの後進性を指摘し、そして「近代的」とは何かと説く。啓蒙主義的な面が強かったロースがここにも見られる。

なお本章文中の「教授」とは明らかにヨーゼフ・ホフマンを指している（三〇九ページ、訳註ヨーゼフ・ホフマンの項参照）。

【訳註1】 ゼツェシオーン（Sezession）。一八九〇年代に起きた若い美術家を中心とする既体制（保守的なアカデミー）すなわち過去の様式からの分離運動。ミュンヘンで最初に起こり（一八九二）、ウィーン（一八九七）、ベルリン（一八九九）等々ドイツ各地に起きた。ウィーンのゼツェシオーンは、画家のG・クリムト、ワーグナーの弟子のJ・M・オルブリッヒ、ホフマン等が中心的存在であり、自分達が標榜する美術の展示館〈ゼツェシオーン館〉がオルブリッヒの設計により、一八九八年に建設された。またこのウィーン・ゼツェシオーン（正式名はオーストリア美術家連盟）の機関紙が『ヴェル・サクルム』である。ワーグナーは一八九九年加入して（この加入によって、ワーグナーは市民の強い反感を買ったといわ

れる)、ウィーン・ツァイレの賃貸住宅(マジョリカ・ハウス)のようなこの運動に共通する装飾臭が強い建築を設計しているが、一九〇五年にはクリムト等と脱退している。
なおゼツェシオーンという名は、古代ローマの故事(紀元前五世紀、古代ローマの平民プレブスによる分離・独立運動)にちなみ、宗教、政治、芸術団体からの分離、独立(Secedere)を語源にもつ。

【訳註2】ヘルマン・バール(Hermann Bahr 一八六三〜一九三四)。劇作家、評論家。
バールは、六十歳の誕生日を迎えたロースへのお祝いの言葉として「……人生は遊びではないし、芸術にもある種の節制と義務の感覚が支配する。そのことを人は聞きたがらないし、また有用性の感覚が大事だということを人々に訴えるには、相当の勇気が要る。これらを訴え、主張した人々は我々の間にもいなかったわけでもない。カミロ・ジッテ、そしてオットー・ワーグナー、アルフレッド・メッセル、テッセノウ、こういうように列挙していけば際限がない。だがこうした中でとび抜けた人物はアドルフ・ロースだ。理由は、ロースはそうした点の自覚を喚起するために、「装飾と犯罪」なる名文句を考え出したからである。この名文句には誰もが耳をそば立て、それを一度聞くと、誰もが小声で反復した……」と語っている(ロースの六十歳の誕生日を記念してその祝辞を集めた小冊子〔一九三〇〕)。

【訳註3】ジョン・ラスキン(John Ruskin 一八一九〜一九〇〇)。イギリスの美術・建築評論家。著書『建築の七燈』や『ヴェネツィアの石』等によって名声を高め、その影響はモリスをはじめとして、ヴィクトリアン・ゴティクやアート・アンド・クラフト運動の先駆者とされる。

＊

「ウィーンにおける最も素晴しい内部空間、最も美しい貴族の邸館、最も美しいが近々取り壊しの運命にある建築物、最も美しい新建築、最も美しい散歩道」（Der schönste innenraum, der schönste Palast, das schönste sterbende Gebäude, das schönste neue Gebäude, der schönste Spaziergang in Wien）一九〇七年。『ロース著作集』(C)所収。初出は新聞『観光新聞《フレムデン・ブラット》』一九〇七年四月七日付。アンケートに答えた小文。

＊

「住居の見学会」（Wohnungswanderungen）『ロース著作集』(B)所収。初出は新聞『フランクフルト新聞』一九〇七年十二月八日付。

ロースは二日にわたる住居の見学会を開催した。この企画のためのパンフレットが知られているが、第一日目にはウィーン一区と四区の七つの住居と二つの店舗空間、第二日目にはウィーン一区と八区、九区の六つの住居の見学である。これからもわかるように、すべてが住居ではなく、二つの店舗空間の見学も含まれていた。パンフレットでは、見学予定の各住居、店舗空間について、ロースによる簡潔な解説文が付けられている。その最後部に、(A)食卓の椅子はすべてオーストリア博物館蔵の椅子をコピーしたものであること、(B)その他の椅子はすべてイギリスの椅子をコピーしたものであること、(C)象の長い鼻のかたちをしたテーブルを製作したウィーンの工房について、また壁のタイルがパリのビゴット社製であること等を記した後、「他のすべての近代家具と照明器具は私のデザインによるものであり、見学の対象となる住居は最近八年間に完成したものである」と付け加えている。またこのパンフレットの裏面には、「住居の見学の際、戸口でよく靴の汚れを落としてください」と見学者に注意を喚起した後、「見学の対象となる住居の住まい手の方々には、見学の許可を下さり、感謝の言葉を表したい。——また、（この住居の見学会の後、刺激を受けて）自分の住居の設計を私に依頼したいのであれば、住居を建てたい、あるいは改築したいと本当に必要性を感じている人のみに限る。このような見学会において他人に自分の住居を見せたいと思うようなスノッブはお断りだ。そうして完成した住居は芸術雑誌に掲載されることはないし、またこのような住居の見学会は二度と開催されることはない。アドルフ・ロース」とロースらしい言葉が記されている。

【訳註1】 ビーダーマイアー様式。ナポレオン戦争などの混乱の後から十九世紀中頃の市民革命前夜に至る期間（およそ一八一五〜一八四八）に一時の平穏な小市民的文化がドイツ、オーストリアに築かれたが、その様式。経済的には豊かではないが、つつましい平穏な家庭生活を求めたのだが、そこにはほのぼのするような居心地の良い独特な住文化が花開いた。住居は外観においても室内のしつらえにおいても、見かけの立派さよりも簡素なつつましさ、そして優しく細やかにディテールに気を配った親密さ、心地の良さが志向された。カーテン、壁紙、家具、照明器具それにコーヒーポットや食器といった日常の生活空間を形作るものがより実質的に、だが新古典主義の時代に相応しく格調を失わず、また趣味よく、つつましくつくられた。十九世紀後半のイギリスのより実利・実質的住文化と同様、二十世紀初頭のウ

ィーンにおける近代建築の展開にビーダーマイアーの住文化は少なからぬ役割を果たした。代表的な建築家はウィーン郊外バーデンのヴァイルブルク城館やザウアーホーフ、それにウィーンのユダヤ教会、賃貸住宅などを設計したヨーゼフ・コルンホイゼル（一七八二〜一八六〇）。

【訳註2】 一二二ページ、本文「文化の堕落について」を参照。

＊

「余計なこと（ドイツ工作連盟）」（Die Überflüssigen ── Deutscher Werkbund）一九〇八年。『ロース著作集』(C)所収。初出は雑誌『メルツ』一九〇八年八月号。

【訳註1】 ドイツ工作連盟（Deutscher Werkbund）。日用の生活用品を含めて多くのものが（後には住居までもが）工場で大量生産されるという時代の流れに対応して、そうしたものの価値（主として美的な）をいかに向上させるか、といった問題意識のもとに、建築家、画家、工芸家、製造業者等が結成したもの。ヘルマン・ムテジウスが議論のきっかけを作り、それに刺激を受けて、一九〇七年にミュンヘンにて創設された。テオドーア・フィッシャー（建築家）が初代会長、オーストリアからはG・クリムトが理事として名を連ねていた。後にオーストリアにおいても（オーストリア工作連盟、一九一〇年）、スイス、スウェーデンにおいても共に一九一三年創設された。また一九二七年シュトゥットガルトのヴァイセンホーフにおいて開催された住宅展（ミース、グロピウス、ル・コルビュジエ等十六人の建築家が参加、ロースは参加したくとも、拒否される。二八四－五ページ、ロース自身による原註

1参照）はドイツ工作連盟の主催によるもの。またオーストリア工作連盟も一九三〇年ウィーン郊外において同様な住宅展を開催し、ロースはこれに参加し、ラウムプランによる非常に興味深い二戸建て住宅を設計している。オーストリア工作連盟では、ロースと犬猿の仲にあったホフマンと共に、ロースを高く評価していたヨーゼフ・フランク（ロースもこのフランクを高く評価していた）が主導的立場にあった。

なお一九〇八年、ミュンヘンにおいて開かれたドイツ工作連盟の第一回の大会には、非会員であるロースも招かれたという。この文章はこの大会に出席してのレポートである。

【訳註2】アンリ・ヴァン・デ・ヴェルデ（Henry van de Velde 一八六三〜一九五七）。ベルギーのアントワープに生まれ、絵画を学んだが、後にアール・ヌーボーが盛んな時代、曲線を用いた優美な造形で工芸、家具、建築の分野で指導的な役割を果した。主にドイツで活躍し、ワイマールにおいては美術・工芸学校（自身の設計）の校長をした。建築では一九一四年ケルンにおいて開催された〈ドイツ工作連盟展の劇場〉、ハーゲンの〈フォルクヴァング美術館〉等々がある。ロースの眼にはホフマン、オルブリッヒ等と同類と映った。

【訳註3】ヨーゼフ・ホフマン（Josef Hoffmann 一八七〇〜一九五六）。ウィーン美術アカデミーにてオットー・ワーグナーに学ぶ。ワーグナーのアトリエで働いた後、ウィーン工芸学校（現、ウィーン応用美術大学）の教授となる。J・M・オルブリッヒ等とウィーン・ゼツェシオーン運動を起こす。オットー・ワーグナーの正統的後継者と目され、オーストリアの代表的建築家として活躍（近年では、ワーグナーの後継者、特に建築思考的な後継者はこのホフマンではなく、ライヴァルであったロースとする傾向が強い——二九三ページ、訳註

オットー・ワーグナーの項参照)。代表作にはプルカースドルフの〈サナトリウム〉(一九〇六年)やブリュッセルの〈ストックレー邸〉(一九一一年)等がある。また画家のコロ・モーザーとウィーン工房(一九〇三〜一九三二)を創設・運営、室内装飾や工芸品を創った。

このホフマンとロースは大変なライヴァル関係にあったといえる。バロックの時代J・B・フィッシャー・フォン・エアラッハとルーカス・フォン・ヒルデブラント、この二人のウィーンの建築家もそのようなライヴァル関係にあったことが思い出される。同じ年に生まれたロースとホフマンだが、ワーグナーを継ぐ正統派建築家としていわば陽の当る道を歩んだホフマンに対し、さほど恵まれた建築家とはいえなかったロースが個人的にも仕事の上でも非常な敵意を抱いて、攻撃した。ホフマンはこれを柳に風と受け流していたといったことが実情だったようだ。

一八七〇年に生まれた二人は十二歳の時、チェコの中学校で知り合いになったらしい。だから二人はいわば幼な友達であった。ホフマンは工芸学校を出て、ウィーンの美術アカデミーにて、はじめはハーゼナウアーの下で、その死後その後任教授となったオットー・ワーグナーの下で学び、卒業後、ワーグナーのアトリエで働いている。ロースは別の工芸学校を出て、ドレスデンの工科大学に学ぶも中途退学し、その後アメリカ旅行などを経て、一八九六年、ウィーンに居を定め、建築家としての活動を始める。かくして二人はウィーンにおいて再会するのだが、当初は二人は友好的な友達付き合いだったようで、新聞等に批評文を書いていたロースは、ホフマンの設計に対して好意的な評をしていた。ホフマンも中心的人物の一人であったウィーンのゼツェシオーン運動の機関誌『ヴェル・サクルム』にも、非会員であるロースがいくつかの文章（「ポチョムキンの都市」等）を寄稿している程である。ところがオルブリッヒ設計になる〈ゼツェシオーン館〉中のある部屋の改装をロースがやりたいと申し出たところ、ホフマンが拒否、これが直接のきっかけとなって、二人は犬猿の仲ともいうべき関係になっていったようだ。またロースの設計（改築）になる〈シュテスラー邸〉をロースがホフマンに見せたところ、ホフマンはその後の設計において、これを真似するようになったこと（ロースの言）や、ホフマンはワーグナーの推薦によってウィーンの工芸学校の教授となったことも、ロースにとっては気に入らないことであったらしい。つまりロースは工芸の改革に熱心だったこと（新聞等に積極的に自分の主張——職人の仕事と芸術とをはっきりと区別をした）から、この人事が気に入らなかった（自分が教授になりたかった?）。ちなみに、この工芸学校の人事についていうと、当初はワーグナーはオルブリッヒを推薦した（アカデミーの教授にも）のだが、両方とも当局から拒否されたという。それでホフマンが教授になり、オルブリッヒはダルムシュタットの芸術家村への招きを受けて、ウィーンを去る決心をし、ダルムシュタットへ移ったという。

かくして事ある毎に、ロースはホフマンを攻撃することとなる。「馬具職人」中の某教授とは明らかにホフマンを指すが、その他、ロースの文章中において度々、彼は揶揄される。ロースがホフマンを批難する点は、「馬具職人」中でも典型的に表われているように、芸術家を気取って、表面の見かけだけの形・美に戯れている、要するに「図案家」に過ぎなく、思想も信念もないただ流行に乗るだけの人、といった点だろう。ロースがホフマンの設計になる住宅を実際に見て、ロースがホフマンにそれを言うと、「いやあれはもう三年も前に設計したもので、あんなくだらないものは見ないでくれ（それより新作を見てくれ）」とホフマンは答えたと、「私の生活におけるひとつの出来事（一九〇三年）」（『ロース著作集』(C)所収）及び「ヨーゼフ・ファイリッヒ」（二七五ページ）にロースは記しているが、これもホフマンのそうした点を浮き彫りにしている。

一九二五年、パリにおいてアール・デコ展が開かれ、オーストリアもそれに参加した。オーストリア館はホフマンの設計によるもので、展示されたものの多くはウィーン工房の作品であることから、当時パリで生活していたロースが不快感を抱かないはずはなく、ロースはその後、わざわざウィーンに戻ってきて、ウィーンの伝統的な工芸品が展示されない点や、またウィーン工房について批難の言葉を浴びせる講演をしている。講演会場においては無論のこと、後の新聞紙上においても賛否両論の議論が闘わされた。この議論の内容はともかく「不機嫌な批難、攻撃は止めにして、もっと愉快な創造の喜びにロースが時間を費やして欲しい」といった声（マックス・エルマース、美術史家）や、「ロースは講演において、ミヒャエル広場に面して立つロース設計になる建物について再び述べていたが、この点については、ウィーンの市民達はこの建物にとっくの昔から慣れてしまい、今日ではそう違和感は抱いていない、と言いたい。当時、その建物が建てられた頃は、近代的なものに対してはすべて、ある反発の気分が支配していた時で、当時の社会はロースに対しては、本当に不当なことをしたと思う。だがそのことは本来的に見れば、ロースにとって幸いしたとも言えよう。というのはそれによってロースの名が有名になったからである。それにしても、ロースという人物の特徴的な点は、一度自分になされた不当、過ちというものを忘れることができず、自分の思考中に組み入れて、そして個人攻撃までに尖鋭化することである」といったあるウィーンの芸術批評家の声もある。

またホフマンについては「ホフマンは、常に自分の作品だけを前面に出し、でしゃばって売名行為をするような人間ではない。また建築家ロースからの攻撃があっても、これに応えてロースを攻撃するようなことはしなかった」といった声（ウィーン工房の経営者の一人）があったようにホフマンはロースの批難・攻撃に対しては沈黙を守り、あるいはこれを無視した、といえるようだ。なおホフマンがロースに対して語った言には次のようなものがある。「ロース氏は非常に冗談が好きで、またとても話上手だ。私自身には残念ながら、そうした才が欠けている。これが、新聞紙上等において堂々と私がロース氏と論争できない理由なのだが……。だが我々の仕事が、せいぜいロース氏が批難してきたウィーンの郷土料理と同程度だというのなら、私はそれで十分満足だ（一九二七年）」。

【訳註4】 リヒャルト・リーマーシュミット（Richard Riemerschmidt 一八六八～一九五七）。ドイツの建築家、美術工芸デザイナー。ユーゲントシュティル（ドイツのアール・ヌーヴォー）でP・ベーレンス、A・エンデル等と共に指導的な役割を果した。

【訳註5】 ヨーゼフ・マリア・オルブリッヒ（Joseph Maria Olbrich 一八六七～一九〇八）。ウィーンの〈ゼツェシオーン館〉と、ドイツ、ダルムシュタットの〈芸術家村〉の建築群の設計で知られる建築家。ウィーンの美術アカデミーにおいてハーゼナウアー（〈ブルク劇場〉等の設計でゼンパーに協力した）に学び、卒業後もこの教授のアトリエで働く。ハーゼナウアーの死去（一八九四年）後、オットー・ワーグナーが後任教授となり、オルブリッヒ

はそのまま残って、美術アカデミー内のワーグナーのアトリエで働く。この五年間の勤務では、主として〈市営鉄道の駅舎〉等の諸施設の設計に従事したといわれる。一八九七年クリムト等とウィーンのゼツェシオーンの創設に尽し、一八九九年には〈ゼツェシオーン館〉を完成させている。

ワーグナーはオルブリッヒを高く評価し、美術アカデミーの教授が空席となった折、このオルブリッヒを推薦したり、また工芸学校の教授にも推薦したが、当局の受け容れるところでなく、ドイツ・ヘッセンのルードヴィヒ大公に招かれ、ダルムシュタットの芸術家村に行くこととなった。この芸術家村では〈成婚記念塔〉等、多数の建築を設計した。その後、デュッセルドルフにティーツ百貨店を設計したが、間もなく白血病にて四十歳の若さで死去(一九〇八年)してしまった。

なおロースは自分の建築学校の生徒達のために催したウィーンの建築見学会において、オルブリッヒの〈ゼツェシオーン館〉について、厳しい批判をし、「オットー・ワーグナーは、オルブリッヒを自分の最も優秀な弟子であり、建築の先駆者だともいっていたが、私の目にはあまりたいした建築家ではない」と語ったという。

*

「文化の堕落について」(Kulturentartung)一九〇八年。『ロース著作集』(C)所収。初出は不詳。著作集(C)が初出ともいわれる。

【訳註1】 ヘルマン・ムテジウス(Hermann Muthesius 一八六一～一九二七)。ドイツの建

築家。ベルリンの工科大学に学ぶ。一八九六〜一九〇三年の七年間、在英ドイツ大使館付文化アタシェとしてロンドンに滞在（その前には日本にも滞在〔一八八七〜九一〕している）し、イギリスの住宅や工場建築を研究。モリス等のアート・アンド・クラフト運動にも刺激を受け、ドイツに帰国後、工芸品等の大量生産される物の質の問題について発言し、議論を呼び、これをきっかけとして、ドイツ工作連盟が創設された。その後もこの組織の活動をリードした。またロンドン滞在中のイギリスの建築研究の成果として、名著『イギリスの住宅（一九〇五）』（これは近年D・シャープによって英語抄訳された）を出版し、大陸ヨーロッパの住宅建築に、更にはそれをとおして近代建築の発展に多くの影響を及ぼした。またベルリン郊外に〈クラマー邸〉（一九一二年）等の、主として住宅建築を設計している（ドイツの評論家J・ポゼナーはその〈クラマー邸〉を学生時代に見学した折、「まるで恋に落ちるようだった」と愛着をこめ、高く評価している。そしてそれを「叙事詩的な建築」とも名付けている）が、それらはイギリス風な住宅の傾向を示す。

なお本章においてロース自身述べているごとく、ロースはムテジウスの著書を読み、少なからぬ影響を受けたといってよかろう。

【訳註2】 ウェル・サクルム（Ver Sacrum）。春の初物を供える神事が執り行なわれる聖なる春、の意。聖なる春とは潑剌たる青春、若者の意か、なおゼツェシオーンはドイツではユーゲントシュティル（Jugendstil 青年の様式）、フランスではアール・ヌーヴォー（Art Nouveau 新芸術）。ウィーンのゼツェシオーンの機関紙として、一八九七年発行された。ロースも、非会員ながら、この雑誌にいくつかの文章を寄稿している（本書には、「ポチョム

キンの都市」を収録)。

＊

「**装飾と犯罪**」(Ornament und Verbrechen)一九〇八年。『ロース著作集』(C)所収。初出はフランスの雑誌『カイエ・ドジュルドゥイ』一九一三年。これはフランス語訳だが、ドイツ語の初出は不明。分かっているものでは、ドイツの新聞『フランクフルター・ツァイトング』一九二九年十月二十四日付。一九〇八年に書いた草稿をもとに、ロースは、ウィーン、ミュンヘン、ベルリンその他、各都市において講演した(ウィーンにおいては遅くとも、一九一〇年一月二十一日文学・音楽協会にて講演した記録が残されている)。

センセーショナルな(センセーションを起こすに効果的な)題名と、それに印刷された文章として残っていない(少なくとも、多くの人々の手にわたらなかった)ことから、文章の一部のみが抽出されさまざまな誤解と、偏見に満ちた憶説がなされたともいえよう。

なお本章に限っては、英訳から訳されたと思われる中村敏男氏の訳(雑誌『SD』一九六七年七月ウィーン特集号所収)を参照させていただいた。

＊

「**ミヒャエル広場に面して立つ建物についての二つの覚え書とその補章**」(Zwei Aufsätze und eine Zuschrift über das Haus auf dem Michaelerplatz)一九一〇年。『ロース著作集』(C)所収。初出は、二つの覚え書はそれぞれ、ウィーンの新聞『朝《デア・モルゲン》』一九一〇年十月三日付、ウィーンの新聞『帝国通信《ライヒス・ポスト》』一九一〇年十月一日付。補章は、ウィーンの新聞「新自由新報」一九一〇年十二月六日付。

無装飾性故に大変なスキャンダルとなりスキャンダル好きなウィーン市民を喜ばせたロース設計になるこの建物について、そしてそのスキャンダルの顚末については、拙著『アドルフ・ロース』(一九八〇年、鹿島出版会)を参照されたい。

なおこの建物にまつわるスキャンダルが止まず、当局による工事中止命令、ないし使用許可がおりない一九一一年十二月十一日、ロースはこの建物の見学会を催し、その日の夕、二千人もの聴衆を前に講演している。この講演は『ロース著作集』(B)に収められており、前記拙著中にも掲載したが、ここに再録しておく。

モダンな現代の人間には、多忙だから、街を歩く時自分の目の高さにあるものしか目にはいらない。屋根の上に仰々しく並び立てられた立像などを、しげしげと眺める暇のある者など今日、いない。見方を変えれば、その都市がモダンかどうかは、街路の様相を見れば分かるといってもよいだろう……。ミヒャエル広場に立つ建物においては、住居施設部分と商業施設部分とを明快に分離するため、ファサードの造形を、それぞれ異なるように配慮した。そしてこの場合、正面の列柱と、側面のそれより細い列柱とによって、ファサードのリズムを強調したかった。これが欠ければ、およそこれは建築とはいえまい。

上、下階の柱の芯、軸線が一致していないのは、こうした上、下階を分けたことを、さらに明快にさせるためだ。また、この建物から重苦しいモニュメンタリティを取り去り、一人の洋服屋が、(高級な洋服屋だとしても)ここに店を開いたということを如実に示すため、窓は、イギリスによく見られるようなベイ・ウィンドウとした。このベイ・ウィンドウは、細かく割り付けられた格子の窓枠に、ガラスが嵌めこまれているところから、室内に、親密な雰囲気を創り出す効果を有している。また、この格子状のガラスの細かい割り付けは、実用的な面ももち合わせている。すなわち、それがつくり出す安全且つ庇護されたという感覚である。二階から下の街路に落ちる心配はない……。ジャーナリストのAは、この建物についてこう書いている。どうもこの家は、笑いの消えた陰気な、それも髭をきれいに剃った蒼白い男の顔をしているようだ。そう、笑いが消えた建物だ。ということは、笑いも、また装飾の一つだから、と……。私は、芸術家協会に出入りするおもしろおかしい髭面などより、笑いの消えたベートーヴェンのあの髭をきれいに剃った男の顔の方が、余程、美しいと思う。ウィーンの建物は、厳粛に、そして且つ威風堂々としていなければならない。昔のウィーンの建物は、いつでもそうであった。あきれたドンチャン騒ぎにも、くだらない冗談にも、もう飽き飽きした……。

昔は、街の中でひときわモニュメンタルな建物があったとすると、まわりの建物は、それなりに目立たぬよう、おとなしく引込んでいたものだ。装飾のない一般市民の建物がそうであったのだ。ある一つの建物は雄弁に語りかけ、他の周囲の建物は沈黙を守っていた。それが今日ではどうだ。どんな建物でも、大声で叫び合っている。うるさくて、一つとしてその声がよく聞き取れないではないか……。

また当時、この建物を訪れた人が、その訪問を記念して記載する「訪問者のための記帳」が保管され、最近出版された（レッカー社、一九八五年）。この訪問帳に記載した人達の中には、ゲオルク・トラークル（詩人）、ココシュカ、クラウス、マルセル・レイ、ヴェルフエル（詩人）、ペーター・アルテンベルク等々がいる。そのいくつかをみると、ゲオルク・トラークル「ある（偉大な）精神の相貌。真面目で、石のように沈黙を守っている、そして大きく、堂々と形づくられている。アドルフ・ロースを賞賛したい」。フランツ・ヴェルフエル「私の学校時代ラテン語の時間で、よく理解できなかったラテン語の意味をアドルフ・ロースは今になって教えてくれた、それは大芸術家という言葉だ」。ペーター・アルテンベルク「〝合目的性〟が大事なわけで、他のすべては下らないものだ！　それが帽子であっても、建物であってもそう言える。例えば詩なぞ、詩作を通して成長する詩人だけは別として、なんの役に立つものではない！」。

【訳註1】 ヴィラ・カルマ（Villa Karma）のこと。スイス、モントルー近くのレマン湖畔に立つ別荘の改築をロースはウィーンの生理学者・医師に依頼された（一九〇三年）。もともとワイン作りの農家であったものを、医師が買い取り、スイスの建築家ラヴァンシー（H. Lavanchy）に別荘への改築を依託した。古い農家を上部に一階分増築し、またこの既存建物を囲い込むようなかたちの大規模な増改築工事で、躯体が完成しつつあった時点で、医師はロースに主として内部空間の設計工事を依頼した。医師は以前よりアメリカの画家ギブソンに興味を持ち、ロースの設計になる「カフェ・ムゼウム」の一隅にギブソンの部屋として壁を多数のギブソンの絵で飾ったことから、医師はロースに興味を抱き、設計を依頼したの

ではないかという。ロースの設計によって主として内部空間の工事は着手されたが、この施主の裁判にまで発展したセンセーショナルな事件（幼い少女のポルノ写真を撮っていた）が起きた（アメリカ等に逃亡したが、最終的には有罪判決が下され、多額の保釈金を支払った）こと、また保釈金支払い等による施主の金銭的余裕の無さによる設計報酬の支払い問題等もあり、やがて気難しい施主とソリが合わなくなり、完成前にロースはこの計画から手を引いた（一九〇六年）。その後、この建物は、ロースの推薦によりロースの友人でウィーンの建築家マックス・ファビアーニ（ウィーン工科大学のカール・ケーニヒの弟子。ロースが設計したウィーンのカフェーハウス、〈カフェ・ムゼウム〉（一八九九年）のロースへの設計の仕事は、このファビアーニの紹介によるものといわれる）が引き継いだが、この建築家の案も受け容れられず、それでファビアーニは工科大学助手時代に指導したフーゴー・エールリッヒ（Hugo Ehrlich）を推薦（一九〇八年）、このクロアチア出身の建築家がロースの設計を尊重しつつ完成させた（一九一五年頃）。医師は一九一九年に自殺し、相続した息子は一九二〇年に売却し、一九三六年以降はモントルー町の所有となった。

【訳註2】キンスキー邸は一七一三年に完成した当時の施主であるダウン伯爵の名を残し、後の所有者の名と共に、ダウン・キンスキー邸ともいう。ヨーハン・ルーカス・フォン・ヒルデブラントの設計。フライングに面して立つウィーンの邸館の傑作のひとつ。

【訳註3】ロブコヴィッツ邸は一六八七年に完成した当時の施主であるディートリッヒシュタイン伯爵の名もとって、後の所有者の名と共に、ディートリッヒシュタイン・ロブコヴィッツ邸ともいう。イタリア人建築家ジョヴァンニ・ピエトロ・テンカラの設計によって完成

したが、後にフィッシャー・フォン・エアラッハによって屋階アティカ部分と正面入口が付け加えられた（一七一〇年）。ロブコヴィッツ広場に面して立つ。

＊

「建築について」（Architektur）一九一〇年。『ロース著作集』(C)所収。初出は雑誌『嵐《デア・シュトルム》』一九一〇年十二月。

残された原稿には、「親愛なる聴衆の皆さん。……」と書き出していることから、「装飾と犯罪」と同様、この草稿をもとに講演したと思われる。またこれもフランスの雑誌『カイエ・ドジュルドゥイ』（一九一三年）にフランス語訳されている。

【訳註1】 ワーグナー、オルブリッヒそれにホフマンをはじめとするワーグナー・シューレに関連する建築家達が、なにかに憑かれたかのように小さな正方形（一～二センチ角）模様をデザイン・モチーフとして内外の壁面等をデザインした。縮尺百分の一などの図面では、この小さな正方形は点で表現するほかなく、それで「点打ち」と呼ばれたのであろう。とりわけホフマンは建築に限らず、家具、食器等のデザインにおいて、この正方形を主要なデザイン・モチーフとした。本文「住居の見学会」の下水道の格子蓋についての言及（一一一―一一二ページ）はこれと関連する。イギリスのマッキントッシュ等の影響と思われる。

＊

「私の建築学校」（Meine Bauschule）一九一三年。『ロース著作集』(C)所収。初出は雑誌

『建築家《デア・アルヒテクト》』一九一三年十月号。

【訳註1】オットー・ワーグナーのもとで学んでいたルドルフ・シンドラーをはじめとする数人の学生といわれる(ワーグナーの後任人事については、訳註オットー・ワーグナーの項(二九三ページ)を参照)。このルドルフ・シンドラー(一八八七~一九五三)はウィーン美術アカデミー卒業後、ロースの影響を受けて、アメリカに移住(一九一三年)。フランク・ロイド・ライトの事務所に勤務の後、カリフォルニアにおいて独立、〈ロベルビーチ邸〉をはじめ数々の住宅の秀作を残した。なおウィーンの工科大学で学んだリチャード・ノイトラもロースのアメリカ話に影響を受け、一九二三年にアメリカに移住、ライトやこのシンドラーの事務所で働いた後、独立している。

【訳註2】シュヴァルツヴァルト女史は教育家・教育改革者で、ウィーン市内にて私立女学校を経営していた。夫妻の住居はロースの設計によって改築・改装された(一九〇五年)が、ここに一種の文化サロンが形成され、ロースも毎週日曜になると出かけていったという。このようにロースとこの夫妻は懇意であった。ロースが作曲家シェーンベルク(このシュヴァルツヴァルト学校で音楽を教えていた)に初めて会ったのも、このサロンであった。またロースはこのシュヴァルツヴァルト学校の計画案をいくつか作成しているが、このうち実現したものはウィーン、ヘレン街の学校(建物内の改築・一九一四年)である。

なおこのシュヴァルツヴァルト学校内で開かれた私塾的なロース建築学校は一九一四年に中断したが、第一次大戦後の一九二〇年に再開され、ロースがパリへ移住した一九二二年まで続いた(当時生徒であった建築家フラヴァチュの回想記がある)。授業は二、三週ごと一日、週日に行われたようである。

【訳註3】ヨーハン・フェルディナンド・ヘッツェンドルフ・フォン・ホーエンベルク(Johann Ferdinand Hetzendorf von Hohenberg 一七三二～一八一六)。ウィーンあるいはその郊外にある古代ローマ時代の遺跡を発掘・調査し、ウィーンの古典主義に先鞭をつけた。この〈パラヴィチーニ宮〉の他に、〈シェーンブルン宮〉の丘の上に立つグロリエッテ(一七八四年)等の作品がある。なおルネサンス期、マクシミリアン二世皇帝がウィーン郊外、ドナウ河を見晴らす地(今日のウィーン市中央墓地近く)に営んだ「ノイゲボイデ」という壮大な夏の離宮(一五六八年～)が、当時すでに廃墟となっており、その一部の列柱廊をホーエンベルクが移設・再生させたものが、そのシェーンブルン宮グロリエッテである。

＊

「ベートーヴェンの病める耳」(Die kranken Ohren Beethovens)一九一九年。『ロース著作集』(C)所収。初出は、ロースが書き(但し音楽についての章はA・シェーンベルクが書いた)また発行した小冊子『芸術局への指針』。(R・ラニイ社刊)その中の一部。なおロースの「国家と芸術」(『ロース著作集』(B)所収)なる文章は、この「芸術局への指針」への緒言の主要部分である。

【訳註1】ロース自身も生涯、難聴に悩んだ。この難聴については、既に十二歳の頃から気付いたという。四十七歳頃には殆ど聾者であったといわれ、手を耳にあてて他人の話を聞き取ろうとしたり、補聴器を使っているポートレート写真が、そうしたことを物語っている。

ロースは多勢の聴衆の前で、度々講演をしたが（ロースは好んで講演したといえよう。ライヴァルのホフマンも指摘するように、ホフマンとは対照的に、非常に話術に優れていた）、そうした講演の際には、聴衆との質疑・応答を好んでした。聴衆からの口頭の質問にはロースが難聴のため聞き取れないので、前もって紙片を配布し、質問を書かせたという。

またロースが一九二〇年代パリに生活した時は、難聴のためフランス語を学ぶことができず、妻（ロースの三度目の妻、エルズィ・アルトマン＝ロース）が傍にいる場合は、ロースの通訳をした。

なおロースがこれもまた生涯、悩んだ病に胃病がある。二十歳の頃、軍役中、食事で胃の調子がおかしくなったのが最初といわれ、その後は、施主である医師のスキャンダル事件にも巻き込まれた〈ヴィラ・カルマ〉の仕事（一九〇三〜〇六年）や〈ミヒャエル広場に面して立つ建物〉（一九一〇年）等々で神経をすり減らし、神経性胃炎に悩んだ（喀血もした）。度々入院し、一九一八年には喀血し手術を受け、胃、それに盲腸、大腸の一部を取り去った。このような病、肉体的疾患は、ロースが常に抱いていた社会的弱者への暖かい眼差し、強い社会意識と無関係ではないといえよう。

＊

「カール・クラウス」（Karl Kraus）一九一三年。『ロース著作集』(C)所収。初出は読書雑誌『デア・ブレンナー』

【訳註1】 カール・クラウス（一八七四〜一九三六）。評論家、詩人。一八九九年より三十四

年間にもわたり雑誌『炬火《ファッケル》』を編集・発行、当時のウィーンの社会と文化の欺瞞性を告発した。

カール・クラウスは、作家ペーター・アルテンベルクと共に、ロースの最も親しい友人であった。一九〇〇年頃、ペーター・アルテンベルクと親しくしていたクラウスは、このアルテンベルクを通じてカフェーハウスにおいて、ロースと知り合いになった。クラウスが編集・発行した雑誌『炬火』にロースは時折文章を書いたが、クラウスもロースの思想・建築を側面から擁護したりして、二人は思想的連帯を築いた。

また実際の仕事面においても、クラウスは自分の二人の兄や妹をはじめ、友人、知り合いで、住居を改装・新築したいと思っている多くの人達をロースに紹介し、ロースの設計が実現している。あの〈シュタイナー〈クラウスの高校時代の同級生〉邸〉〈一九一〇年〉も、ウィーンとパリにおける〈服装店クニーシェ〉〈シュタイナーが経営者〉もその中のひとつである。

「アドルフ・ロース、君と心を同じくする僕達僅かな仲間でもって、君とここにお別れをする。社会のために身を捧げてきた君だが、今日、君とのお別れには、そう沢山の人々は来ていない。君が身を捧げてきた社会は、それを理解しようとしなかったし、また報いようともしなかった。だが、僕達は君が、君が常に関心を抱いていた真に社会的存在であることを、ここで確認する。それは未来の社会にとってその歩むべき方向を準備し、浄化し、住み得るものとした君は切り離せない存在なのだから。君は虚飾などがもはや存在しない世界の建築家であった。君が建てたものは、真に君の思考の産物であった……」と、一九三三年八月二十五日に行なわれたロースの葬儀において、クラウスは弔辞を読み始めている。この弔辞は、本文二ページ、表紙を含めてたった六ページの小冊子として、同じ年にウィーンの書店から出版された。そこには「この本から得られる収益は、ロースの墓碑建設のための基金にあてられる」と記されている。ロースは殆ど無一文で死んでいったようだが、この弔辞からもクラウスのロースへの厚い友情が読みとれる。

＊

「郷土芸術について」（Heimatkunst）一九一四年。『ロース著作集』(C)所収。初出は不明。ただ、一九一二年十一月にウィーンの建築家協会において、このテーマのもとにロースが講演したともいわれている。

【訳註1】〈ヴェルトハイム百貨店〉（一九〇四年、ベルリン）。ネオ・ゴティク様式ともいえる設計はベルリンで活躍した建築家アルフレド・メッセル（一八五三〜一九〇九）。

【訳註2】ウィーン旧市街、グラーベン（もともとは今日のウィーンとなる一世紀後半創建の古代ローマ軍駐屯地ヴィンドボナを囲む濠《グラーベン》であった。十二世紀、ロマネスク期の都市拡張・整備に際して埋め立てられ、細長の広場となった）に立つ、ペスト撲滅を記念して建てられた「三位一体柱」。一六九〇年頃、ウィーンのバロックの建築家ヨーハン・ベルンハルト・フィッシャー・フォン・エアラッハ（二九六ページ、訳註参照）等によって設計、完成された。

【訳註3】リヒテンシュタイン宮。ドメニコ・マルティネリ設計、十七世紀末。一〇三ペー

ジ、本文「ウィーンにおける最も素晴しい内部空間、最も美しい貴族の邸館……」参照。
【訳註4】ヴァイルブルク城館。一八二三年。ヨーゼフ・コルンホイゼル（一七八二〜一八六〇）設計。アスペルンの戦いでナポレオン軍を敗った英雄カール公の夏の離宮。オーストリア新古典主義建築の傑作。ウィーン郊外のバーデンに立っていたが、現存しない。

【訳註5】ヒーツィングはウィーン南西部の住宅地。

＊

「ペーター・アルテンベルクとの別れにあたって」（Abschied von Peter Altenberg）一九一九年。『ロース著作集』(C)所収。初出は新聞『朝《デア・モルゲン》』一九一九年一月八日付。

【訳註1】ペーター・アルテンベルク（一八五九〜一九一九）。本名、リヒャルト・エングレンダー。詩人、作家。

　昼間は寝ていて、夕方になると起き出し、朝方までカフェーハウスないし居酒屋にたむろする変人ルンペン作家と世間からみなされていたＰ・アルテンベルクは、カール・クラウスと共に、ロースの最も親しい友人であった。一九〇〇年頃、既に作家として名をなしていたＰ・Ａ《ペー・アー》の書く文章に感心したロースは、ウィーンのカフェーハウスにてＰ・Ａと知り合いになった。以来、公私にわたり友情は生涯続いた。

　一九〇三年、Ｐ・Ａが編集発行していた雑誌『芸術』において、ロースが設計した「妻の寝室」を発表したり、またロース自身が編集した小冊子『他のもの。西欧文化をオーストリアに移入するための小冊子』（一九〇三年、僅か二号で廃刊になった）も、このＰ・Ａ編集発行の雑誌の附録として刊行されている。

ロースとP・Aには、カフェーハウス等で知り合った女性で二人の共通の女友達となった者が多かった。後にロースはその中のいく人かと結婚したが、こんな折にはアルテンベルクは意気消沈し、二人の仲は一時期疎遠になる、こうしたことが繰り返されたという。またP・Aは一時期、精神障害を起こし（一九一〇年）、ウィーンのアム・シュタインホーフの精神病院（オットー・ワーグナーの設計になる〈聖レオポルド教会〉がこの広大な病院内に立っている）に入院した（作家で精神科医のシュニッツラーがP・Aの顧問医となった）が、この時などロースはこの友人のためにいろいろ助力を惜しまなかった。皮肉屋で、人を攻撃することなど日常茶飯事であったロースのもうひとつの優しい、心暖かい面を伝えるこのP・Aへの追悼文からも分かるように、ロースのP・Aへの愛情は並々ならぬものだった。この追悼文では数々のエピソードを並べて、P・Aの知られざる姿を伝えているが、このP・Aのように生き方そのものとその文学が離れられない場合、こうしたことは重要で、ロースもこれを意識してのことだと思われる。

ロースはP・Aの墓の建設にも努力し、ウィーン市の中央墓地内の有名人を葬る名誉墓地に、P・Aの墓が実現するように奔走した。墓碑は無論、ロースの設計による。

なおP・Aが長年住んでいたウィーンのグラーベンの近くにあるホテル〈グラーベンホテル〉内の部屋の博物館への移設、保存についても、ロースは強く主張したが当時は受け容れられず、ようやく一九五〇年になって実現した（ウィーン市歴史博物館）。

【訳註2】 フランツ・グリルパルツァー（Franz Grillparzer 一七九一〜一八七二）。オース

トリアの劇作家。大蔵省の官吏として勤務しながら、劇作をした。代表作に『サッフォー』（一八一九）等。ウィーンに生まれ、ウィーンに住んだ。

＊

「住まうことを学ぼう！」（Wohnen lernen ）一九二一年。『ロース著作集』(C)所収。ウィーンの新聞『新ウィーン新聞《ノイエス・ヴィーナー・タークブラット》』一九二一年五月十五日付。

＊

「シカゴ・トリビューン新聞社社屋——柱《コラム》としての建築」（The Chicago Tribune Column）一九二三年。『ロース著作集』(B)所収。初出は雑誌『オーストリア、技術者、建築家協会誌』一九二三年第三、四号。

シカゴのトリビューン新聞社は新社屋の建設にあたって、計画案を広く世界の建築家達から募るべく、一九二二年国際設計競技（設計コンペ）を催した。ヨーロッパ、アメリカから沢山の建築家が応募し、ロースも応募したが、落選した。本章はこの応募案に付した説明文である。

一等案としては、アメリカの建築家レイモンド・フッドがJ・M・ハウレスと組んで応募したネオ・ゴティク様式の案が選ばれ、後にこれが建設された。また二等案としてエリエル・サーリネンの案が選ばれた。応募した建築家達の中にロース等の思考を受け継いで近代建築を標榜したグロピウス、ブルーノ・タウト、マルト・シュタム等の名が見られる。

＊

「アーノルト・シェーンベルクと同時代人達」(Arnold Schönberg und seine Zeitgenossen) 一九二四年。『ロース著作集』(C)所収。初出は音楽雑誌『アンブルフ』の特集号「アーノルト・シェーンベルク、この一九二四年九月十三日に五十歳の誕生日を迎える——そのお祝いに」。

【訳註1】アーノルト・シェーンベルク(一八七四〜一九五一)。作曲家。十二音音楽の創始者。弟子のA・ベルクやヴェーベルン等と共に、無調的傾向をもつ「現代音楽」を標榜したが、その音楽によって主張するところのものは、ロースやクラウスと共通する点が多い。近代を尖鋭に標榜しつつも、古典・伝統とから離れられない面もそのひとつといってよい。

シェーンベルクとロースとの関係は、相当強いものだったようだ。ウィーンで女学校を経営していたシュヴァルツヴァルト夫妻(ロースはこの夫妻の住居の改築〔一九〇五年〕、学校の計画〔一九一四年〕をしたり、またロースの私塾的建築学校の授業はこの学校の教室を借りて、行われた)の文化サロンにおいて、一九〇五年頃知り合いになったと思われるロースは、シェーンベルクのコンサートが実現するように経済的援助(資金を集めたり、財政的保証人となったり、切符を知人に売ったり等々)をしたり、またそのコンサート評を書くように各新聞に働きかけたりした。またシェーンベルクにしても、ロースがドイツの大学での教師の職を得られるよう努力したりしたが、ロースが、「何故パプア人には文化があって、ドイツ人にはないか」といった誤解を招く発言を多くしたため、ドイツで嫌う人が多く、実現しなかった。

またロースは、その発言中にトリスタンが度々出てくるようにリヒャルト・ワーグナーの信奉者だったとも言われ、シェーンベルクはロースが自分を高く評価してくれるのはよいとしても、自分の音楽については、ロースがなにも意見を述べたことがないことに不満を抱いた（ロースが難聴で、シェーンベルクのコンサートに欠かさず出席しても、殆ど聞き取れなかったのだろうと言われても）といい、自分はロースが標榜する「近代」の道具としか思われていないのではないか、とも思っていた面もあった（シェーンベルクの日記）。「僕は君のことを度々、思い出している。もし僕にお金があったら、君に住宅を設計してもらって、そこに住みたいと思っている――」とシェーンベルクは一九三一年、バルセロナからロースに手紙を書き送っているように、ロースの設計した建築を高く評価していたが、その評価の仕方は、ロースの建築の核心としてラウムプランによる建築空間を見透すなど、シェーンベルクの眼識は高く、非常に興味深い。以下のシェーンベルクのロースの建築についての文章は、ロースが一九三〇年、六十歳の誕生日を迎えたお祝いに、いろいろな人達の祝辞を集めて発行された小冊子に収められたものである（無論、シェーンベルクの弟子で、これもロースと親しかったベルクやヴェーベルンの文章も収められている）。

彫刻という芸術に対しては、私は従来、あまり親しみをもてなかった。理由は、彫刻を見ても、それは多数のレリーフが羅列され、組み合わされたものに過ぎなく、だから直接的なひとつにまとまった明快な思考《コンセプト》というものを生み出していない、としか思えなかったからである。

ところが、ミケランジェロはモーゼの像を制作するにあたって一塊の石を彫って完成させた、ということを聞いて、そのような企てを可能とさせたミケランジェロの想像力を私なりに思い浮かべ理解しようとしたが、無駄だった。

そこで私はそのモーゼの像を実際に自分の眼で見たところ、この偉大な彫刻家がもっていた個有な空間に対する考え方というものが分かった。ミケランジェロは、対象をあらゆる角度から同時に見据えていた、それに、あたかもそれがガラスのように、見透していた、ということである。

これと似たようなことが、もうひとつの空間芸術である、建築においても言えてしかるべきではないかと思う。だが、従来見られる建築は、基本的には、画家のそれと同じで、平面的な二次元のコンセプトである。三つの次元は同時に体験されるのではなく、少し時間の間隔をおいて体験されるのである。実際のところ平面があり、立面があり、断面がある、すなわちそうした複数の面があるのだが、多分、二次元的な面が重なり合い、それが瞬時のうちに次々と生起するとこれらを統一する三次元の空間の捉え方に、非常に近くなるのではあるまいか。と、このように私自身は考えるのだが、この点からするとアドルフ・ロースが設計した建物の前に立つと、私は他の建築家の手になるものと異なるものを感ずる。ロースの建物には、あの偉大な彫刻家の作品の場合と同じような、いろいろなものが複合・構成されたものでない、直接的な、三次元的なコンセプトがあると思う、そしてそのコンセプトに完全についていくことができるのは、多分、同じような才能に恵まれている人だけではないか。このロースの建物は、立体としての空間の中で考えられ工夫され、構成され、形態化されたのであり、当座しのぎのものや、手助けとなる床面や、立面や断面も必要としなかったのである。まさに物全体が透明であるかのように直接的であり、また精神の眼が、部分としても、同時に全体としても、その空間を把握するかのようでもある。

建築にズブの素人がこのような発言をするのは確かに大胆すぎるかもしれない。また、こんな場合には、「私はそんな印象をもった……」といった言葉でもって、自分を説明するのが常である。こんなことは百も承知で私は敢えてそう主張したい。ロースにおいて新しさとは、より高次な空間についての考え方であり、またそれは、これから発展するであろう素晴しい建築へと一歩を踏み出す布石となるものなのである。またこれはロースという天性の才から生まれでたものだといえよう。

この点については、専門家といえども私に反論し得る者はいない。

なおこれを書いたのは一九三〇年のことだが、それ以前の一九二六年にシェーンベルクが書いた「ロースについての小論」が近年知られるようになった。

(前略)ロースについて驚くべき点は、空間の絶対の思考と自在な操作・対応である。多分すべての建築家達が何かしら平面の思考に逃げ込む——つまり垂直面ではファサードの造形に、水平面では間取り、平面計画に——のに対し、空間を把握するにとてつもない才能を有するロースは、平面ではなく想定した空間中で、自由に形相化する。それには人は殆どついていけないほどである。ロースによって単に改築された住居のようなものでも、いくつかの小空間が住居という全体の空間に占めるありようはこうだ……その空間のどの断面、平面においても、まったく驚くような結果を見出すのだ。

ここでさらに言うべきは、ロースがこの美、この建築に行きついたのは、合目的性からくる諸要求、住まい心地の良さ、快適性といったことにただただ耳を傾けたことによるということだ。必要性との関連をロースは一度たりとも見失うことはないし、また外部から内部へと考えたり、設計することは一度たりともない。そうではなく外観というものは内部から自ずと形成される有機体というヴィジョンがロースに拓けたのであろう。それは完全このうえない調和だ。けだし美しい精神は美しい肉体をかたちづくるということだ。そして従来の慣れ親しんだものになんら固執しない者ならば、ロースの空間を平静でまた趣味が良いと感ずるであろう。またロースの全体の形相は新しいのだが、節度のないオリジナリティーを前面に出したがるどんな誇張もロースにとってはまったく無縁なものであることに気がつくであろう。現代の感覚を持った人間には誰にでも、ロースの建築と改築などによる内部空間は絶対の自明のこととして映ずる。(後略)。

作曲家シェーンベルクによるロースのラウムプランのイデーにふみこんだ立派な建築論だが、この小論は「公にするには当時、わたしは躊躇した(シェーンベルクの言)」ため、発表されなかった。

*

「近代の集合住宅」(Die moderne Siedlung) 一九二六年。『ロース著作集』(C)所収。初出はドイツ、シュトゥットガルトのヴュルテムベルク州産業省の刊行紙『建築現場と工房《バウプラッツ+ヴェルクシュタット》』一九二七年二月号。

副題に、講演、とあるようにシュトゥットガルトその他の都市においてロースが行った講演の草稿。

*

「ヨーゼフ・ファイリッヒ」（Josef Veilich）一九二九年。『ロース著作集』(C)所収。初出は新聞『フランクフルト新聞《フランクフルター・ツアイトウング》』一九二九年三月二十一日夕刊。

【訳註1】 チペンデール（Thomas Chippendale 一七一八頃～七九）。イギリスの家具作家。特に中国風チペンデールと呼ばれる折衷様式の椅子は有名。

【訳註2】 ウィーンのシュタルクフリートガッセ《街》のロース設計になる住宅とは、〈モラー邸〉（一九二八年）を指す。

*

「オスカー・ココシュカ」（Oskar Kokoschka）一九三一年。『ロース著作集』(B)所収。初出はドイツのマンハイム市立美術館において開かれたオスカー・ココシュカ作品展への作品カタログ。

『アドルフ・ロース全著作集1』（ヘロルド社刊、一九六二年）中には、「にも拘らず」中に収められているが、この「にも拘らず」初版（一九三一年）中には収められていない。そこで『ロース著作集』(B)中に収められたものと思われる。

【訳註1】 オスカー・ココシュカ（一八八六～一九八〇）。オーストリアの画家。風景画、肖

像画に新境地を拓いた。詩も書き、自分の挿画を添えた絵本等も著した。

ロースとココシュカの関係は精神的な養父子といってもいいほど親しいものだった。その出会いや、ロースのココシュカに対する献身的な援助については、ロース自身が本文に語っているところでもある。なお本文中で言及されている、六十歳の誕生日を祝うココシュカのロース宛の手紙が知られているので訳出しておく。

僕の青春時代から未だ友情が続いている唯一人の友人ロース――貴方にはこれまで多くの人達がお世話になったが、なにもお返しをできないままでいる! 貴方の還暦のお祝いをする沢山の人達の中でも、この僕がその最たる者だ。貴方は持てるすべてをこの僕に与えてくれた。それは分かち与えるといったものではなく、自分を犠牲にしてまでも、持てるすべてをこの僕に与えてくれたと言う方が適切だ。貴方は当時僕が慣れ親んでいた世界から引き離し、そのかわりにより長い人生、より高い意味での人生を僕に吹き込んでくれた! 僕の精神的な養父といってもいい貴方は、自分を啓発する精神的なものに出合うと常に感謝する心を失わなかったが、そうした感謝する心を僕が貴方から学ばなかったのは本当に残念でならない。だがこのオーストリアの国では、そうした感謝の念を起こさせる精神的なものは存在しないとしか言いようがない。それ程貴方の存在の影が薄かったのであり、影響は大きくなかった。それは貴方があまりにも僕一人だけの教師でありすぎたからだ。

階段もない、そして上階もなければ下階もないような小さな家、すべてのものがひとつの被膜の中に包含され、手をのばせば直ぐに手が届くような、そうした小さな家―

―これが貴方の心にとっての永遠の記念碑だ。貴方は手足を動かすことは勿論、なにもする必要はない――すべてを心の中に持ち、思い描くことができるのだ。

貴方を常に敬愛するオスカー・ココシュカ。

〔訳者付記　原註は、各著作集として出版される時、ロース自身が各文章に目をとおし、註をつけたものである。

なお本訳註・解説を記すにあたって、次に掲げるものを参照した。

B・ルクシュキオ他著『アドルフ・ロース、その生涯と作品』(Burkhardt Rukschcio 他：A. Loos. Leben und Werk) レジデンス社刊、一九八二年。A・オーペル編『論争。同時代人達の眼に映ったアドルフ・ロース』(Kontroversen : A. Loos im Spiegel der Zeitgenossen) プラハナー社刊、一九八五年。B・ルクシュキオ編『アドルフ・ロースに捧げる。ミヒャエル広場に面して立つロース設計になる建物の訪問者のための記帳書とロースの六十歳の誕生を記念して祝辞を集めた小冊子』(Für A. Loos : Gästebuch des Hauses am Michaelerplatz und Festschrift zum 60. Geburtstag) レッカー社刊、一九八五年。エルズィ・アルトマン＝ロース著『アドルフ・ロース、その人となり』(Elsie Altmann-Loos : Loos der Mensch) ヘロルド社刊、一九六八年。クレール・ロース著『アドルフ・ロース。その私的な一面』(Claire Loos : A・Loos privat) ベーラウ社刊、一九八五年。リナ・ロース著『表題の無い本。思い出』(Lina Loos : Das Buch ohne Titel. Erlebte Geschichte) ベーラウ社刊、一九八六年。建築雑誌『バウヴェルト』(Bauwelt) 一九八一年十一月六日号（アドルフ・ロース特集号）。芸術雑誌『パルナス』(Parnass) 一九八五年、十九世紀末の芸術特集号。『アドルフ・ロース建築展カタログ』(Ausstellungskatalog zur Loos Ausstellung) アルベルティナ素描・版画博物館刊、一九八九年。〕

図版目録・出典

1 アドルフ・ロース照影。撮影 W. Weis——Adolf Loos, Benedetto Gravagnuolo : 1982, Milano.

2 ミヒャエル広場に面して立つ建物（一九一一年、ウィーン）。広場に面するファサード（2点）。——訳者撮影。店舗部分の内部空間。——訳者撮影、Adolf Loos, Leben und Werk, Burkhardt Rukschcio, Roland Schachel : 1982, Wien.

3 ケルントナー・バー（一九〇八年、ウィーン）。正面ファサード。室内空間——訳者撮影。

4 ミュラー邸（一九三〇年、プラハ）。正面ファサード。食堂の空間。居間に臨んだ小さな婦人室。——Der Architekt Adolf Loos, Ludwig Münz und Gustav Künstler : 1964, Wien-München. 居間と食堂の空間。——Adolf Loos, Leben und Werk, Burkhardt Rukschcio, Roland Schachel : 1982, Wien. 内部空間を示すアイソメトリック・パース。——訳者作図。

5 モラー邸。居間とアルコーブの空間（一九二八年、ウィーン）。——Der Architekt Adolf Loos, Ludwig Münz und Gustav Künstler: 1964, Wien-München.

6 マンドゥル邸、居間と中二階にある書斎の空間（一九一五年、ウィーン）——訳者撮影。

7 アドルフ・ロース自身の住居（一九〇三年、ウィーン）。暖炉を囲んだアルコーブ。——訳者撮影。居間から暖炉のあるアルコーブを見る。——Adolf Loos, Leben und Werk,

Burkhardt Rukschcio, Roland Schachel : 1982, Wien.

8 カフェ・カプア（一九一三年、ウィーン）。――Adolf Loos, Leben und Werk, Burkhardt Rukschcio, Roland Schachel : 1982, Wien.

9 パイヤーバッハの山荘（一九三〇年）。居間ホール、右は食堂。――Adolf Loos, Leben und Werk, Burkhardt Rukschcio, Roland Schachel : 1982, Wien.

カバー装画　ミヒャエル広場に面して立つ建物（一九一〇）Universal Images Group North America LLC / DeAgostini / Alamy Stock Photo

挿図目録・出典

＊ 展示されたオットー・ワーグナーの設計による室内空間。これは同時に、一八九九年に完成した賃貸住宅（ワーグナー設計。ウィーン、ケストラー街）内のワーグナー自身の住居の室内空間でもあった。⑴賃貸住宅外観、⑵寝室、⑶⑷浴室。――Otto Wagner, Möbel und Innenräume, Paul Asenbaum, Peter Haiko, Herbert Lachmayer, Reiner Zettl: 1984, Wien.

＊ カール教会。J・B・フィッシャー・フォン・エアラッハ設計、一七一五年、ウィーン。――訳者撮影。

＊ トラウトソン宮。J・B・フィッシャー・フォン・エアラッハ設計、一七〇九年、ウィーン。――Johann Bernhard Fischer von Erlach, Hans Sedlmayr: 1976, Wien.

＊ シュテファン聖堂――Wien Initiativ: DR 3, Wien.

＊ リング・シュトラーセの景観（一八八〇年頃）。――Wien und Umgebung, F. Czeike und W. Brauneis: 1977, Du Mont, Köln.

＊ シュテファン聖堂。十四世紀～。――訳者撮影。

＊ リヒテンシュタイン宮。ドメニコ・マルティネリ設計、十七世紀末、バンク街。――訳者撮影。

＊ 旧陸軍省（一七七六年）。僧院を改築したもの。一九一三年に取り壊された。アム・ホー

フ。――Adolf Loos, Sämtliche Schriften 1 : 1962, Wien.

* ケルントナー街の建物。ヨハン・ヴァラント設計、一九〇七年。――Adolf Loos, Sämtliche Schriften 1 : 1962, Wien.

* ハイリゲンシュタットの初春のベートーヴェン通り。――訳者撮影。

* カフェ・ムゼウム外観（上）、および内部（下）。アドルフ・ロース設計、一八九九年、ウィーン。――Der Architekt Adolf Loos, Ludwig Münzund Gustav Künstler : 1964, Wien-München.

* アポロ・ろうそく店正面（上）、および内部（下）。ヨーゼフ・ホフマン設計、一八九九年、ウィーン。――Wiener Bauten der Jahrhundertwende, Franco Borsi, Ezio Godoli : 1985, Stuttgart.

* ヨーゼフ・ホフマンとアドルフ・ロース。――Adolf Loos, Leben und Werk, Burkhardt Rukschcio, Roland Schachel : 1982, Wien.

* ミヒャエル広場に面して立つロース設計の建物。店舗部分のアイソメトリック・パース。――訳者作図。

* アドルフ・ロース建築学校のロースと生徒たち。――Adolf Loos, Leben und Werk, Burkhardt Rukschcio, Roland Schachel : 1982, Wien.

* ヒーツィングに立つ住宅外観。アドルフ・ロース設計、一九一二年、ウィーン。――Adolf Loos, Leben und Werk, Burkhardt Rukschcio, Roland Schachel : 1982, Wien.

* 同住宅内部。暖炉があるアルコーブと居間。――訳者撮影。

＊ アドルフ・ロースとペーター・アルテンベルク。——Adolf Loos, Leben und Werk, Burkhardt Rukschcio, Roland Schachel : 1982, Wien.

＊ ペーター・アルテンベルクの墓。アドルフ・ロース設計、一九一九年、ウィーン市中央墓地内。——Adolf Loos, Benedetto Gravagnuolo : 1982, Milano.

＊ 集合住宅内の居間食堂。ウィーン郊外の低所得者層のための集合住宅地フリーデンスシュタット、アドルフ・ロース設計、一九二一年。——Adolf Loos, Leben und Werk, Burkhardt Rukschcio, Roland Schachel : 1982, Wien.

＊ シカゴ・トリビューン社計画案。アドルフ・ロース設計、一九二二年。——Adolf Loos, Benedetto Gravagnuolo : 1982, Milano.

＊ ココシュカとシェーンベルク夫妻とロース。ベルリンのバーにて。一九二七年頃。——Adolf Loos, Leben und Werk, Burkhardt Rukschcio, Roland Schachel : 1982, Wien.

＊ ウィーン郊外の労働者のための集合住宅地計画。庭側の景観。アドルフ・ロース設計、一九二〇年。——Adolf Loos, Leben und Werk, Burkhardt Rukschico, Roland Schachel : 1982, Wien.

＊ 間口七メートルの集合住宅地計画案。アドルフ・ロース設計、一九二一年。ウィーン郊外ヒルシュシュテッテン。——Adolf Loos, Leben und Werk, Burkhardt Rukschcio, Roland Schachel : 1982, Wien.

＊ ファイリッツヒが作ったチペンデールの椅子のコピー。——Adolf Loos, Leben und Werk, Burkhardt Rukschcio, Roland Schachel : 1982, Wien.

＊アドルフ・ロース設計による曲木の椅子。一八九九年。カフェ・ムゼウムにおいて使われた。——Adolf Loos, Leben und Werk, Burkhardt Rukschcio, Roland Schachel : 1982, Wien.

＊アドルフ・ロース像。オスカー・ココシュカ筆、一九一〇年。——Adolf Loos, Benedetto Gravagnuolo : 1982, Milano.

訳者あとがき

アドルフ・ロース（一八七〇〜一九三三年）は現在ではチェコのブルノというオーストリアの国境に近い小都市に生まれ、ウィーンそしてパリを中心に活動し、ウィーンで生涯を終えた建築家である。そして近代建築の地平を切り拓いたパイオニアの一人として知られている。

神聖ローマ帝国に君臨し、栄華を誇ったハープスブルク朝のウィーン――歴史の必然として市民社会が擡頭しつつある時代にあってなお（様々な崩壊現象が指摘されるにせよ）伝統的貴族社会を維持し続けていたウィーンにおいて、その社会・文化の批判をモーメントに、近代建築思考を尖鋭化していった建築家、その標榜するアバンギャルドとしての近代建築は、市民から受け容れ難く、スキャンダル好きな市民達によって自分の設計した建物がスキャンダルに巻き込まれるなどの大きな困難に直面したが、文字通りその「市民権獲得」にドン・キホーテのように（実際にウィーンの市民からそう嘲笑された）果敢に挑んだ建築家――ロースはそうした社会・文化批判としての建築思考を文章や講演等で表明し、建築作品において実践してみせた。だからロースにとっては文章も、建築作品と同様の大きな意味をもっていたといえよう——などと進めていくと、ロース論を再び展開してしまうこととなる。僕のロース論は七年程前、小さな書にまとめたので、興味をお持ちの方はこれを参照していただきたい（『アドルフ・ロース』、鹿島出版会、SD選書、一九八〇年）。

ところでオットー・ワーグナーをはじめロース、オルブリッヒ、ホフマン等のウィーンの建築家達は近代建築を切り拓くパイオニアの役割を果したわけだが、後に一九二〇年代より展開していったいわゆる「国際様式」としての近代建築運動の建築とは、微妙に異なる面がみられ興味が尽きない。これは無論、ウィーンという都市の文化の脈絡の中で実現されたわけだから、その都市文化と切り離せないし、そこに微妙な陰影が反映されているからである。例えば装飾を犯罪ないし罪悪とまで断じたロースにしても、「ロース好みの装飾」といったものの存在が指摘され、それを建築において実践しているが、これなども近代建築への黎明であったから、歴史をひきずって当り前などと、それだけで説明し切れるものではなく、ロースの建築思考とウィーンの都市・文化との関係抜きでは、およそ理解し難いともいえよう。

こうしたことから、従来「ロースは謎に包まれている」といった見方もみられる程だが、その理由のひとつとして、ロースに関する資料が十分ではなかったことが指摘されよう。手元に入る僅かな資料から自由に想像力を飛翔させて、自分のロース像を作り上げる、それはそれで結構なのだが、余りに実像から程遠いロース像では問題もあろうかと思われる。

昨年ウィーンにおいて、建築家それに研究者達が集って「ロース研究会」が発足したが、これをはじめロースをめぐる議論が各国でますます活発である。それにウィーンにおいて、またイタリア、ドイツ、アメリカ等の国においてロースに関する書、資料が出版されつつあるが、本書もそのひとつと考えられよう。こうした充実しつつある資料をもとに、我が国でも「ロース論」を今まで以上に活発に、大いに議論したらよいと思う。

ウィーンで出版されたロースの著作集(A)、(B)、(C)(「訳註・解説」の項を参照されたい)には、長短およそ百十一の文章が収められているが、本書ではこのうち二十四篇を訳出した。数の上では大きな差はあるが、それでも主要と思われる文章は殆ど収め得たと思う。そうした文章の選択にあたっては、ロースの建築思考が最もはっきり読みとれる文章は無論のこと、自分の主張を明確化するには、例えば個人的な攻撃・批判もはばからなかったロースだが、そうした反面、特に社会的弱者達に示される心の暖かさ、それにペーター・アルテンベルク、クラウス、シェーンベルク、ココシュカ等との厚い友情といったロースの人となりが読みとれるような文章も収録するようにした。とりわけロースの建築思考はそうしたロースの人となり、生き方と非常に密接に結びついていて、切り離せないと思われるからである。

ロースの文章を読むと、「装飾と犯罪」に発言されているようなラディカルな思考の反面、古典主義者ともいえるほど（それはオットー・ワーグナーをはじめウィーンの建築家に多いが）クラシックな、正統《オーソドックス》的な思考があることが分かる。後のいわゆる「近代建築家」達の多くは、例えば伝統的な街路空間のもつ意味を理解しようとせず捨象してしまった（ル・コルビュジエ等にしても、そしてより典型的な例ではヒルバーザイマー等にしても）が、ロースはテラス・ハウスのイデーによって、むしろ中高層の集合住宅においてもこの街路空間の実現を意図したように、そうした図式的・教条主義思考とは程遠い。また例えば「近代の集合住宅」を読んでも、都市の労働者達の現実の生活の驚く程仔細な、そして鋭い観察をとおして、その住居・庭の各要素がもつ意味・機能を帰納し、設計課題の本質《エッセンス》を見出し、規定していく思考方法などに、常に現実《リアリティ》と離れない思考の典型が見られるような気がするが、非常に興味深い。

またロースの軽妙洒脱な語り口には、読んでいて愉しく（もっともこの辺りを日本語に移し得たかというと、心もとないが）、従来もっともらしく思われていたことなどを、あっさり無意味だと断じるところなど、痛快な気分になるが、それにしてもロースのレトリックの巧みさには感心させられる。講演の題目として、また文章の表題としても『装飾と罪悪』（むしろ『装飾と犯罪』と訳した方が適切と思われるが、すでにあるロースの論文の中村敏男氏による訳（雑誌『SD』一九六七年七月号）等によって「装飾と罪悪」として日本の建築界において定着していると思われるので、これを踏襲した。「訳註・解説」の項参照）とは、なかなかの名文句で、このびっくりするような文句には誰もが耳をそば立て、一度耳にすると誰もが小声で反復した。そして近代建築の核心を言い表すこの一語でもってロースは近代建築に大きな影響力をもつこととなったと、ロースのレトリックの巧みさに感心したのは劇作家・評論家のヘルマン・バールだが、建築の設計にしても、文章の表題にしても、意図する効果が最大限に発揮するように緻密に計算、工夫したロースの一面がよく表れている。それで本書の表題もこれとした。

なお文章は初出年代順に並べ、また原著には写真、図版等はごく僅かだが、本書においては建築とは馴染みが薄い読者にとって本書理解への手助けとなるようロース設計になる建築をはじめ、その他の写真、図版等を補完した。

終りになってしまいましたが、本書が出版されるに至るまで、たいへんお世話になりました中央公論美術出版の安田建一編集長、特に編集次長小菅勉氏に、ここでお礼の言葉を述べさせていただきます。

一九八七年夏、鵠沼海岸於　伊藤哲夫

再版に際して

再版の機会をとらえて、次の三点について手を加え、また改めた。

一、訳文を見直し、訳註をより充実させるなどし、読者が読みやすいように手を加えた。

二、ロースの文章、二篇を加えた。「女性と家」と「住居の見学会」である。当時、女性解放運動がウィーンにおいても盛んで、ロースの友人の中にもそれを推し進める女性達がいたが、住まいの形成における女性の役割をロース自身はどう考えていたのか。また自身の設計によるいくつかの住居（殆どは改築・改装工事）の見学会を開催し、市民に近代住居のありようを啓蒙した。ロースの一面を更によく伝えるこの二篇を、こうした理由により、加えた。

三、本の表題『装飾と罪悪』を『装飾と犯罪』に改めた。初版の場合も『装飾と犯罪』としたかったが、それまでロースによる「装飾と犯罪」の論文が「装飾と罪悪」と訳されており、そのように日本の建築界において定着していると思われた（近年そうではないことがわかってきた）ことと、また編集者の意向等もあって、そうした（「訳者あとがき」参照)。

原文は「Ornament und Verbrechen」で、このVerbrechenに対応する英語はSin(通常、罪悪と訳される)ではなく、Crimeであり、やはり「犯罪」の訳語が適切と思われる。ロースが意図したVerbrechenは「刑罰の制裁を付した法令にそむくおこない」(金田一京助編『国語辞典』小学館、その他の国語辞典)ではなく、「犯罪的行為」といった意味合いである。

それにしても「犯罪」とは強い響きをもつ語である。だからこそ劇作家・評論家のヘルマン・バールが言ったように、この語句には誰もが耳をそば立て、装飾と犯罪とがいったいどう結びつくのかいぶかり、一度聞くと誰もが「装飾と犯罪」と小声で反復した——ロースが意図したのはまさにこれだ。「罪悪」では弱い。意図する効果が最大限に発揮するよう緻密に計算・工夫したロースらしい巧みなレトリックである。このようなロースの意図に沿うよう、表題を改めた。

出版後、数年を経て本の表題を改めた例はいくらでもあろうが、ウィーンの建築と関連しては、オットー・ワーグナーの著書の場合がよく知られている。近代建築を明快に標榜したその著書の表題は当初(一八九五年出版)『Die moderne-Architektur《近代建築》』であったが、改訂第四版(一九一四年)において『Die Baukunst unserer Zeit《われわれの時代の建築》』と改めている。ワーグナー自身、ヘルマン・ムテジウスの著書に刺激されて「当初の表題の間違いに気づいて」Architektur を Baukunst に改めた、と序文において述べている。新しい建築運動を展開しつつあった建築家達は古代ギリシャに由来する Architektur という語に旧来の様式主義的建築を感じ取り、それと訣別し、新しい建築 Neues Bauen を標榜したが、ワーグナーもそれに共感を覚えたのだろう。こうしたウィーンでの事例を思い起こしつつ、本書の表題をあえて『装飾と犯罪』と改めた。また「訳者あとがき」中のロースをめぐる議論に続けて、近年の研究の動向、ロース設計になる建築や資料の発見等について「ロース研究の周辺」として記したい。

最近、シュニッツラーの悲喜劇『言葉』(Arthur Schnitzler : das Wort. Tragikomödie in fünf Akten. S.Fischer Verlag. 1966) を読んだ。フロイトもシュニッツラーの小説を読み、人間の心理と性の問題の描写に感嘆し、自分とよく似た人間をこの小説家の中に見出したと自ら手紙を送っているが、訳者もシュニッツラーの小説や戯曲がことのほか好きだ。が、悲喜劇『言葉』は単に好きで読んだのではない。大袈裟だが「ロース研究」との関連で読んだのだ。

一九〇四年ロンドンにおいてウィーンの青年がピストル自殺をした。マリア・ラングというこの時代、女性解放のリーダーとして有名な女性の息子であるこの青年は、ロースを含めてその最初の妻リナ(ロースは四度結婚している。皆、二十歳前後の若い女性だ)と、いわば家族ぐるみで親しく付き合っているうちに、愛人関係となった。いや、ロースはふたりの関係を危なっかしく思ったが、実際は青年の一方的な片思いで、リナは自分に恋心を抱くこの年下の青年を好ましく思っていた、と言ったほうがよいだろう。

この青年の自殺の原因は、ロースと親しい作家のペーター・アルテンベルク（P・A）がロースの妻につきまとう青年に言った「死んでしまえばいい。彼女は女神だ」という言葉だという。P・Aは、青年には手の届かない美しい女神だから、もうまとわりつくな、と忠告したかったのだろう。だが死んでしまえばいい、とは多感な青年には軽率な言動であった。

このスキャンダルを耳にしたシュニッツラーは青年を死に追いやった言葉の重みにこだわった。そしてこの言葉が発せられた間のP・Aの、ロースやその妻の、そして青年の心理に興味を抱いた。こうして「言葉」のテーマのもとシュニッツラーは戯曲書きに取りかかった。自らの作品に時には何十年もかけて推敲を重ねたシュニッツラーの生来の妥協をゆるさない性癖から、この作品もついに完成を見なかった。だがシュニッツラーの全作品の版権を有するフィッシャー出版社が、これをほぼ完成したとして一九六六年になって出版したものだ。

シュニッツラーはP・Aの散文を高く評価し、これが契機となって作家としてウィーン文壇に登場したように、ふたりは旧知の仲である。P・Aが晩年アルコール中毒と精神に異常をきたし、あのオットー・ワーグナーが入院患者のための礼拝教会を建てたアム・シユタインホーフの精神病院に入院した時には、医者としてなにくれとなく世話をしたことが知られている。この悲喜劇ではP・Aはトロイエンホーフとして登場するが、そして無論ロースも青年が恋心を抱いた人妻の夫「服飾デザイナー」であるファン・ザックとして登場する。興味深いのはシュニッツラーが戯曲を書くために記していたメモにはこのファン・ザックの性格設定として「まじめ、偏狭、やや錯綜した、また情熱的」とあるが、劇のうえでの登場人物の性格付けで多分に強調されているとはいえ、シュニッツラーのロースについての人物評とそれほどかけ離れてはいないのではあるまいか。「偏狭、やや錯綜した」とは、革新を標榜するアグレッシブな人として他人の意見には耳を傾けない(もっともロースはこの頃は相当難聴で、他人の声がよく聞き取れなかった)とのシュニッツラーの印象であろう。これらはぼくたちが今まで抱いていたロースの人物像と重なる部分が多い。また文化の革新者である服飾デザイナーとしてロースを登場させるところも面白い。服装や歩き方、食事のマナー、はては口ひげの是非にまで「革新的な」発言をしたロースだから、シュニッツラーはロースにそうした役回りを与えたのだろう。

ではこうしたことと「ロース研究」とどう関わり合いがあるかといえば、一つは言語の問題であろう。ニーチェなどから始まって、ヴィトゲンシュタインの哲学に見られるように十九世紀末には言語への懐疑は最高潮に達した。シュニッツラーもこうした問題から離れられなかった。こうした言葉の問題にはロースも敏感であった。P・Aや、それに雑誌

『ファッケル（炬火）』を三十数年にもわたって自分で書き、発行し続けたカール・クラウス等の親しい友人たちの影響もあったのであろう。ロースが思案に思案を重ねて考え出した「装飾と犯罪」なる言は、近代建築のひとつの核心を見事にまで表現するものとして大きな言葉の力を有し得たし、また「古代ローマのパンテオンのようによい建築は言葉で記述しえる。ゼツェシオーンの建築などは記述し得ない」などと、言語と建築の関係についても思考する。

もう一つには、「ロース研究」にはロースの人となり、日常生活・行動の研究（？）が欠かせないからである。私生活と作品とは切り離す、とは訳者も同感する一般論だが、ことロースに関してはそうした一般論は当てはまらない。ロースは日常、街中を歩き回って、建築現場を含めて路上で生起する出来事、人の行動、マナー、服装等々あらゆることを熱心に観察した「観察の人」であった。そして観察したことを帰納して、自身の建築思考に、建築作品に結実させたからである。抽象的思考となってもものごとのリアリティから離れることはない。そこに実に典型的なヨーロッパ的思考を見る。

たとえば本訳書に収めた論文「近代の集合住宅」において、労働者のための集合住宅では「庭が最も重要であって、住宅は二の次だ」とし、庭のありようを細かく計画したところや、その住宅はメゾネットとすべきだといった主張だ。そこには毎日十時間以上も劣悪な労働環境である工場で働かされ、健康を損ねる労働者たちの日々の生活の観察、洞察があるからこそ説得力がある。労働者は仕事が終って自宅の庭での畑仕事が健康に良いし、野菜も鶏卵もとれ、家族のために良いし、何よりも自己を見出す場が得られる。また工場での仕事から帰宅し、まず二階の寝室で着替えをし、顔と手を洗い、気分を一新して皆が集まる下階の居間へと降りていく。これが文化だとロースはいうが、住宅の計画次第で労働者の生活文化にこれほど改革をもたらすものかと感嘆させられる。

話はややそれ始めたが、シュニッツラーの悲喜劇『言葉』を読んでロース研究を進めているということは、今日ロース研究が個別化しつつあることを示している。

訳者が「アドルフ・ロース」論をまとめた頃（一九八〇年）は、ロースに関する知識・情報は非常に限られたものであった。その頃までにも弟子のクルカによるロース作品集（一九三一）やミュンツ等による作品集（一九六四）等もあったし、ロース著作集（一九六二）もあったがドイツ語で書かれており、その存在もそれほど知られず、ロースの思考を理解するに困難な面もあった。ロースといえば近代建築史の本の中でなぜか決まって掲載されるシュタイナー邸（一九一〇）のファサードとシカゴ・トリビューン社屋コンペ応募案、それに「装飾と罪悪」の言ぐらいが知られるだけで、これらのことからロースを各人それぞれに想像してロース像をつくり上げていたといってよい。「ロースは謎に包まれている」といわれたのも理解し得る。

その後（一九八〇年代から）のロースに関する知識・情報量は飛躍的に増大した。ロース設計になる建物がいくつか発見（?）され、「Wer denn sonst?（他にどの建築家がこれを設計できようか）」とたびたびいわれた。ルクシュキオとシャヘルによる『アドルフ・ロース、その生涯と作品』（一九八二）は七百ページにも及ぶ大部な労・大作で、それまで知られていなかった事実が発見され、ロースについての大枠は知り得るようになった。その後も新事実が発見されつつあるが、今日では主としてチェコ時代の、あるいはチェコとの関連での事実が発掘、発見されており、また今後も期待されている。

こうした情報量の増大と共にロース研究は個別化していった。作品論・作品研究（「ミヒャエル広場に面してたつロースハウス（一九七六）」、「プラハのミュラー邸（一九八九）」、等）や、さまざまな面（「ロースの蔵書目録（一九八九）」、「ロースの建築の構造について（一九八九）」、「スイス、ヴィラ・カルマのロースを含めた設計者達について（一九八九）」等々）に照明を射てた研究である。その間ウィーンにおいて「ロース研究会」が建築家・研究者たちによって設立（一九八六）され（訳者もその会員に推薦された）、その成果として一九八九年十二月～一九九〇年二月の三ヶ月間にわたる「ロース展」がウィーンの素描・版画博物館であるアルベルティナにおいて開催された。ロースの実現されなかったプロジェクトが多数模型製作されたり、その中の一つが原寸大で製作されたりした大建築展で、この建築展開催に要した総費用は約三億円。オーストリア政府やウィーン市、それに民間の寄付で実現された。ロース展においては、実現されなかったプロジェクトを含めてロースの仕事量の多さ、その勤勉さに訪れた人は皆驚いた。それに大部な充実した内容のカタログが一緒に出版された。この「ロース展」以降、ロース発見もロース研究もやや沈静化した感があるが、深く潜行して、より個別化したロース研究が進められつつあるといってよいだろう。そうした個別的研究をもとにロースの思考・作品の意味が、もう一度総合されたかたちで検討されるであろう。その場合、一九八〇年の訳者のロース論において中心的テーマとして比較的詳細に言及した「ラウムプラン」が、ロースの後世に遺した建築思考において最も大きな意味を有するということになろうが、この「ラウムプラン」のいろいろな面からの検討が今後のロース研究の中心的テーマとなろう。再版の機会をとらえ、訳註の部分でシェーンベルクによるラウムプランについての言及を付け加えたのもそうした背景がある。

終りになったが、長年の友人であるウィーン応用美術大学の建築家シュパルト教授(Prof. Spalt)は、ウィーンの出版社との翻訳仲介の労をとっていただいたり、ロースをはじめワーグナーやホフマン等についてご教示をいただいたり、初版当時よりお世話になった。またこの再版に際しては中央公論美術出版の鈴木拓士さんにいろいろ面倒を見ていただいた。記して感謝したい。

二〇〇五年春、湯河原、吉浜海岸於　伊藤哲夫

校正の労をとってくれた妻・千衣子に感謝します。

二〇二一年

伊藤哲夫

[訳者略歴]

伊藤哲夫（いとう・てつお）
岩国に生まれる。建築家、国士舘大学工学部建築デザイン工学科名誉教授。早稲田大学建築学科卒業、同大学院修了。ドイツ、カールスルーエ工科大学留学。エゴン・アイアーマン教授に師事。スイス、アトリエ5をはじめドイツの建築設計事務所勤務。早稲田大学講師。ウィーン国立美術工芸大学客員教授。ニューヨーク・プラット・インスティテュート客員講師。イタリア・パレルモ大学客員講師。著書に『アドルフ・ロース』（鹿島出版会）、『森と楕円』、『景観のなかの建築』、『ローマ皇帝ハドリアヌスとの建築的対話』『神聖ローマ皇帝ルドルフⅡ世との対話』（以上、井上書院）『場と空気構成――環境デザイン論ノート』（大学教育出版）『ウィーン多民族文化のフーガ（共著）』（大修館書店）『ウィーン世紀末の文化』（木村直司編、共著、東洋出版）等。また訳書に『都市空間と建築』（コンラーツ著、鹿島出版会）、『哲学者の語る建築』（共編訳、中央公論美術出版）、等。建築作品に「鎌倉の楕円の家」、「立体最小限住宅」、「藤野駅前広場計画」等。

本書は二〇一一年五月二十日、中央公論美術出版より新装普及版として刊行された。

東京都市計画物語　越澤明

関東大震災の復興事業から東京オリンピックに向けての都市改造まで、四〇年にわたる都市計画の展開と挫折をたどりつつ新たな問題を提起する。

新版大東京案内（上）　今和次郎編纂

昭和初年の東京の姿を、都市フィールドワークの先駆者が活写した名著。上巻には交通機関や官庁、デパート、盛り場、遊興、味覚などを収録。

グローバル・シティ　サスキア・サッセン　伊豫谷登士翁監訳　大井由紀／髙橋華生子訳

世界の経済活動は分散したのではない、特権的な大都市に集中したのだ。国民国家の枠組みを超えて発生する世界の新秩序と格差拡大を暴く衝撃の必読書。

東京の空間人類学　陣内秀信

東京、このふしぎな都市空間を深層から探り、明快に解読した定番本。基層の地形、江戸の記憶、近代の都市造形が、ここに甦る。図版多数。（川本三郎）

大名庭園　白幡洋三郎

小石川後楽園、浜離宮等の名園では、多種多様な社交が繰り広げられていた。競って造られた庭園の姿に迫りヨーロッパの宮殿とも比較。（尼崎博正）

東京の地霊《ゲニウス・ロキ》　鈴木博之

日本橋室町、紀尾井町、上野の森……。その土地に堆積した数奇な歴史・固有の記憶を軸に、都内13カ所の土地を考察する「東京物語」。（藤森照信／石山修武）

空間の経験　イーフー・トゥアン　山本浩訳

人間にとって空間と場所とは何か？　それはどんな経験なのか？　基本的なモチーフを提示する空間論の必読図書。（A・ベルク／小松和彦）

個人空間の誕生　イーフー・トゥアン　阿部一訳

広間での雑居から個室住まいへ。回し食いから個々人用食器の成立へ。多様なかたちで起こった「空間の分節化」を通覧し、近代人の意識の発生をみる。

自然の家　フランク・ロイド・ライト　富岡義人訳

いかにして人間の住まいと自然は調和をとりうるか。建築家F・L・ライトの思想と美学が凝縮された名著を新訳。最新知見をもりこんだ解説付。

マルセイユのユニテ・ダビタシオン
ル・コルビュジエ
山名善之／戸田穣訳
近代建築の巨匠による集合住宅ユニテ・ダビタシオン。そこには住宅から都市まで、ル・コルビュジエの思想が集約されていた。充実の解説付。

都市への権利
アンリ・ルフェーヴル
森本和夫訳
都市現実は我々利用者のためにある！——産業化社会に抗するシチュアシオニスム運動の中、人間の主体性に基づく都市を提唱する。（南後由和）

場所の現象学
エドワード・レルフ
高野岳彦／阿部隆／石山美也子訳
〈没場所性〉が支配する現代において〈場所のセンス再生の可能性〉はあるのか。空間創出行為を実践的に理解しようとする社会的場所論の決定版。

シュルレアリスムとは何か
巖谷國士
20世紀初頭に現れたシュルレアリスム——美術・文学を縦横にへめぐりつつ「自動筆記」「メルヘン」「ユートピア」をテーマに自在に語る入門書。

マタイ受難曲
礒山雅
罪・死・救済を巡る人間ドラマを圧倒的なスケールで描いたバッハの傑作。テキストと音楽の両面から、秘められたメッセージを読み解く記念碑的名著。

バロック音楽
礒山雅
バロック音楽作品の多様性と作曲家達の試行錯誤。バッハ研究の第一人者が、当時の文化思想的背景も踏まえ、その豊かな意味に光を当てる。（寺西肇）

仏像入門
石上善應
仏像は観賞の対象ではない。仏教の真理を知らしめてくれる善知識なのである。浄土宗学僧のトップが出遇い、修行の助けとした四十四体の仏像を紹介。

岡本太郎の宇宙（全6巻）
岡本太郎
山下裕二／椹木野衣／平野暁臣編
20世紀を疾走した芸術家、岡本太郎。彼の言葉と作品は未来への強い輝きを放つ。その存在の全貌に迫った、遺された著作を厳選編集し、決定版著作集。

対極と爆発
岡本太郎の宇宙1
岡本太郎
山下裕二／椹木野衣／平野暁臣編
彼の生涯を貫いた思想とは。「対極」と「爆発」をキーワードに、若き日の詩文から大阪万博参加への決意まで、そのエッセンスを集成する。（椹木野衣）

太郎誕生 岡本太郎の宇宙2
岡本太郎
山下裕二／椹木野衣／平野暁臣編
かの子・一平という両親、幼年時代、鬱屈と挫折、パリでの青春、戦争体験……。稀有な芸術家の思想を形作ったものの根源に迫る。（安藤礼二）

伝統との対決 岡本太郎の宇宙3
岡本太郎
山下裕二／椹木野衣／平野暁臣編
突き当たった「伝統」の桎梏。そして縄文の美の発見。彼が対決した「日本の伝統」とははたして何だったのか。格闘と創造の軌跡を追う。（山下裕二）

日本の最深部へ 岡本太郎の宇宙4
岡本太郎
山下裕二／椹木野衣／平野暁臣編
東北、熊野、沖縄……各地で見、聴き、考えるなかで岡本太郎は日本の全く別の姿を摑みだす。文化の基層と本質に迫る日本文化論を集成。（赤坂憲雄）

世界美術への道 岡本太郎の宇宙5
岡本太郎
山下裕二／椹木野衣／平野暁臣編
殷周、縄文、ケルト、メキシコ。西欧的価値観を突き抜け広がり深まるその視線。時空を超えた眼差しの先の世界美術史構想を明らかに。（今福龍太）

太郎写真曼陀羅 岡本太郎の宇宙 別巻
岡本太郎
山下裕二／平野暁臣／ホンマタカシ編
ここには彼の眼が射た世界が焼き付いている！人々の生の感動を捉えて強烈な輝きを放つ岡本太郎の写真から320点余りを厳選収録。（ホンマタカシ）

茶の本 日本の目覚め 東洋の理想
岡倉天心
櫻庭信之／斎藤美洲／富原芳彰／岡倉古志郎訳
茶の哲学を語り（茶の本）、東洋精神文明の発揚を説き（日本の目覚め）、アジアは一つの理想を掲げた（東洋の理想）天心の主著を収録。（佐藤正英）

日本の建築
太田博太郎
日本において建築はどう発展してきたか。伊勢神宮・法隆寺・桂離宮など、この国独自の伝統の形を通覧する日本文化論。（五十嵐太郎）

シーボルト 日本植物誌
大場秀章監修・解説
シーボルトが遺した民俗学的にも貴重な『日本植物誌』よりカラー図版150点を全点収録。オリジナル解説を付した、読みやすく美しい日本の植物図鑑。

点と線から面へ
ヴァシリー・カンディンスキー
宮島久雄訳
抽象絵画の旗手カンディンスキーによる理論的主著。絵画の構成要素を徹底的に分析し、「生きた作品」の構築を試みる。造形芸術の本質を突く一冊。

眼の神殿　北澤憲昭

高橋由一の「螺旋展画閣」構想とは何か――。制度論によって近代日本の「美術」を捉え直し、美術史研究を一変させた衝撃の書。（足立元／佐藤道信）

名画とは何か　ケネス・クラーク　富士川義之訳

西洋美術の碩学が厳選した約40点を紹介。なぜそれらは時代を超えて感動を呼ぶのか。アートの本当の読み方がわかる極上の手引。（岡田温司）

官能美術史　池上英洋

西洋美術に溢れるエロティックな裸体たち。そこにはどんな謎が秘められているのか？　カラー多数！200点以上の魅惑的な図版から読む珠玉の美術案内。

残酷美術史　池上英洋

魔女狩り、子殺し、拷問、処刑――美術作品に描かれた身の毛もよだつ事件の数々。カラー多数。200点以上の図版が人間の裏面を抉り出す！

美少年美術史　池上英洋　川口清香

神々や英雄たちを狂わせためくるめく同性愛の世界。芸術家を虜にしたその裸体。カラー含む200点以上の美しい図版から学ぶ、もう一つの西洋史。

美少女美術史　池上英洋　荒井咲紀

幼く儚げな少女たち。この世の美を結晶化させたその姿に人類のどのような理想と欲望の歴史が刻まれているのか。カラー多数、200点の名画から読む。

グレン・グールドは語る　グレン・グールド／ジョナサン・コット　宮澤淳一訳

独創的な曲解釈やレパートリー、数々のこだわりにより神話化された天才ピアニストが、最高の聞き手を相手に自らの音楽や思想を語る。新訳。

造形思考（上）　パウル・クレー　土方定一／菊盛英夫／坂崎乙郎訳

クレーの遺した膨大なスケッチ、草稿のなかからバウハウス時代のものを集成。独創的な作品はいかにして生まれたのか、その全容を明らかにする。

造形思考（下）　パウル・クレー　土方定一／菊盛英夫／坂崎乙郎訳

運動・有機体・秩序。見えないものに形を与え、目に見えるようにするのが芸術の本質だ。ベンヤミンをも虜にした彼の思想とは。（岡田温司）

シェーンベルク音楽論選　アーノルト・シェーンベルク　上田昭訳

十二音技法を通して無調音楽へ——現代音楽への扉を開いた作曲家・理論家が、自らの技法・信念・つきあげる表現衝動に向きあう。（岡田暁生）

魔術的リアリズム　種村季弘

一九二〇年代ドイツに突然現れ、妖しい輝きを遺して消え去った「幻の芸術」の軌跡から、時代の肖像を鮮やかに浮かび上がらせる。（今泉文子）

20世紀美術　高階秀爾

混乱した二〇世紀の美術を鳥瞰し、近代以降、現代すなわち同時代の感覚が生み出した芸術が、われわれにとって持つ意味を探る。増補版、図版多数。

世紀末芸術　高階秀爾

伝統芸術から現代芸術へ。19世紀末の芸術運動には既に抽象芸術や幻想世界の探求が萌芽していた。新時代への美の冒険を捉える。（鶴岡真弓）

鏡と皮膚　谷川渥

「神話」という西洋美術のモチーフをめぐり、芸術の認識論的隠喩として二つの表層を論じる新しい身体論・美学。鷲田清一氏との対談収録。

肉体の迷宮　谷川渥

あらゆる芸術表現を横断しながら、捩れ、歪み、時には傷つき、さらけ出される身体と格闘した美術作品を論じる著者渾身の肉体表象論。（安藤礼二）

武満徹エッセイ選　小沼純一編

稀代の作曲家が遺した珠玉の言葉。作曲秘話、評論、文化論など幅広いジャンルを網羅したオリジナル編集。武満の創造の深遠を窺える一冊。

高橋悠治　対談選　高橋悠治　小沼純一編

現代音楽の世界的ピアニストである高橋悠治。その演奏のような研ぎ澄まされた言葉と、しなやかな姿が味わえる一冊。学芸文庫オリジナル編集。

オペラの終焉　岡田暁生

芸術か娯楽か、前衛か古典か——。この亀裂を鮮やかに乗り越えて、オペラ黄金時代の最後を飾った作曲家が、のちの音楽世界にもたらしたものとは。

ちくま学芸文庫

装飾《そうしょく》と犯罪《はんざい》　建築《けんちく》・文化論集《ぶんかろんしゅう》

二〇二一年十二月十日　第一刷発行

著者　アドルフ・ロース
訳者　伊藤哲夫（いとう・てつお）
発行者　喜入冬子
発行所　株式会社　筑摩書房
東京都台東区蔵前二―五―三　〒一一一―八七五五
電話番号　〇三―五六八七―二六〇一（代表）
装幀者　安野光雅
印刷所　三松堂印刷株式会社
製本所　三松堂印刷株式会社

ISBN978-4-480-51089-1 C0152